U0928020

图书在版编目（CIP）数据

全新闻电台的节目编排和运营 / 覃信刚著. -- 昆明:
云南人民出版社, 2014.11
ISBN 978-7-222-12437-0

Ⅰ. ①全… Ⅱ. ①覃… Ⅲ. ①新闻工作—广播节目—节目制作②新闻工作—广播电台—运营—中国 Ⅳ. ①G222.3②G229.24

中国版本图书馆CIP数据核字(2014)第264217号

责任编辑：吴　磊
整体设计：杨晓东
责任印制：洪中丽
责任校对：三　石

书　名	全新闻电台的节目编排和运营
作　者	覃信刚
出　版	云南出版集团有限责任公司 云南人民出版社有限责任公司
发　行	云南人民出版社有限责任公司
社　址	昆明市环城西路609号
邮　编	650034
网　址	www.ynpph.com.cn
E-mail	rmszbs@public.km.yn.cn
开　本	889×1194　1/16
印　张	12.75
字　数	260千字
版　次	2014年11月第1版 2014年11月第1次印刷
印　刷	昆明富新春彩色印务有限公司
书　号	ISBN　978-7-222-12437-0
定　价	68.00元

作 者 简 介

覃信刚 1955年6月出生，贵州省务川仡佬族苗族自治县人。经历了报纸、广播、电视、网络“全媒体”和新闻教育。历任教师、战士、排长、新闻干事、军区报社编辑、记者、营副教导员、师宣传科代科长、团政治处主任、团党委书记、政委（上校军衔），云南人民广播电台台长助理、党委副书记、副台长兼新闻中心主任、新闻广播总监，台党委书记、台长、总编辑、云广传媒集团董事长，云南省广播电视局党组成员、云南广播电视台党委书记、台长，高级记者二级；兼职历任云南省作家协会常务理事、云南省新闻工作者协会副主席、云南省新闻学会副会长、云南电视艺术家协会常务副主席，中华全国新闻工作者协会理事、中国广播电影电视社会组织联合会常务理事、广告信息工作委员会副会长、对农广播委员会副会长、对外宣传工作委员会副会长、新闻节目工作委员会副会长、中国广播电视学术委员会委员，以及多所大学兼职教授（硕士、博士生导师）。出版专著《新闻写作》、《现代媒介经营论》和《现代媒介研究方法论》（合著）、《媒介融合、台网互动解析》、《类型化电台研究》，散文集《在神秘的地方》、《军旅絮语集》、《森林的部落》、《边寨纪事》，主编书籍约20部。获得过省级以上新闻奖特等奖、特别奖、一二三等奖、组织奖、专项奖等，两次立功，（2014）全国省级电台唯一年度人物，享受国务院、云南省政府特殊津贴。

作者（右）与法国国家广播电台副台长阿兰·马赛

作者（右）与美国 1010WINS 全新闻电台新闻主播李・哈里斯

目录

contents

前　言

类型化、媒介融合、台网互动、两台合并，是当今广播业最热门的词汇。以此为主要内容，云南大滇广播研究院组织撰写、编辑的“广播前沿理论研究系列丛书”应运而生。

中国广播事业的发展和壮大，硬实力有目共睹，但软实力还需要提升。这里说的软实力，就是要把中国特色社会主义建设过程中的先进理念，包括世界广播业发展的先进理念通过梳理、总结、提升为广播事业发展的一种思路、一种智慧，并使其成为一种吸引人、感召人的力量。

在实践中，我们体会到，云南乃至中国广播理论研究滞后，学术氛围不浓，理论支撑实践显得不足，这不但影响广播内容产品的生产，同时也影响广播产业的经营。而目前，学界的研究主要关注电视、报业、网络，对广播研究较少，且比较空泛，缺少“根”和“魂”。业界的研究多数停留在工作总结上，缺乏理论的提炼，而且多局限于具体单位。我们感到，仅仅注重一个层面或单位的研究，这是需要的但又是不够的。要推动广播事业的大发展、大繁荣，必须对中国广播理论进行全面梳理，用理论指导实践，用软实力强化硬实力。鉴于以上思考，云南大滇广播研究院组织高层次的广播研究团队，开始实施“中国广播理论研究工程”计划。

“广播前沿理论研究系列丛书”就是其中的首批。它的主要特点是既注重前沿性、鲜活性又注重实用性，力求开放性、引领性与操作性相结合，更好地为业界提供服务。

这套丛书多数篇目采用“对话”的形式，主要是为了读者能轻松阅读，但却苦了参与“对话”的有关专家。他们不辞辛劳，一次又一次不厌其烦地对话，一次又一次用电子邮件交流，付出了极大的心血。在此，特向他们表示衷心的感谢！

这套丛书使用了许多照片，也是为了读者轻松阅读。云南人民广播电台的同仁花了不少精力，也表示感谢。

云南大滇广播研究院专门从事广播研究，这套丛书的出版才开了个头。由于经验不足，错误难免，恳望读者能提出宝贵意见，以帮助我们不断修订、完善，并改进以后的研究。

覃信刚

01

发展有中国特色、中国创造的全新闻电台

Establishing all-news radio with Chinese characteristics

构建有中国特色、中国创造的全新闻电台，既是传承广播文化的需要，实现广播改革创新的需要，也是未来广播发展的需要。在传统广播与新兴媒体融合发展的今天，构建有中国特色、中国创造的全新闻电台可以说恰逢其时。

一、理解全新闻电台：广播的延伸、拓展和推进

图 1 雷金纳德 · A. 费森登（Riginald A · Fessenden）

图 2 查尔斯 · 戴维 · “博士” · 赫罗尔德（Charles David “Doc” Herrold）

图 3 爱德华 · R. 默罗

广播的历史告诉了广播的今天。三组概念可以帮助我们理解全新闻电台。

第一组概念：新闻，广播新闻。其一，新闻。这里谈的新闻是指广播诞生后广播播出的报纸新闻、通讯社新闻之类，它不是广播人原创的新闻，是报纸、通讯社新闻的有声版，受众一听就知道新闻出自何处。1906 年圣诞之夜，加拿大人雷金纳德 · A. 费森登（Riginald A.Fessenden）（图 1）在美国成功实验，进行了第一次广播；同一个月，发明了“三级真空管”，被人称为“广播之父”的李 · 德福雷斯特（Lee De Forest）以及 1909 年建立了世界第一所广播学校的查尔斯 · 戴维 · “博士” · 赫罗尔德（Charles David “Doc” Herrold）（图 2），在他们的广播里，播放的大都是音乐，赫罗尔德播出的新闻，基本上也是报纸和通讯社的新闻。而 20 世纪 20 年代初创时期中国的广播，无论官办、民办抑或外商办的电台，发射功率比较小，收听范围有限，播出内容大都为教育、商业和宗教三种类型。其二，广播新闻。在广播播出的新闻应该说都是广播新闻，但再细分，这里特指电台自采及改写的新闻。早期在自采新闻方面，美国加州弗利希尔斯的 KMPC 电台做了许多探索。这家电台在 1930 年曾派出 10 名记者采写洛杉矶新闻。要知道，这一举动是非常了不起的，在当时是一种强大的力量。因为，即便到当今，美国一家电台的记者最多也只有 10 余人。但广播新闻真正有影响的时代，在中国是从 1937 年“七七事变”以后开始，那时的广播新闻在国共合作的高潮中充满了抗日爱国激情，有声有色，与广播讲演等节目写下了中国广播史上的悲壮篇章。在美国，则是从 1938 年 3 月 12 日爱德华 · R. 默罗（图 3）与其助手威廉 · L. 夏勒做的有史以来的第一次新闻联播开始。默罗的“这里是伦敦……”的现场报道，把广播新闻推向了一个高度。广播人和受众如梦方醒：广播还可以做现场报道，广播现场报道的理论由此诞生。但这个时候，在频率节目的设置上，广播人还没有去思考用一套节目来播新闻或主打新闻。

第二组概念：综合广播、新闻综合广播。其一，综合广播。从中国共产党领导的人民广播事业第一座电台——延安新华广播电台 1940 年 12 月 30 日诞生起，包括中华人民共和国 1949 年 10 月成立之后，在相当长的一段时间以内，中国大陆播出新闻的频率基本上是综合广播。在综合广播整套节目中，不但有新闻节目，还有教育节目、文艺节目、服务性节目、专题性节目、听众信箱节目等等。应该说，这一阶段的综合广播，新闻节目影响很大。但在整套节目中，新闻节目所占时间不长，往往安排在早、中、晚三个时段。如原云南人民广播电台，第一套节目为综合广播，从 1950 年 3 月 4 日一直沿袭至 1999 年 1 月 19 日。其二，新闻综合广播。新闻综合广播在原综合广播基础上向前推进了一步，也就是整套节目以新闻为主，但也还有其他节目，如广播剧、儿童节目等。这个阶段，新闻综合广播里的新闻已经占据了主导地位。

第三组概念：新闻电台、全新闻电台。从 20 世纪 80 年代中期开始，中国省市电台开始创办所谓的专业台，出现了新闻电台、经济电台、音乐电台、文艺电台、教育电台等。这时的新闻电台播出广播消息、广播专稿、广播通讯、广播特写、广播专访、广播评论、广播连续报道、广播系列报道等，有的也还播出广播剧、小说连播等。但主要时段已经是新闻性节目。这类新闻电台，已经是全新闻电台的雏形，但还不是真正意义上的全新闻电台。其二，全新闻电台。全新闻电台主打新闻资讯，每周 7 天、每天 24 小时全是新闻资讯，它是新中国成立 60 多年来广播新闻成长的历史进程中，中国广播界走出综合广播，细分市场、细分受众之后将迈上的一个新台阶，这将给中国广播的发展带来全新的要素。而在美国，20 世纪 60 年代中期，被美国媒介专家称之为“广播节目编排之父”的戈登·麦克兰顿（Gordon mcledon），在 1964 年就为芝加哥的 WNCS 编排了一个 24 小时的新闻节目。W 集团（Westinghouse 广播公司）于 1965 年将调幅电台 WINS（纽约）、KYW（费城），1968 年将调幅电台 KFWB（洛杉矶）（图 4）转换成了全新闻电台。CBS 也效仿，WBBM（芝加哥）(图 5)、WEEI（波士顿）（图 6）、KYW（费城）（图 7）转换成了全新闻电台。之后，法国、加拿大、澳大利亚、俄罗斯也创办了全新闻电台。

图 4 KFWB（洛杉矶）全新闻电台

图 5 WBBM（芝加哥）全新闻电台

图 6 WEEI（波士顿）全新闻电台

图 7 KYW（费城）全新闻电台

二、现代广播生态环境的现实表达：广播家族不能没有全新闻电台

图 8　1010WINS 全新闻电台

图 9　880WCBS 全新闻电台

中国人民广播事业有价值的观点和创新的概念，往往凝聚着广播界的共识，体现着受众的热情期待，根植于中国广播文化传统，呼应着世界广播的文明成果。

构建有中国特色、中国创造的全新闻电台，是顺应时代发展，满足受众需求，对中国广播新闻路径分析、总结后的发展方略。它彰显了新闻立台理念。因为新闻立台理念不但是中国广播行业的共识，也是国际广播的成功经验。新闻立台强调的是在综合电台中要以新闻立台，在所有的电台中，要以新闻立台。新闻立台、构建全新闻电台，理论和实践就完美结合在了一起。这是其一。其二，当今正处于传统媒体与新兴媒体融合发展的时代，巩固传统广播，创办全新闻电台，可以固守住广播的根和魂。其三，广播与新兴媒体天然契合，广播在融合中将实施“终端革命”，有了全新闻电台这种细分的新闻类型化电台，在与新兴媒体的融合中，会如鱼得水。第四，中国共产党历届领导人强调要学习国外先进经验，许多国家已经有了成熟的全新闻电台模式，我们在构建全新闻电台时，可以吸取正反两方面的经典案例，稳步推进，避免走弯路。第五，一个现实情况是：受众需要全新闻电台。笔者进行了一系列调查，多数受访听众认为构建全新闻电台会满足他们的需求，并壮大广播实力，丰富广播内容。

三、把全新闻电台置于历史、现实、未来三重图景中探索实践和创新

立体型、全方位探索运营全新闻电台，就是要把全新闻电台置于历史、现实、未来三重图景中加以对比、优化，从而做到有中国特色、中国创造。

一是全新闻电台运营的历史图景。世界上开办全新闻电台时间最长的是美国纽约市 1010WINS 全新闻电台（图 8），它于 1965 年 4 月 19 日创办，距今快半个世纪；接下来还有 880WCBS 全新闻电台（图 9），联邦新闻台等 13 家；在法国有法兰西新闻台（图 10），在澳大利亚有澳

洲广播公司新闻网（ABC NewsRadio）（图 11），在加拿大多伦多市有罗杰斯媒介公司属下的 AM680 全新闻电台，在俄罗斯有“莫斯科回声”等。这些台有的属于公共电台，有的属于民营电台；有的 30 分钟一个单元，有的 20 分钟一个单元，有的 15 分钟一个单元；有的使用中波，有的使用调频；有的有 250 多名员工，有的只有 30 多名员工。他们有哪些成功经验，有哪些失败的教训？这些都可以使用大数据加以剖析、梳理，对其运营理念和实践精髓进行提炼和归纳，为我所用。根据笔者的田野调查，公共全新闻电台的长处是提供了高质量、高品位的节目，在新闻的快速和准确上，以准确为准则，而且节目大都关注弱势群体；民营全新闻电台的新闻在快速和准确上，以快速为准则，节目失误时虽然马上给予纠正、更新，但与“准确”为准则是大有不同的。民营全新闻电台报道负面新闻如抢劫、吸毒、强奸、腐败等较多，追求轰动效应，把收听率作为考核的第一指标，追求的是利润最大化，而忽视社会效益第一位，这对社会有不利的因素。公共全新闻电台一般员工较多，效率不高，人浮于事；民营全新闻电台员工较少，且薪酬较高；公共、民营全新闻电台可以说各有利弊。在全新闻电台的发展历程中，有两次失败的案例，一次是依赖报纸，结果报纸大罢工，全新闻电台也寿终正寝了；一次是 1010WINS 全新闻电台成功开办后，美国全国各大中城市电台都效仿，结果没到一年，多数垮台，为什么？水土不服。实践证明，全新闻电台比较符合人口稠密、经济发达的大城市，对中小城镇不太适宜。再比如，全新闻电台强调采集能力，强调改写能力，往往是一条新闻多个版本（一般是 6 个版本以内）。这就是强调原创，这会大大增强广播新闻的生命力，这种特性和前人的文明成果又值得借鉴。

图 10　法兰西新闻台

图 11　澳洲广播公司新闻网（ABC NewsRadio）

在广播的历史长河中，全新闻电台未出现之前，无论是在综合电台、新闻综合电台抑或是音乐电台播出的新闻，都可以给全新闻电台以参照，关键是我们要使用大数据关注历史图景，寻找全新闻电台需求的历史要素。

二是创办全新闻电台的现实图景。中华民族近一百多年历经磨难，现已到了民族复兴的重要阶段。目前，中国经济总量已跃居世界第二位，其大国的影响力让世界惊叹。中国人口在世界处于第一位，人口众多，对广播来说是一件好事。全新闻电台适应在经济发达、人口众多的地方生长，这对创办有中国特色、中国创造的全新闻电台创造了良好条件。中国广播实行事业体制，这对广播来说，又是一种有力的保障。中国掀起了新一轮改革，广播人心心相许，

图 12 云南新闻广播

责无旁贷，矢志不移。创办全新闻电台的现实图景美丽如画，关键在于我们要脚踏实地，一步一个脚印，去实践，去探索。怎样实践探索？这就是要坚定不移坚持走中国特色社会主义道路，坚持党性原则。中国特色社会主义植根于中华文化沃土、反映中国人民意愿，适应中国和时代发展的进步要求，有着深厚历史渊源和广泛现实基础，坚持走中国特色社会主义道路就是走适合自己特点的发展道路。坚持党性原则，核心就是坚持正确的政治方向，高度负责地宣传党的理论、路线方针和政策，宣传党的重大决策、重大部署、重大活动，在思想上政治上始终与党中央保持高度一致。坚持团结稳定鼓劲，正面宣传为主，坚持正确的舆论导向，这是创办有中国特色、中国创造的全新闻电台必须遵循的重要方针。坚持为人民服务、为社会主义服务，这是我们办台的宗旨。我们必须以社会效益为第一位，坚持弘扬主旋律，这也是中国创造，与美国的全新闻电台有本质区别。

构建有中国特色、中国创造的全新闻电台，靠的是内容和创造。广播文化的生命力首先在于内容，根本在于内容。要注重真善美的内容，有文化品位的内容，有利于受众身心健康的内容，而不是假恶丑的内容，垃圾式的内容，有损于受众身心健康的内容。好的内容需要强大的采集力和改写能力，要培养这方面的特质人才。一条新闻多个版本，

图 13 云南广播电视台记者采访丽江東河村民

多个版本都鲜活，都有广播文化品位，而且本土化、社区化，这就是创造。创造是广播文化的本质特征，是广播文化的内核。创造出精品，精品要顺应受众期待。思想高度决定全新闻电台的高度，矢志不移，不断积累，不断沉淀，有公信力、影响力的全新闻电台就会扎根中华沃土。

三是未来图景。有了历史图景、现实图景，不能不关注未来图景。这三重图景互为关照，互为补充，互为融合，全新闻电台从哪里来，到哪里去，对受众有啥作用，才会让人一目了然。传统广播与新兴媒体融合发展是现实图景。未来广播媒体与新兴媒体融合，其产品将进入联姻、混血、杂交阶段。这样的时代还未到来但一定会到来。所以构建有中国特色、中国创造的全新闻电台，要有多终端思维，这种多终端思维是一场终端革命。也就是说，广播记者（图 13）不但要做“声音记者”，还要做“图像记者”、“文字记者”，而且“声音记者”、“图像记者”、“文字记者”要联姻、混血，继而转型为“全媒体记者”。这是一个艰难的过程，但再艰难也要攻克，而且必须大获全胜。

（原载《中国广播影视》2014年7月下半月刊总第560期）

02

新闻类型化电台发展方略

The development approaches and strategies of news format radio

党的十七届六中全会，就建设社会主义文化强国做出了全面部署，这是广播大发展、大繁荣的一次极好的机会。在这样的形势下，建设广播文化强国，这是目标；建设有中国特色的广播强国，这是路径。有了目标和途径，我们应该努力破解体制机制和节目体系的难题，努力把广播办好，为建设文化强国作贡献。

一、新闻类型化电台的发展历程

图 1 马可尼获得首个无线专利

1964 年，美国威斯汀豪斯集团对类型化电台进行受众调查，听众喜欢有这样一种模式：把时政新闻、体育新闻、气象节目等全部结合在一起，听众只要打开收音机就可以听到新闻。根据受众调查，威斯汀豪斯创立了全新闻电台的模式。这是美国第一次成功地依据市场调查来建立、发展新闻电台的一个成功案例，它彻底改变了以往办什么电台都靠主观决定的做法。1965 年 4 月 19 日，1010 全新闻电台诞生，这种模式全天 24 小时滚动播出新闻，没有谈话和音乐节目。这种模式方便了受众，受众的忠诚度非常高，也比较稳固；模式建好以后，制作也比较便宜。而且，新闻节目中间可以编排大量的广告。这种模式的出现，被认为是天才做的一项天才发明。很快，在美国费城出现了另一家全新闻电台，随之又从华盛顿、佛罗里达到芝加哥、宾夕法尼亚、德克萨斯，到西海岸更多的地方都有了全新闻电台。从洛杉矶到旧金山、西雅图，再到波士顿 ，然后又进一步地席卷到美国的中小城市，都有了全新闻电台。但是，不久问题开始出现：在一些中小城市，电台缺乏新闻源，听众也不喜欢听这类电台的节目。而且，城市太小了，有一个致命的问题：广告有限，全新闻电台难以生存。这时，中小城市电台的管理者开始思考：没有新闻怎么办？他们就尝试加入谈话内容，随即就出现了新闻 / 谈话电台。这是两种形式结合、以一种模式为主的类型化电台，如以新闻资讯为主，通常在早上、中午、下午上下班高峰期及晚上播出新闻，然后接着是谈话，而且是以电话连线的形式来做。再接下来，在大城市又出现了商业新闻台、体育台、谈话台、都市台等。而且还出现了一个大城市有两家全新闻电台的情况。很快，其他国家也开始复制，又出现了一些模式，提法虽有不同，时间长短不一，但大致与美国的新闻类型化电台相同。另外，谈话电台再度细分，什么成功谈话、幽默谈话、健康谈话等等，无奇不有。至 2009 年底，美国

图 2 WEAF 电台 1922 年由美国电报电话公司（AT&T）创立，是纽约的第一家商业电台

新闻/谈话电台有1583家，体育电台有590家，全新闻电台有13家，谈话/名人电台190家，西班牙新闻/谈话电台56家，西班牙体育广播1家等。细分的模式越来越多，电台也越办越多。

我们现在开办新闻类型化电台，也就是为了满足受众对广播文化的需求，适应受众的文化接受能力、文化消费习惯，彰显中国广播文化的实力，增强中国广播在世界上的号召力和影响力，充分体现中国特色社会主义广播文化的优越性。

图3 WFAN体育电台

二、迈向广播强国，开办更多的新闻类型化电台

据不完全统计，截至2010年底，全世界有13个国家开办的电台超过1000家。其中，亚洲有中国、日本、菲律宾、印度尼西亚、土耳其；欧洲有瑞典、法国、意大利、希腊、俄罗斯等；北美洲有加拿大、美国；南美洲有巴西。如果仅从电台的总数来看，中国已经是一个广播大国，但在这13个国家中，如果以中国、美国两个大国作比较，美国的传统广播也就是主流广播有14425家，高清广播1708家，流媒体广播6455家。中国（不含港澳台）有2726家。美国3亿3千多万人口，每1000万人有480家左右的电台，这还不包括高清广播和流媒体广播。中国大陆有13亿多人口，每1000万人口只有20家左右的电台。如果从人均电台数量上来看，中国的排位还将靠后；而从创收的情况看，美国广播最高时是200多亿美元，中国最高时为99亿人民币左右，也有差距。当然，如果从硬实力来看，我国已经走在前列。但是，在软实力方面，我们还有很大差距，比如竞争意识、市场观念、敬业精神都还有待加强。中国广播要做强，首先要做大，也就是走向广播大国，继而迈向广播强国。

图4 法国国际广播电台

我国人口众多，听众享受广播文化，基本上还停留在“温饱”阶段。为什么呢？因为电台的内容比较单一。举美国几个大城市的例子，纽约市1560多万人口，市区为820万，电台有81家；迈阿密540万人口，电台有76家；达拉斯市630万人口，电台有119家；旧金山740万人口，电台有52家，密苏里州570万人口，电台超过了100家，而

图 5 WCBS FM101 经典音乐电台

图 6 FM92.3 音乐电台

图 7 FM102.7 音乐电台

且他们的电台各种模式都有，内容非常丰富。我们各个大城市的电台与美国相比，数量要少三分之二左右，在农村就更不用讲了。所以，要让听众享受广播文化的精神盛宴，国家有关部门应该完善政策法规，分期分批地开放频率资源，并做好新闻资讯类、音乐类、特定内容类的比例和分配，实行分类管理。新闻资讯类、特定内容类多数电台可作为公益性、公共性的电台来管理。而音乐类有很强的商业属性，世界上多数国家都作为商业性的电台来管理。其实，商业电台也可以做公共节目、公益节目，关键在于我们的评估体系和运行机制。中国实行的是社会主义市场经济，有商业性质的电台也不能长期游离于市场经济以外。另外，开放频率资源，不应把技术看成问题，也不必担心管理。关键是，我们要转变观念，这就是：创新发展，建设广播文化强国。在这个前提下，来思考技术和管理，就能迎刃而解。

类型化电台是人类创造的文明成果，是当今世界广播的主流。类型化电台已经出现 50 多年，如果我们在电视特别是彩色电视出现的时候就实施类型化，那今天的广播已经走向了大发展大繁荣。同样，如果我们现在还不实施类型化，那将错失良机。所以，走中国特色的类型化电台之路，是广播人应重点思考、研究的问题。

美国到现在为止，有 85% 以上的电台都是类型化电台，类型化电台的细化模式有 100 多种，如新闻资讯类型化电台也有 20 余种。全新闻电台的节目体系科学、标准而又规范，谈话电台挽救了中波电台，造就了成千上万的广播迷。借鉴世界类型化电台的文明成果、前沿理念，如何壮大我们的广播事业？我认为，最关键的就要坚持新闻立台，开办有中国特色的新闻类型化电台，走中国特色的广播强国之路。美国的电视台，娱乐化带来低俗化、低级化，使收视率下降，日子不好过，这也值得广播关注。开办新闻类型化电台，事实上，由于制度不同，文化背景不同，国情、省情不同，媒介消费不同，我们不能照搬照套。结合中国实际，我认为可以研究开办 7 种新闻类型化电台，也就是 7 种细化模式，这就是：全新闻电台、新闻 / 谈话电台、新闻 / 特写电台、新闻 / 调查电台、经济新闻电台、谈话电台、都市电台。

三、新闻类型化电台的细化模式

（一）全新闻电台

全新闻电台是广播的根和魂，是广播的主战线、主力军、主战场。开办全新闻电台，不但保护了广播文化，发挥了广播的关键特性，还可以大举朝新媒体延伸。如果我国有一个全新闻电台网，一种管理模式，实施本土化战略，全部直播，不但节省人力物力，而且会形成品牌优势，创造更多的经济效益。但是，一定要把定位解决好，主打人群、地区要明确，受众在 35 ~ 65 岁之间。像中央台，在全国有 1700 多个调频，如果调出 20 个，就可以办 20 家全新闻电台。北京、上海、广州、武汉、哈尔滨、杭州这样一些大城市，笔者认为可以办两家全新闻电台，但定位要做市场区隔。在世界范围内，全新闻电台的单元设计一个小时有 15 分钟、20 分钟、30 分钟的，长短不一。从听众接受的最佳时长来看，在中国，我认为以 20 分钟、30 分钟为宜。全新闻电台的开办，可以大大突破现在中国广播的格局，与报纸、电视形成强有力的竞争，而且，它的形式单一，管理也比较容易。

图 8 1010WINS——全美最大全新闻电台

（二）新闻 / 谈话电台

新闻 / 谈话电台与全新闻电台相比，减少了新闻资讯的内容，使新闻更加精练；增加了谈话的内容，使新闻文化更加厚重；谈话内容主要以新闻事件为主，也有健康、生活类的谈话。新闻 / 谈话电台不但可以在大城市开办，也可以在中小城市开办。美国现在有 1583 家新闻 / 谈话电台，往往是几个小时的新闻资讯节目后，接着是几个小时的新闻谈话节目。新闻资讯节目与全新闻电台一样，有 30 分钟一个单元，也有 20 分钟、15 分钟为一个单元的；而谈话节目往往为 30 分钟、60 分钟、120 分钟。也有把新闻资讯与谈话糅合在一起，新闻资讯过后是谈话，谈话的时间比较短，依据节目的需求来定。

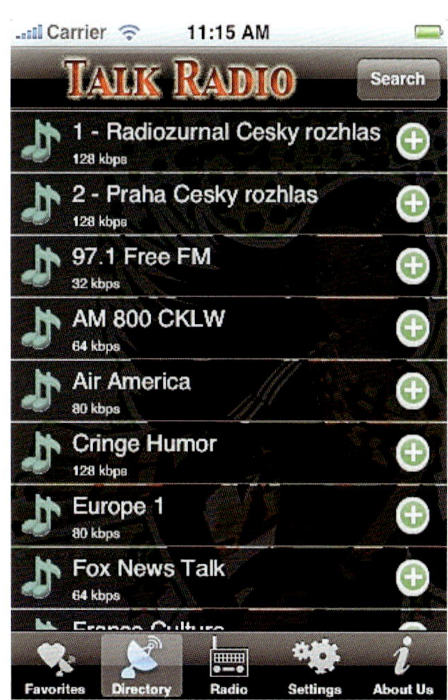

图 9 来自 iphone 上搜索的美国谈话电台

新闻 / 谈话有两种形式，应以一种形式为主。

新闻 / 谈话电台的谈话，要围绕新闻事件展开，要有评论。目前中国的广播评论是一个弱项，通过谈话注入评论的元素，可以丰富广播节目。

（三）新闻 / 特写电台、新闻 / 调查电台

新闻 / 特写电台、新闻 / 调查电台与全新闻电台不同的是，加入了深度报道，这种样式改变了全新闻电台深度报

图 10 AM1510 经济新闻电台

道缺失的状况。特写和调查的内容可以编排在 30 分钟、20 分钟的单元以内，也可以分单元编排。另外，中国目前广播电视的评奖，除消息，还有专题等，以这种模式出现，不会使一些奖项丢失。从综合性的电台转向这类电台，也可以减少人员成本。

（四）经济新闻电台

经济新闻电台，顾名思义，全部是经济新闻，可以是全新闻电台的模式，也可以是新闻 / 谈话电台的模式。我国有许多经济电台，多数是综合性的电台，还是应该细分，有所为有所不为。

（五）谈话电台

我这里说的谈话电台，主要指新闻谈话，这种模式有少量新闻资讯，以时政谈话为主，也有少量其他内容的谈话作补充。谈话电台最具口语化，也具广播特性，值得我们尝试。如果谈话广播在中国兴起，那将是一道独特的风景线。

（六）都市电台

都市电台的品位是都市的，风格是都市的，紧跟都市生活。它在节目编排上，与全新闻电台、新闻 / 谈话电台大同小异。现在许多城市电台，应该就是都市电台，遗憾的是大多走的是综合型路子，这种状况有改变的必要。

图 11 美国三大广播公司

四、创办新闻类型化电台要破除的几种观念

在建设文化强国的进程中，创办中国特色的新闻类型化电台，时机成熟。我们应把握世界广播发展的趋势，勇于改革，不断创新，做出成效。当前，创办新闻类型化电台，要破除如下观念：

（一）综合型的观念

综合型的观念就是想把什么都据为己有，包打天下。这种观念出发点是好的，但现实已经很难做到。我们应该树立细分市场、细分受众的观念，多办类型化电台，少办综合型的电台。

（二）地域门户观念

现在的广播，是画地为牢，这种做法限制了广播的发展。在建设文化强国的进程中，我们应有全国性的广播网（或集团），这也是广播的特性，因为广播是本土化的媒介。继而再组建广播的跨国集团。我们不把广播做大做强，就很难做跨国集团。其实，中央台可在全国设置分台、省级台可在州市设置分台，然后分模式联网，比如：全新闻电台网、新闻/谈话电台网、体育电台网、都市电台网等，有序地放开。这个问题，需要政策扶持。

（三）广播将消亡的观念

随着新媒体的发展，我们的部分听众在流失，有人预言："广播末日来临""广播天线将消失""广播在10年后将消亡"等等。我们说，广播是人类移动的最佳媒介，只要人类移动，它就不会消亡；广播是人类的声音媒介，只要人类还需要声音，它就不会消亡；广播是与新媒体天然契合的媒介，新媒体快速发展，也必将推动广播发展。所以，我们应该培养高度的文化自觉、文化自信，而不能悲观。

五、创造新闻类型化电台收听走势的最高境界——五峰型

图12　少年听众收听广播的情景

新闻类型化电台的节目是为受众服务的，拥有更多的受众，是我们办台的目的。而要拥有更多的受众，就要根据受众所处的地理位置、文化背景、工作习惯、生活态度、季节变化、消费心理来合理编排全天的节目，创造频率收听走势的"五峰型"。

图13　青年听众收听广播的情景

现在，我们的新闻广播往往关注的是早间黄金时段，追求的是早间黄金时段的收听高峰，这无可非议；但忽略了全天节目的布局，忽略了全天收听走势高峰的创造，这在频率品牌的塑造上是有缺陷的。比如收听率峰值的"独峰型"或"孤峰型"。如果全天24小时的峰线只产生了一个高峰，也就是受众只集中在早上的黄金时段，而对其他时段来说，峰线下滑、平缓，抬不起头，这是一种极大的浪费。

造成这种局面，主要原因是忽略了全天频率节目的创意开发，对受众的需求把握不准，节目的策划不到位，为了创收，开办了一些医疗类的节目等等。

要改变这种状态，频率总监和采编播人员要树立"五峰型"的观念，并下工夫创造"五峰型"。

图14　老年听众收听广播的情景

为什么要提出"五峰型"这个概念？这是根据广播节目编排的特性、受众的工作习惯、生活规律、时间变化来考虑的。通常，在早晨、中午、下午、晚上均有收听高峰，在夜间，至少应创造一个高峰，这样就形成了"五峰型"。

全新闻电台、谈话电台一个全部是新闻、一个全部是

谈话，要创造五峰型，容易编排。新闻 / 谈话、新闻 / 特写、新闻 / 调查模式怎么办？如果特写、调查的模式不是糅合在一个单元以内，那么，再创造一个“五峰型”，形成“双五峰型”，这里的“双五峰型”的峰线有高有低，不可能整齐划一，但它相对仍应是高峰，这是我们应该追求的目标。

新闻类型化电台如何创造“五峰型”？

（一）注重呼号、口号、标志的运用

呼号要大气，具有本土化的特点，并与频率数字相连；标志要有鲜明的广播特点；口号要响亮，要符合新闻类型化电台的实际。美国 1010 全新闻电台的口号是：“您给我 22 分钟，我将告诉您整个世界”，这个口号就非常经典；但是另外有一些口号，如“顶级新闻电台”“头号新闻电台”“680 新闻电台”“30 分钟走遍世界”“20 分钟环游全球”，就显得一般。借鉴上海世博会的宣传口号，我也想了一个，叫“新闻在您耳边，世界在您眼前”，就是说，新闻在您耳边响起，世界就会在您眼前展现。

图 15　1010WINS 全新闻电台

（二）广播新闻的寿命界定在 12 小时之内

美国 1010 全新闻电台新闻寿命为 4 ～ 5 个小时；4 ～ 5 个小时在我们国家现在还做不到，考虑到与报纸、电视竞争，可以界定在 12 个小时以内，以后再过渡到 4 ～ 5 小时。

（三）1 条新闻 3 个版本，出 3 种声音

美国 1010 全新闻电台是 1 条新闻 6 个版本，出 6 种声音。这不但解决了稿源的问题，而且丰富了广播的特性，这种做法是一种极致。多数新闻类型化电台是 1 条新闻 3 个版本，出 3 种声音。我们可以采取这种做法。3 种声音，是一种平衡的声音，有赞同的，也有反对的；有政府公务员的，也有群众的，这样，可以使广播声音多元化，较好地发挥广播特性。

（四）全新闻电台每条新闻长度基本为 45 秒，3 ～ 4 句话

1010 全新闻电台把 60 分钟分为三个单元，每个单元为 20 分钟，以 20 分钟为格式不断滚动播出，完全是标准的全时全新闻播报（图 16）。每条新闻长度基本为 45 秒，我多次计算过，也有 30 秒的，但很少有超过 1 分钟的新闻，每 30 分钟有 20 条左右的消息，60 分钟 40 条左右的消息，加上服务类资讯 15 条左右，共有 55 条左右的新闻资讯，全天 24 小时为 1320 条左右的新闻资讯，每周有 9240 条左右的新闻资讯，每个月有 39600 条左右的新闻资讯；全年 365 天，共有 481800 条左右的新闻资讯。前段时间，我调动我们台 6 个人翻译 1010 全新闻电台的节目，两天的节目花了五个多月时间，中文每天是 30 万字左右；按这个

单元	内容	时长
第一个 20 分钟	节目概要	（1 分钟）
	交通运输	（1 分钟）
	新闻	（3 分钟）
	广告	（1 分钟）
	新闻	（2 分钟）
	广播网广告	（1 分钟）
	新闻	（1 分钟）
	广告	（1 分钟）
	交通运输	（1 分钟）
	气象	（1 分钟）
	新闻	（1 分钟）
	广告	（1 分钟）
	体育	（2 分钟）
	广告	（1 分钟）
	新闻	（1 分钟）
	广告	（1 分钟）
第二个 20 分钟	基本形式相同，减少两个新闻（1 分钟），增加财经（1 分钟）和娱乐（1 分钟）	
第三个 20 分钟	相对前 20 分钟，去掉节目提要（1 分钟）、娱乐（1 分钟），增加新闻（1 分钟）和最后的预告（1 分钟）	

图 16　1010WINS 全新闻电台新闻编排

数字计算，每个月 900 万字，每年 1 亿零 80 万字。如果出书，每本 30 万字，一年将出版 336 本，这就是他们 55 人的工作量。这种大容量、高密度的新闻编排，每天完全可以做到不漏掉任何重大的新闻，这也是受众的需求。而且，他们 45% 以上的稿件是原创，其余全部为改写，不是简单的复制。有记者大量的现场声音呈现，这保护了广播文化，弘扬了广播文化，张扬了广播的生命力。

现在，领导的讲话、活动比较多，稿件比较长。如果省级电台办一个全新闻电台，可以开一个口，就是早上一个单元 30 分钟的稿件长一些，其余全部按照 45 秒左右一条来运作。

现在回过头来看我们每天新闻的数量，就有一个比较。当然，我们不能完全讲数量，但量变产生质变，对量的追求也是全新闻电台的一项任务。如果我们办全新闻电台，就要认真思考全天新闻的条数，原创新闻的条数。

（五）全新闻电台滚动播出模式

有的同行问我，全新闻电台滚动播出，重播怎么安排？全新闻电台滚动播出的模式分为 ABC 三个版本，使用也是 3 种，分别贴上三种标签。

A 版：是非常重要的新闻，每 20 分钟滚动一次，每条不超过 6 次；

B 版：比较重要的新闻，每 40 分钟滚动一次，每条不超过 3 次；

C 版：相对是次要的新闻，每 60 分钟滚动一次，每条不超过 2 次。

滚动播出或重播，我们完全可以采取这种模式。

（六）自采新闻要在 45% 以上

新闻寿命为 4 ~ 5 个小时，本土化内容加上直播，这是全新闻电台竞争的法宝。除此之外，我们一定要保证自采新闻的数量，不能只靠聚合新闻，要多有原创性的新闻，原创新闻应该在 45% 以上， 至少要在 40% 左右。有的同行问我：全部复制别人的新闻，算不算全新闻电台？我说，你播出的全是新闻，但你是复制的、聚合的，是聚合新闻台。同样，报道的新闻第一位的是受众有用的新闻，一定要树立这样的观念。

这里还有一个问题，就是自采新闻的本土化。什么是本土化？通俗地说，我认为主持人、记者、总监就是要与你出生的地方、儿时的记忆、父辈的记忆、故乡的记忆密切相关，与贯穿你生命的本土文化相关，与你所痴情、所钟爱的乡土情感相关。要有自己的原创，这样才能树立品牌，发挥广播的特性。

单元	内容	时长
第一个 20 分钟	节目概要	（1 分钟）
	交通运输	（1 分钟）
	新闻	（3 分钟）
	广告	（1 分钟）
	新闻	（2 分钟）
	广播网广告	（1 分钟）
	新闻	（1 分钟）
	广告	（1 分钟）
	交通运输	（1 分钟）
	气象	（1 分钟）
	新闻	（1 分钟）
	广告	（1 分钟）
	体育	（2 分钟）
	广告	（1 分钟）
	新闻	（1 分钟）
	广告	（1 分钟）
第二个 20 分钟	基本形式相同，减少两个新闻（1 分钟），增加财经（1 分钟）和娱乐（1 分钟）	
第三个 20 分钟	相对前 20 分钟，去掉节目提要（1 分钟）、娱乐（1 分钟），增加新闻（1 分钟）和最后的预告（1 分钟	

图 17 云南电台新闻广播节目编排

图 18 拉什·林鲍

（七）要精选谈话主持人

谈话主持人的选择，是谈话节目成功的关键。它的基本要求就是要有高收听率，要能创造收听走势的高峰。这要拓宽视野，面向全国招聘。美国拉什·林鲍（图 18）的谈话，有几百个电台播出，让受众如痴如醉。还有，美国纽约的体育电台，邀请的是体育明星当主持人，创造的价值是 6000 多万美元，电台每年付给明星主持 1000 多万美元的薪酬。这些做法，我们都可以借鉴。

（八）谈话节目要按照收听走势布局

如果开办谈话电台，就按收听走势“五峰型”布局，这样比较均匀；如果是新闻/谈话电台，既可以按版块设计；也可以按一个主题多个点，就是把一个主题切割成若干点，编排在各个单元之中。

图 19 云南电台与密苏里新闻学院开办媒介融合战略研修班

（九）抓好类型化电台的业务培训

在学习中工作，在工作中学习，应成为电台的常态。类型化电台的培训，一是要有世界眼光、世界视野、世界的前沿理念。我们云南电台采取的是与美国密苏里新闻学院、法国里尔高等新闻学院、台湾政大新闻传播学院合作，举办短期的培训班，同时选择世界上一流的专家学者单独授课；二是抓基础的培训。这方面，主要请国内高校的教授讲课；三是抓“操盘手”，也就是业务骨干的培训，这样在普及的基础上就有人带头操作。2010 年，云南电台抓了 10 次大的培训，1000 多人次参加。即便这样大规模培训，也难说就能产生多大的效益。所以，培训要常抓不懈。

（十）抓好类型化电台的学术研究

在研究中工作，在工作中研究，也要成为电台的常态。2010 年，云南电台提出了建设广播文化强台的理念，其中有一项，就是要建设广播文化研究基地，要在研究上出成果。我们要像投入硬实力一样来投入软实力，在研究上要舍得投入。如果这样，类型化电台有理论支撑，不难做好。

图 20 云南电台员工正认真听课

六、新闻类型化电台的管理

美国类型化电台的管理，非常简约，主要的就是减少了中间层级，把一个电台当成一条生产线，按照时间作业。这里，主要强化了主播和编辑的责任。美国的全新闻电台，人数最多的 55 人，最少的 30 多人；俄罗斯 110 人，原因是美国把天气、股市这些节目外包，广告分开做，俄罗斯是自己做。在我们中国，要搞大主播制、主播制，目前还不太现实，可以发扬团队精神，以团队作业，互相配合，办好节目。人员 55 ~ 60 人就够了，广告可以代理，也可以自己做。另外，直播室要设立 2 ~ 3 个，便于重大事件的切换、便于候播。同时，编发稿件和播出的办公室要连在一起，这样，可以争分夺秒抢时间。

七、建设高效运行的媒资管理系统

这种系统要聚合所有的新闻资讯，将音频、视频、动画、图表、文字一网打尽，做到一次生成，多次发布，再次使用。具体来说，它要有如下功能：

第一，聚合本台的基本资料、信息。如围绕广播传播联络人的电话号码。

第二，记者采访的音频、文字、图表。要模组化、分类设置。

第三，卫星电视信号。可设立电视墙，引入国内和世界上最主要的新闻电视台的信号。

第四，有线电视信号。

第五，互联网的连接。主要掌握线索，了解情况。

第六，传真信号。接受传真稿件。

第七，新华社消息。新华社国内国际的稿件，最好是广播消息、专稿。

第八，报纸信息。要订阅多种报纸，包括新闻期刊。

第九，电台信息。可从互联网获取，也可以收听网络电台。

第十，听众、嘉宾连线。与电信公司合作，建立专用平台。

第十一，受众来信。

第十二，政府、交通、股市、天气信息。可以联网，也可以专线，如地震局。

这个平台上的节目编发以后，要能自动分发：发到网站、手机或微博电台，发到图文广播或 ipad 电台版。

而且，传统广播的资源以后要和云广播聚合在一起。能够模组、分类、切割、分发。

［2011年10月31日在2011（第二届）全国类型化广播高峰论坛上的演讲，原载《中国广播》2012年第2期］

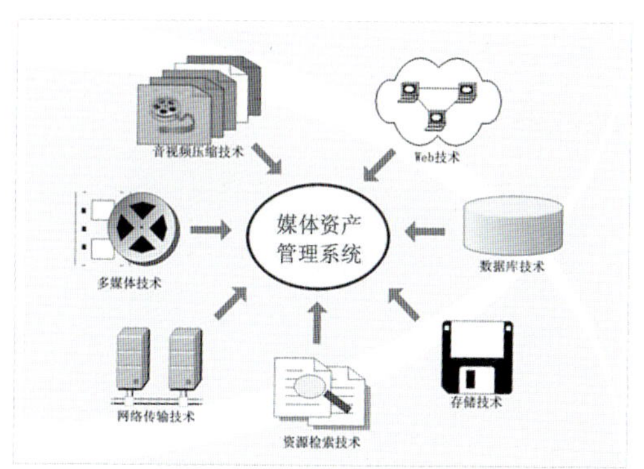

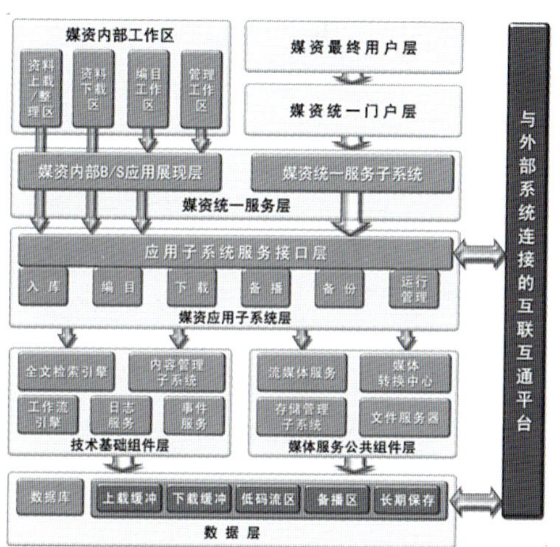

图 21　媒资管理系统简图

03

全新闻电台的节目编排和运营

The programming and operation of all-news radio

广播成为新闻报道的一个主要来源，是在二战时期。那时，爱德华·R. 默罗（Edward R.Murrow）“这里是伦敦”的直播报道，给听众带来了枪声和炮声，让受众感受了现场的实况。但是，许多广播新闻将更多的时间投入到陈旧的专题报道、总结报道，而不是实时的报道上，这种做法一直沿袭至今。

全新闻电台是广播的主力军、主阵地、主战场，是满足广大听众渴望知道最新事态需求的主渠道，是凸显广播文化特色的主平台，创办全新闻电台，是中国广播界义不容辞的责任。

一、节目编排与运营的战略考虑

全新闻电台的节目编排与运营，管理者首先应有战略性考虑。这种考虑是全方位的又是最重要的。

（一）为什么创办全新闻电台

中国大陆的广播，曲折前行，浴火重生，经过不断发展，现已办有 2863 套节目。其中，省（市）级广播电视台、电台，副省级城市以及全国州、市级城市，都办有一套综合型的新闻广播。这样，在省（市）、自治区政府所在地，一般都办有两套新闻综合广播。在这样的背景下，为什么还要创办全新闻电台？

图 1 作者（左）在美国 1010WINS 全新闻电台调研

1. 坚持新闻立台，扩大广播主阵地

新闻立台观念源于美国，起因一是 1965 年 4 月 19 日美国纽约 1010 全新闻电台（1010 WINS）的开播，使全新闻电台如雨后春笋般发展，又因水土不服，纷纷转向；二是音乐类型化电台细分受众的模式不断出现，使广播无处不在，“娱乐至上”的思想一度盛行。这时，各种观念不断碰撞、纠结，在 20 世纪 70 年代，美国一些专家提出仍然要坚持新闻立台。全新闻电台的实践、专家的观念加上一些观众都希望有全新闻频道的出现，1980 年 6 月 1 日，一个主打全新闻的电视频道——美国有线电视新闻网（CNN）开播。之后，全新闻电台逐步被广播人所认识，在一些州、市稳定了下来。

新闻立台，不但美国这样做，世界上其他广播大国、强国如英国、法国也不甘寂寞，或改进新闻电台，或开办了全新闻电台；还有一些国家则复制了 1010 全新闻电台的模式。在世界上，广播文化价值较高的广播是全新闻电台，而非其他电台。

新闻是一种文化。毫无疑问，广播新闻也是一种文化，是一种具有引领作用能对当下和未来产生长久影响的文化。广播自诞生之日就一直与新闻密不可分，新闻改变世界，这毫不危言耸听。新闻中常常蕴含着鲜活的思想、多元的观念，蕴含着对社会、政治、经济、文化的丰富理论，既帮助人们了解世界，又帮助人们理解世界。此外，也有助于受众认识社会的核心价值、社会规范和异地的风俗民情。新闻理念，新闻价值理念中的各种原则、定义，无不包含着丰富的政治意蕴。坚持新闻立台，可以扩大广播的主阵地、主战场，可以保持广播正确的发展方向。

2. 建设广播文化强国，以全新闻广播作为领军电台

在世界上，目前有近100余种类型化电台的细化模式。我国有20余种广播形式，多数是综合型的电台，如新闻综合、交通综合、音乐综合台等。建设广播文化强国，无疑还要丰富各种类型，如音乐类型化广播、公共广播、少数民族广播、校园广播、社区广播等。但在这些细分的模式中，处在引导性地位，影响力、公信力最大的，还是全新闻电台。因为全新闻电台可以开阔受众的视野，增长受众的知识，提升受众的文化品位，转变受众的观念。当然，任何事物都存在着矛盾，创办全新闻电台也不例外。全新闻电台重装备、高投入，采编播以及技术人员素质要求高，引进人才、设备都需要足够的资金，这都是应该正视的现实。但这些问题在当今中国完全可以解决。正因为有这样的难题，全新闻电台不可能谁都能办，相对而言，它又不会过多过滥。以全新闻电台作为领军电台，可以带动其他电台的发展。

3. 满足受众的普遍需求，提升广播的公信力

广播新闻作为一种特殊的信息，凭借其快速、准确、富于逻辑和形象思维的特征，给受众以人生、社会、政治、文化、经济等多方面的思考，其传播价值相对其他广播模式位于核心，因而是受众的普遍需要。满足受众对广播新闻的心理需求，不但使受众享受到了知情权，还可以提升媒体的公信力。在传统广播受到新媒体强势冲击的今天，保持这种公信力就显得尤为重要。而要保持这种公信力，全新闻电台有理由可以做到：每周7天每天24小时满负荷播出，保持着新闻的高度敏感，能报道世界上所有的重大新闻事件，满足受众对外部世界信息的渴望；开办全新闻电台，对频率而言，新闻更加专业，采制的新闻更加精准，运营更加科学有效，真实、客观、全面的报道会落在实处；听众可以听到更多声音记者的直播报道，使全新闻电台更具广播特性。同时，受众也会变得更加忠诚。

图2 2012年9月7日作者（右）兼任云南师范大学传媒学院院长。图为云南师范大学校长杨林教授给作者颁发聘书。

4. 保护广播文化，发挥广播独特功能

广播有多重功能，但作为大众媒介其“告之”是一个主要的功能。音乐类型化电台也可以“告之”，但它主打的是音乐而非新闻；广告可以“告之”，但它更多的是销售，属于经济活动。广播文化首先要有广播作品的原创，其自采的新闻资讯属原创，而这样的新闻资讯又是海量的，这种海量的供给有助于受众紧跟时代的步伐。综艺类节目可以原创，但播出的作品绝大多数是他人的原创。要保护广播文化，保护广播文化的特色，广播才有竞争力，才能立于不败之地，而这些，全新闻电台能够做到。至于聚合式的“全新闻”，虽然也是新闻，但它不是电台自身的原创，从广播特性考虑，不值得推广。真正的全新闻电台，不但要有自己的主编、主播、改写员，还要有自己的声音记者。而声音记者要具直播性，特别是要出现在现场直播。

新闻/谈话电台有新闻也有谈话，但谈话多为外请嘉宾，也不属自己原创，其版权会被分割。新闻/深度电台、新闻/专题电台、新闻/特写电台本质上属于全新闻电台，但数量不多，影响力有限。所以，保护广播文化，发挥广播独特的功能，构建全新闻电台，是一个值得探索、实践的明智之举。

图 3 广播百年 / 中国 · 云南广播节

（二）创办全新闻电台面临的问题

在中国大陆，目前省、市级电台多数已合并，这种合并是自上而下的拉动，靠的是行政的推力。同样，创办全新闻电台也只能走这样的路径：自上而下的推动，要靠广播电视台或电台管理层决策。而这种决策，面临如下问题。

1. 政策因素

创办全新闻电台必须掌握国家的有关政策，用政策引领。实践证明，当法律法规不完善的时候，政策可以起到较强的引领作用，并推动法律法规的完善和颁布。中共中央、国务院对广播、电视台的性质以及支持广播电视等公益性事业建设有许多明确规定。《中共中央 国务院关于深化文化体制改革的若干意见》第 14 条规定：“党报、党刊、电台、电视台、通讯社……实行事业体制，由国家重点扶持。”在这里，政策已经明确规定电台实行事业体制，是事业法人，而不是企业法人；采取的是事业法人治理结构，而不是企业法人治理结构。无疑，这包括了全新闻电台。

2011 年 3 月 23 日，《中共中央 国务院关于分类推进事业单位改革的指导意见》第三条第 9 款指出：“细分从事公益服务的事业单位。根据职责任务，服务对象和资源配置方式等情况，将从事公益服务的事业单位细分为两类：承担义务教育、基础性科研、公共文化、公共卫生及基层的基本医疗服务等基本公益服务，不能或不宜由市场配置资源的，划入公益一类；承担高等教育、非营利医疗等公益服务，可部分由市场配置资源的，划入公益二类。”①

全新闻电台属于公共文化服务事业，可部分由市场配置资源，比如广告、赞助等，按此规定，应列为公益二类。

全新闻电台国家级的电台可创办，省、市电台也可创办。在政策上，省、市级政府与中央政府是完全一致的。根据上述政策规定，目前面临的状况是：其一，全新闻电台如进入事业编制的公益二类，政府往往采取差额拨款，而差额拨款经费非常有限。以 2000 年至 2012 年为例，云南人民广播电台国际广播、民族广播差额拨款不到电台收入的 10%，新闻广播全靠自筹。其二，编制报批存在难度。国家和省、市编办对编制控制很严格，许多电台采取台聘和公司派遣的做法招聘采编人员，但这样做是有风险的。多数电台采取融通的办法：关键岗位如审稿、播音采取事业编制，其余采取台聘或公司派遣的方式过渡。其实，全新闻电台如能进入公益一类是最理想的。2013 年，美国一些商业电台经营业绩下滑，一些专家提出政府要多给予支持。我国已经有了明确的政策规定，业界应该思考的是怎么用够、用足。

图 4　云南人民广播电台新闻广播记者到地震灾区为受灾群众发放收音机。

2. 法律法规

与世界各国一样，设立广播电台必须符合国家的法律法规。作为广播电台，必须遵守国家的根本大法《中华人民共和国宪法》以及涉及广播电台的有关法律。同时，监管行业的有关行政法规包括规章，都必须严格遵循。

“目前，广播影视领域现行有效的专门性行业法规共 8 部；广电总局颁布的现行有效的规章共 45 部；现行有效的地方性广播影视法规共有 22 部，地方政府规章 44 部。”②

图 5　作者参加 2012 年中德广播影视法制论坛并做演讲

在这些法规、规章中，《广播电视管理条例》（国务院令第 228 号）、《广播电视编辑记者、播音员主持人资格管理暂行规定》（广电总局令第 26 号）、《广播电视节目制作经营管理规定》（广电总局令第 34 号）、《广播电台电视台审批管理办法》（广电总局令第 37 号）、《广播电视广告播出管理办法》（广电总局令第 61 号）、《广播电视安全播出管理规定》（广电总局令第 62 号），在申报开办电台以及电台成立后均需严格执行，电台管理者应熟悉这些法规、规章，依法设台，依法管理全新闻电台的节目编排和运营。

---

①《中共中央　国务院关于分类推进事业单位改革的指导意见》（2011 年 3 月 23 日），人民出版社，2012 年 4 月第 1 版。

②国家广播电影电视总局编：《广播影视管理实用手册》，法律出版社，2010 年 6 月第 1 版 。

图 6 云南人民广播电台少儿广播举办“加油宝贝助学公益基金”活动

图 7 云南人民广播电台交通之声开展“爱心送考”活动

图 8 云南人民广播电台新闻广播举办“帮助农民工”大型直播活动

我国对于中央和省、市级电台的频率使用早已做出规划，对设立电台的审批条件有明确要求，包括设立主体、国家及行业标准、专业人员技术设备和必要的场所，基本建设资金和稳定的资金保障、明确的频率定位和传输覆盖范围，传输覆盖方式和技术参数等。在这里，借鉴世界全新闻电台设立的经验及教训，节目定位就是全新闻，覆盖范围应以省、市政府所在地为宜，因为广播是本土化的媒介，乡音乡情乡俗往往受到听众的喜爱，所以不必包打天下。在中央台、省市台一般都开办有新闻综合广播，全新闻电台应与综合型的新闻广播有明显区隔。

3. 频率资源

西方发达国家对频率资源的分配有法律法规的引领，且人人皆知，推动了广播的发展。我国对频率资源的分配总体上观念滞后、办法老套，在某种程度上阻碍了广播的大发展大繁荣。2012 年，美国共有电台（频率）15376 个，法国共有电台（频率）4737 个，远多于中国。从理论上讲，我们不能完全以频率的多少来衡量、判断广播的影响力、公信力，但频率的多少至少可以作为广播发展的一项指标。中国大陆的频率共有 2863 个，这个数量完全满足不了 13 亿中国人的需求。因为广播是本土化、社区化、个性化的媒体，满足受众的需求和口味是它的职责所在。有的学者喜欢拿广播与互联网比较，列出收听收看互联网的人数、收听广播的人数， 但他们忘了，开办电台需要有关部门的批准，这与互联网不在一个评价体系上。据有关方面资料，云南还有 200 多万人口听不到广播，其原因就是这些地区还未设立电台。电台的类型化、社区化、分众化，需要开放频率资源，这是其中一个不争的事实。

在现有条件下，如何解决频率资源匮乏的问题？其一，挖掘潜力。有的省、市电台一套节目使用两个调频，这是一种浪费频率资源的做法，在国外如美国已基本没有这种情况，可以调出一个调频，用于开办全新闻电台；其二，将其他竞争性不强的频率改为全新闻电台使用；其三，将远距离转播的频率调出使用；其四，重新申办频率。

4. 节目来源

创办全新闻电台，目的就是保护广播文化，特别是保护广播独特的文化，传承广播文化。因此，广播不能做报纸、通讯社的“有声版”。处理好原创和聚合的关系是非常重要的。原创的内容越多，说明全新闻电台的实力越强，但全部原创又是无法做到的；聚合的内容越多，广播的特性越不足；如果一家电台的内容全靠聚合，那就失去了全新闻电台的意义，沦为报纸、通讯社、网络的有声版，或变为附属电台。

要保护广播文化，保护广播特性，应充分发挥声音记者的作用，声音记者在现场的直播应在全天的节目中占有足够的份量，“一条新闻多个版本”可作为全新闻电台节目采制的军规。商业性的全新闻电台记者偏少，不值得效仿。全新闻电台的声音记者越多，直播性报道就越充足，节目就越鲜活，与网络的竞争就越有力量。同时，编辑部要对新闻稿不断地改写，改写由主编、主播、编辑完成。改写稿件主要来自：通讯社、主流报媒、主流网站、公民记者来稿。对主流电台、电视台的播出内容采取切割，以插播的形式播出。

全新闻电台使用的交通信息、天气预报、股市行情可以采取外包，而不必靠本台记者采制，这样可以大大减少人力资源成本。

图 9 2009 年全国两会期间，云南人民广播电台记者在人民大会堂云南厅做报道

5. 技术条件

全新闻电台技术设备的配置应先进、实用，能满足采访、编辑、传输发射的需求。主要包括：采访、编辑设备，录音、制作系统设备，播出系统设备，主播系统设备，传输发射系统设备等。以省级电台为例（表 1），约需资金 4000 万元。管理者应重视内容管理系统的构建，可一步到位，也可以分步实施。

表 1　全新闻电台设备构成一览表

编号	名称	具体设备		参考规模
一	采访编辑系统设备	1.1 采访设备	1. 数字固态采访机（录音用，含话筒、耳机等） 2. 笔记本电脑（或其他多媒体终端设备，如平板电脑、PDA、智能手机等） 3. 通讯辅助设备（无线网卡、无线路由器、手机、卫星电话、便携传真机等） 4. 采访辅助设备（数码相机、DV、便携打印机等）	
		1.2 编辑系统设备	1、计算机（含编辑系统软硬件） 2、其他辅助设备（主要包括：打印机、复印机、传真机、电视机、电话等）	
二	录音制作系统设备	2.1 语言录制机房设备	1. 录制调音台（以数字制作调音台为主） 2. 网络化数字音频工作站（重要机房配置主备设备） 3. 专业录音话筒（最少不低于两支） 4. 播放设备（包括 DVD、固态录音机、外来节目播放计算机等） 5. 辅助设备（UPS 不间断电源、电话耦合器、标准时钟子钟、电话、对讲、监控、监听耳机、监听音箱等）	3 个机房
		2.2 采访录音机房设备	1. 简易录制调音台 2. 网络化数字音频工作站 3. 专业录音话筒 4. 播放设备及接收设备（包括 DVD、固态录音机、外来节目播放计算机、电视接收信号源、直播机房信号源设备等） 5. 辅助设备（UPS 不间断电源、电话耦合器、GPS 子母钟时间同步系统子钟、电话、监控、监听耳机、监听音箱等）	2 套
		2.3 新闻素材收录系统设备	1. 电视墙（含电视机、监视器等） 2. 连接互联网计算机 3. 各类型专网接收设备（含卫星接收机、各通讯社专用接收机等） 4. 素材采录计算机（工作站） 5. 录制调音台 6. 多通道慢录系统设备 7. 辅助设备（UPS 不间断电源、电话耦合器、GPS 子母钟时间同步系统子钟、电话、传真、对讲、监控、监听耳机、监听音箱等）	新闻滚动编播机房配置完整 1 套，其他编辑办公室简易配置 3 套

续表

三	播出系统设备	3.1 台内固定机房设备	1. 数字播出调音台（网络化、模块化） 2. 专业主持人话筒 3. 嘉宾话筒（需根据不同数量、节目需求配备） 4. 主备播出工作站 5. 音频延时器 6. 播放主备设备及接收设备（包括 DVD、固态录音机、外来节目播放计算机、卫星接收机、专用光纤信号接收机、数字机顶盒、电视机等） 7. 稿件处理、短信、微信、信息查询主备计算机 8. 辅助设备（UPS 不间断电源、电话耦合器、GPS 子母钟时间同步系统子钟、电话、对讲、监控、监听耳机、监听音箱、空调、视频摄录设备、编码设备、专业灯光等）	
		3.2 台外移动直播、转播系统设备	1. DSNG 小型数字卫星直播车（越野车） 2. 数字直播车 3. 数字播出调音台（网络化、模块化） 4. 专业主持人话筒 5. 嘉宾话筒（需根据不同数量、节目需求配备） 6. 主备播出工作站 7. 音频延时器 8. 播放设备及接收设备（包括 DVD、固态录音机、外来节目播放计算机、卫星接收机、专用信号接收机、数字机顶盒、电视机等） 9. 多路径音频编码传输设备（含卫星、网络、通信网、无线等） 10. 稿件处理、短信、微信、信息查询主备计算机 11. 辅助设备（发电机、UPS 不间断电源、电话耦合器、GPS 子母钟时间同步系统子钟、电话、对讲、监控、监听耳机、监听音箱、扩声系统、空调等）	有条件的可分别配置 DSNG 卫星车和数字直播车各一套
四	主控系统设备		1. 主备音频矩阵（包括数字、模拟） 2. 主备音频处理设备 3. 主备音频编解码设备 4. 主备音频分配、切换设备 5. 音频监测、显示设备 6. 音视频接收、记录设备 7. 多路径音频传输设备（含卫星、光纤、微波等） 8. 数字音频工作站服务器及网络系统（含软硬件） 9. 其他辅助设备（UPS 不间断电源、跳线盘、电话耦合器、GPS 子母钟时间同步系统子钟、电话、对讲、监控、监听耳机和音箱、空调、风扇等）	按照广电总局第 62 号令及其实施细则中省级电台需求配置

续表

五	传输发射系统设备	1. 主备信号传输系统设备（光纤、微波、卫星等） 2. 主备音频编解码设备 3. 主备音频处理设备 4. 主备发射机 5. 主备天馈系统设备 6. 主备信号检测设备 7. 主备高低压供电设备 8. 其他辅助设备（稳压电源、UPS 不间断电源、GPS 子母钟时间同步系统子钟、测试仪器、对讲、监控、远程监测、监听耳机和音箱、空调、风扇等）	包括一座中波发射台和一座调频发射台，可选其一

图 10　云南人民广播电台“背包记者”装备

图 11　云南人民广播电台大型直播车

6. 市场前景

管理者通过市场调查评估好本市场的前景是非常重要的。全新闻电台一旦开播，就要投入大量经费。能解决好开办费是必需的，又是最基础的。长久的运行包括设备的维护都需要大量的经费。而财政采取“差额拨款”的政策，往往投入有限。通过市场调查，评估广告营销，这对管理者的判断有益。通常，在进行市场预测时，还要认真分析竞争对手，也包括纸媒、电视、期刊和网络的营销状况。

二、全新闻电台的节目编排

节目编排涉及全新闻电台的收听率、触达率、影响力、公信力。符合受众收听需求需要必备要素：谁会收听全新闻电台，他们在何处？受众典型代表的年龄、性别、文化、收入怎样？他们想听什么新闻？我们的全新闻电台与其他电台，如新闻综合广播有何不同，如何在本地市场获胜、保持领先地位？这是管理者要重点思考的问题。

图 12　云南人民广播电台新闻广播《金色热线》栏目介绍

（一）全新闻电台与其他类型化电台的区别

电台往往通过自身提供给受众的节目形式，而与其他电台相区别。全新闻电台也一样，与新闻/谈话、谈话电台、音乐类型化电台的各种细化模式虽有相同之处又有不少区别。主要区别为：全新闻电台每周（7 天每天 24 小时）全是新闻资讯，其他类型化电台模式根据定位编排部分新闻资讯，或不采用新闻资讯。

图 13　云南人民广播电台新闻广播《金色热线》栏目举办中考咨询会

图 14 云南人民广播电台民族广播《民族语新闻》栏目介绍

图 15 云南人民广播电台经济广播《财富早班车》栏目介绍

图 16 云南人民广播电台音乐广播《经典也流行》栏目介绍

1. 全新闻电台与新闻 / 谈话电台

新闻/谈话电台有两种类型，以一种类型为主，电台人员既有做新闻的，又有做谈话的，这与全新闻电台不同。一家电台全部从事新闻采编、播出，管理工作比较单纯；既有采编，又有谈话，管理工作就要复杂得多。但以谈话节目代替新闻资讯，节省人力、物力、财力，比较省事，只是邀请嘉宾所做的节目或购买的谈话节目，不属电台原创，其广播的原创率不足。

新闻 / 谈话电台在新闻类型化电台中处于第二梯队的位置，如果谈话内容围绕新闻事件展开，且主持人是明星，会与全新闻电台产生竞争；如谈话内容不涉及新闻事件，其影响力会减弱，对全新闻电台不能形成冲击。全新闻电台与其竞争的是新闻部分，应在这一部分重点强化新闻的质量。新闻 / 谈话电台因 7 天每天 24 小时许多时段不属于全新闻，采访、制作相比较而言要简单得多，既可以在大城市开办，也可以在中等城市开办，这与全新闻电台不同。

2. 全新闻电台与谈话电台

谈话电台有的围绕新闻事件展开，有的不涉及新闻时事；有的播出几分钟新闻资讯，有的纯粹不播新闻。全新闻电台循环播出，大容量、快节奏地播出新闻，目的是希望在几十分钟内吸引住听众——只要受众能听一至两个时段单元就足够了。谈话电台则需在约定的时间开始收听较长的谈话节目——它需培养、累积更多的听众。全新闻电台与谈话电台有明显区隔，双方不产生直接的竞争关系。

3. 全新闻电台与音乐类型化电台

音乐类型化电台的细化模式如流行音乐、经典音乐、乡村音乐、怀旧音乐、成人音乐等，员工不多，主要播放细化模式的音乐，且缺乏新闻专业人才，有的每个单元播放 5 分钟、2 分钟的新闻资讯，有的纯粹舍弃新闻资讯。新闻类型化电台与音乐类型化电台是类型化电台中的两大类型，音乐类型化电台以其频率众多而让广播无处不在；新闻类型化电台因其品味高雅、文化上乘而引领广播方向。全新闻电台与音乐类型化电台的细化模式有明显区隔，路径不同，主打内容不同，节目编排不同，运营方式也有区别。

（二）全新闻电台的结构性基础

全新闻电台的节目编排是一个系统工程，它不但涉及节目编排的模式，在结构性基础的思考中主要涉及的不但有节目还有人力资源。试设想，一家全新闻电台有50位声音记者，一家全新闻电台有100位声音记者，这在节目编排上是不相同的。同样，一家拥有100名员工的全新闻电台与一家只有50名员工的全新闻电台也是不相同的。

1. 新闻总监与台呼、推广词、时段单元

新闻总监是全新闻电台的总管，要组织或设计全新闻电台7天每天24小时的时段单元，作为电台员工的工作指导。以7天每天24小时计算，这是从受众的工作和生活规律出发：5天工作，2天休息；以24小时计算，既考虑白天，又考虑到夜晚。决策时段单元，还要从本土化、城市化、受众不断变化的需求以及一年四季气候的不同变化来组织结构。一个工作节奏快速与一个生活悠闲的城市是有区别的，这决定时段单元是采取60分钟还是45分钟、是30分钟还是20分钟。北京市是一个堵城，受众可以在车上静静地听节目，节奏可以快一些；而昆明市同样塞车，但受众的生活比较悠闲，节目的节奏就应该慢一些。这些因素都是新闻总监应充分考虑的，应总体设计值班表，根据新闻主播的新闻素养，安排合适的时段。节目单元时段合成一个时钟，称为时钟式设计，这个时钟包括了各种各样的新闻资讯、全部的商业广告内容（在12分钟以内），以及其他的节目内容，如台呼、推广词和报时等等。除此之外，新闻总监还应主抓台呼和推广词的制作。

2. 新闻主编与新闻滚动

新闻滚动不是把新闻作连续安排就了事。新闻滚动最主要的是对新闻的选择、把控和改写，然后编排在合适的时段上，让受众感到新闻在延伸和变化。这里，新闻主编既要把控时段，熟知当天的时代背景、环境的适宜性，又要选择新闻，区分轻重缓急，把合适的新闻编排在合适的时段上。“在电台经理和主持人已经因为一遍又一遍重复收听相同的内容感到恶心时，一般的听众每天可能仅仅收听了20分钟，而这个长度也刚刚够让他们在未来的收听率调查中回忆起这家电台。”这是美国印第安纳大学教授苏珊·泰勒·伊斯特曼（Susan Tyler Eastman）、美国查尔斯顿学院传播学系教授道格拉斯·A. 弗格森（Douglas A.Ferguson）在谈及新闻滚动时的看法，被我国一些学者引用。这是一种误导，美国的全新闻电台主编认为，他们会为编发、改写新闻感到兴奋、激动，从来没有因20分钟、

图17 云南人民广播电台新闻广播开展“奥运圣火传递”大型直播活动

图18 云南人民广播电台新闻广播开展“治理教育乱收费”大型现场直播活动

30分钟单元的新闻滚动而感到恶心。因为前一单元与后一单元是有变化的。在重复滚动播出新闻的同时，还要从受众出发，考虑另一个因素：即使每个单元都是从新闻开始，也要让听众在节目中感知科学和文化。

3. 新闻主播与累积听众

新闻主播不但要有较高的新闻素养，对新闻能准确理解，更重要的是播读新闻的声音要愉悦，能赋予新闻稿以生命，让听众感觉好听，感觉听新闻是一种享受，这就是广播的特性和吸引力所在，它超越了读报的感受。优秀的主播要对本土化新闻有足够的理解，是受众心目中最可靠的信息来源甚至是最可靠的朋友，能够用声音提升受众的忠诚度，累积更多的听众。对主播进行时段定位是节目结构不容忽略的问题。

4. 声音记者与现场直播

文字记者、声音记者、图像记者是传统三大媒体最主要的生产力，是新闻写作制作中最活跃的要素。三种记者都可以写新闻稿，但呈现形式不同。文字记者文笔很生动，图像记者擅长拍摄画面，但他们的声音如果一般，就不适应做声音记者。

直播性是全新闻电台的特性，这种特性的基本规律是记者要第一时间在现场直播，而不是在播音室播出；直播不是长篇大论，而是一条新闻多种版本，出多种声音，用平实准确的语言、简单的句子讲述故事，这又是全新闻电台的另一特性。声音记者维护这两种特性，创造这两种特性，从而使全新闻电台的消息与报纸、网络、电视有所不同。声音记者是本土化的记者，受众比较认同的是本土化的记者，本土化记者最大的优势就是他能够传达给受众本土化的观念，同时播报本土化观念的新闻。一家全新闻电台有众多的声音记者在新闻现场直播，可以说，全新闻电台无往而不胜。

5. 关键时段与关键受众

瞄准关键时段与关键受众，是新闻总监和管理者应把控的结构性基础。理论上讲，全新闻电台的时段全天都是黄金时段，但那是最高境界。比较现实的是，在大城市里，广播收听最集中的时段分别是早高峰7:00～9:00的行车时段，下午17:00～19:00的行车时段，中午11:30～14:00的行车时段，再接下来是晚上19:00至午夜这个时段。受众也有关键与一般之分。广告主最关注的是关键受众。在广播受众中，25岁至54岁的受众是广告主比较青睐的受众。但是全新闻电台适合普遍受众，通常收听比较多的是35岁至44岁、45岁至54岁、55岁至64岁这个人口群体。特别是 45 岁至 54 岁、55 岁至 64 岁这个人口群体居多。除了瞄准关键受众，还应累积一般受众。

（三）全新闻电台的时段单元设计

全新闻电台的时段单元设计，通行的有 60 分钟，45 分钟，30 分钟，20 分钟，15 分钟五种。使用比较多的为 30 分钟、20 分钟两种。这里，对 30 分钟、20 分钟两种时段单元做出时钟式设计。

1. 20 分钟时段单元

在中国大陆，20 分钟时段单元在工作、生活节奏比较快的大城市比较适用。

在一小时内，以 20 分钟为一个单元，共 3 个时段，3 个单元；24 小时为 72 个单元，一周为 504 个单元。以平均一分钟 1 条新闻稿件计算，一个单元 20 条稿件，三个单元 60 条稿件，全天 24 小时共 1440 条稿件。扣除台呼、推广词、广告，新闻稿件全天在 1000 条左右。

20 分钟单元的内容：报时、台呼、推广词、新闻、天气预报、交通信息、股市行情。

报时。20 分钟单元的报时，遇整点、20 分钟、40 分钟时各报一次，其余每 10 分钟由主播随节目播报一次；在行车时段，可多报。

台呼。20 分钟单元的台呼，以报一次为宜。

推广词。20 分钟单元的推广词，以报一次为宜。

天气预报。天气预报以每 15 分钟播报一次为宜。每遇 15 分钟、30 分钟、45 分钟、整点时播报。

交通信息。每个单元以报两次为宜，行车时段可多报。

股市行情。每个单元以报两次为宜。股市不活跃的城市可少报或不报。

另外，还有体育信息。如果受众关注度高，也应固定编排。

在中国大陆，30 分钟时段单元在大城市、特大城市普遍适用。一小时以 30 分钟为一个时段、一个单元，节奏稍慢一些。播出稿件的条数以一小时或全天计算，与 20 分钟时段单元基本相同，播出的内容也相同，只是时间上有所区别。

报时。30 分钟单元的报时，遇整点、半点各报一次，其余在 15 分钟、45 分钟时由主播随节目播报一次，也可与推广词同步进行。

台呼。30 分钟单元的台呼，以报一次为宜，可随推广词在 15 分钟、45 分钟时强化播出。

推广词。30 分钟单元的推广词，以报 1~2 次为宜。

天气预报。30 分钟单元的天气预报，可与 20 分钟单

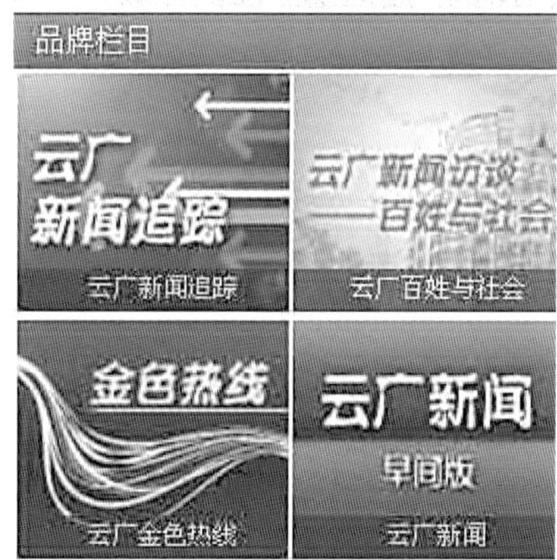

图 19 云南人民广播电台新闻广播品牌栏目 来源：http://www.ynradio.com/pinlv/node_129.shtml

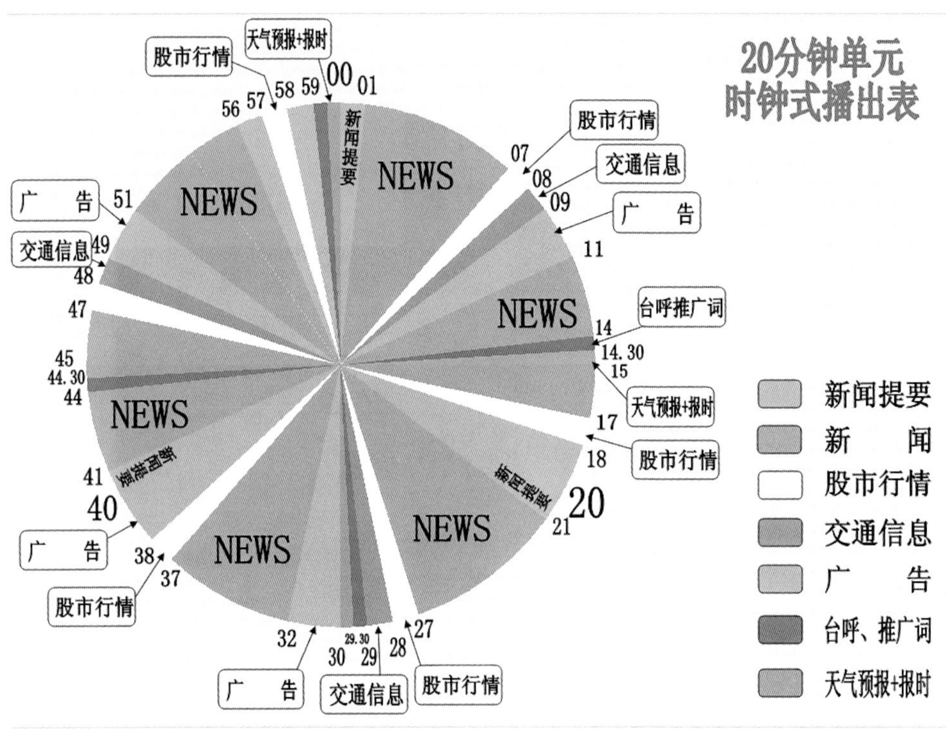

图 20 全新闻电台 20 分钟单元时钟式播出表

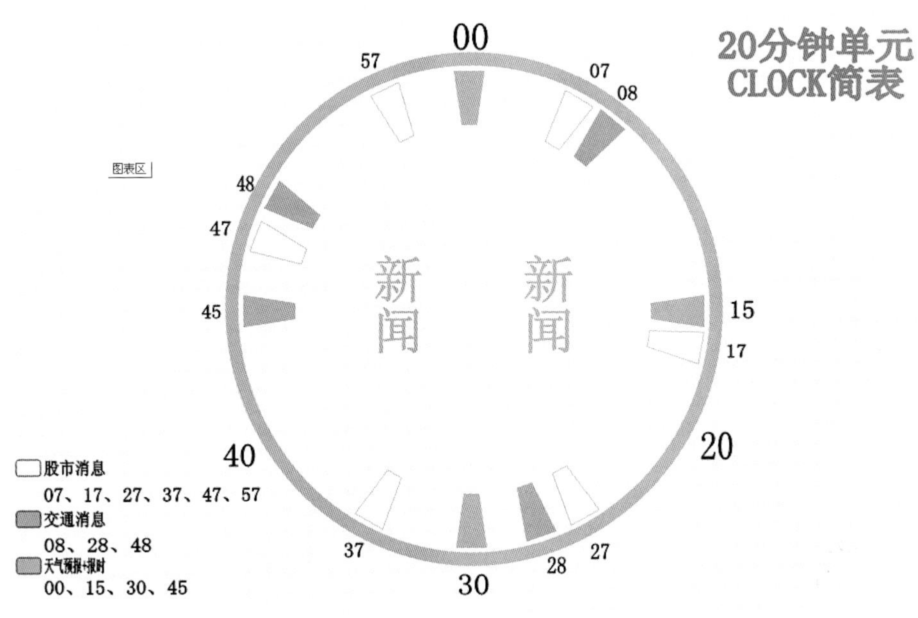

图 21 全新闻电台 20 分钟单元播出简表

元相同。

交通信息。每个单元以报三次为宜，行车时段可多报。

股市行情。每个单元以报三次为宜。

体育信息。依据受众的需求安排。

2. 行车时段

无论是30分钟单元还是20分钟单元，行车时段是全新闻电台占领制高点，与新闻/综合电台、新闻/谈话电台、交通电台、音乐类型化电台竞争最激烈的时段。全天的行车时段表现在早中晚上下班高峰期。这一时段应安排资深主编、明星主播、出色的声音记者，编排受众有用的新闻资讯；并注重受众调查，安排好夜间的节目，使全天的收听调查率峰值能形成“五峰型”。

3. 编排受众有用的新闻资讯

报时、天气预报、交通信息、股市行情，是受众普遍有用的信息。应从受众的需求出发，精心编排。综合型的广播新闻对天气预报、交通信息往往关注不够，其原因是记者受邀请采访的多，关注的是邀请单位的稿件。全新闻电台不同，运行方式的改变，除政府部门外，接受邀请的将越来越少，这类新闻占据的时段也不会太多。编辑部应以全新的理念，关注受众有用的新闻，多用受众有用的资讯，并在总量1000条新闻资讯中考虑它所占的比重。新闻需要量，但需把握足量不过量。新闻的显著性、趣味性、接近性、话题性彼此联系又相互交叉，这些因素都需要充分考虑。

4. 收听率调查峰值的“五峰型”

提出收听率调查峰值的“五峰型”，是编排时需要对全天的节目谋篇布局，创造五个高峰。“五峰型”是收听率调查的最高境界，是从受众调查的实际情况做出的。新闻综合广播往往在收听率调查中处于“孤峰型”，就是早间时段的峰值比较高，其余时段的峰值比较平缓。这透视出主编、主播把精力投入到了早间时段，而忽略了其他时段。峰值的平缓，代表的是节目质量不高，有为的总监不但要把握好早间时段，还应把握好全天时段特别是夜间时段，让全新闻电台处处是黄金时段。

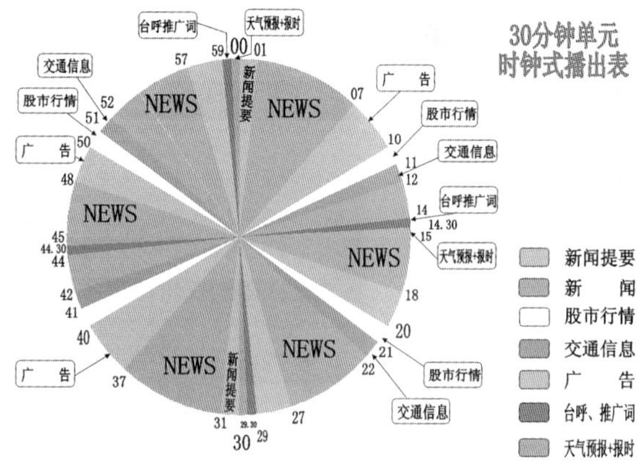

图22 全新闻电台30分钟单元时钟式播出表

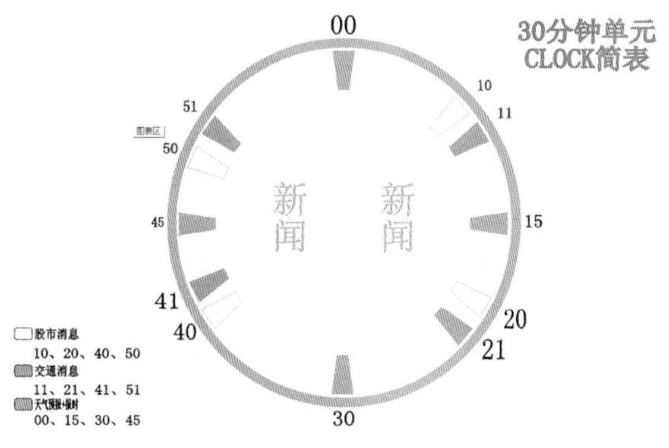

图23 全新闻电台30分钟单元时钟式播出简表

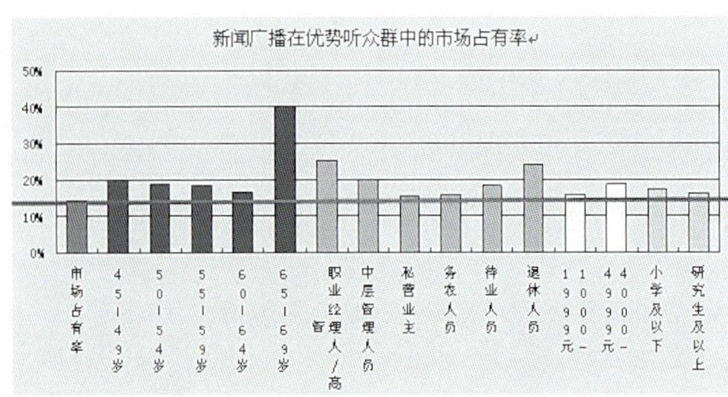

图 24 新闻广播在优势听众群中的市场占有率

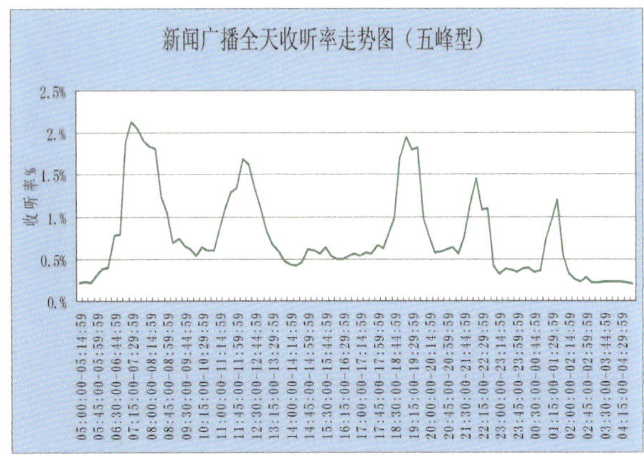

图 25 新闻广播全天收听率“五峰型”走势图

图 26 云南人民广播电台记者风雪中采访昭通市“凌子口”交警

5. 新闻资讯的排序

传统新闻综合广播的新闻排序一般是按职务高低排列，中国大陆近 30 多年对领导人活动和会议报道有过三次大的改革，这种状况从 2012 年年底开始有所改变，但没有根本改变。这种排序满足了一头——各级官员；部分放弃了一头——受众。在现行体制下，创办全新闻电台，还会保留新闻综合广播。全新闻电台应以一种新颖的播报形式呈现给受众，这就是要根据受众定位，以本土化、新闻价值大小、受众需求来排序。

（四）全新闻电台节目的采制、编辑与播报

全新闻电台的节目编排属于设计、规划，要让蓝图变为现实，还要在节目的采制、编辑与播出上下工夫。

1. 节目采制：一条新闻多个版本

全新闻电台如何做到与众不同，以鲜明的个性展示在受众面前？这需把握好每一道工序，让每道工序与众不同。具体来说，就是要与新闻 / 谈话广播、新闻 / 综合广播有明显区别。

新闻采访是第一道工序，这道工序关键是要制作“一条新闻多个版本”。为什么要制作多个版本？这就是一种不同。全新闻电台的声音记者要多于新闻 / 谈话电台的记者，这是它的优势。声音记者制作的一条新闻多个版本，既要变成常态，又要质量上乘，以数量和质量取胜。

世界上的全新闻电台，一条新闻多个版本最多的有 6 个，少的不低于 3 个，包括新闻 / 谈话电台中的新闻时段。结合国情、省情，这个数目可供参考。

2. 节目编辑：改写，不断改写

纵观国内的电视新闻，每遇重大突发事件，新闻都会滚动播出。但遗憾的是，滚动播出的画面、字幕一次又一次重复，毫无变化，令观众厌烦。新闻综合广播也一样，重大事件新闻播出多为重复。这里涉及一个新闻观念问题：滚动不等于一字不变地重播，新闻的重播其影响力会逐次减弱，必须不断地改写。改写是全新闻电台的第二道工序，或加长，或缩短，或脱胎换骨，要与已经播出的新闻稿有所不同。新闻改写的本领从实践中来，也可在研究中形成规范。传统广播编辑着重于编，全新闻电台的编辑不但要编：缩短长度，

图 27　2014 年 8 月 9 日，云南省委常委、省委宣传部部长赵金（右 4）深入鲁甸地震灾区视察应急电台。

删除不必要的内容，改变录音的顺序，并要创造性地加工，同时要强化的是改写。改写变味，改写出新，这会满足受众不断变化的口味。

3. 节目播音：权威、真实、平等、愉悦

全新闻电台的播音需要一支优秀的主播队伍。理想的主播应具备如下素质：权威性、可信性、专业主义、良好的嗓音以及个性等，声音能清晰、清脆、洪亮。全新闻电台的节目播出，是第三道工序也是最后一道工序，是吸引受众，累积受众的重要环节。让受众感觉好听，让受众想听，让受众不断地听，从而记下主播，记住电台，这是主播应达到的目的。要实现这个目标，主播的播出就要做到权威、真实、平等、愉悦。

权威。符合法律法规、职业道德标准、语言文字要求，大气、规范，引领播音方向；

真实。不装腔作势，不拿腔拿调，感情真挚、饱满、自然；

平等。以与受众平等交流的姿态出现，克服居高临下的播报方式，让受众感到人格平等，从中受到教育；

愉悦。在通常情况下，听来入耳、悦人，能从中分享广播新闻文化的喜悦。

三、全新闻电台的运营

严格意义上讲，全新闻电台的节目编排也属于运营。但电台开播之前就需设计，故单列论述。广播节目的编排与运营是一个不断变化发展的过程，会因受众的喜爱和品位而发生变化，包括技术的升级和改造。运营是一个系统工程，牵扯到每一个环节，应环环相扣，通盘考虑，突出重点，兼顾全部。

一个优秀的总监，应该是既懂节目管理，又懂营销管理、技术管理、研究管理和宣传推广。在中国广播界，这样的总监还不多见，从新闻记者升任新闻总监的，往往缺乏市场营销的经验；从经营人员升任新闻总监的，往往未经历新闻的磨炼，难以把握新闻的瞬息万变。所以，全新闻电台的总监，应做运营的多面手，提升运营的实战能力。

（一）人力资源和财务管理定义

什么是管理？它的含义是什么？一百个专家有一百种说法，一千个学者有一千个定义。曼迪（Mondy）、福尔摩斯（Holmes）和甫利浦（Flippo）强调人和物质的重要性：“管理可以定义为通过合理利用人力资源来计划、组织、

图 28 2012 年云南人民广播电台举办广播电台集团管理 / 新闻、音乐类型化电台战略战术培训班

影响和控制，进而实现组织目标的过程”。

管理思想的起源可以追溯到 20 世纪初，人们将形形色色的理论视角按照其特征归纳为各种学派，古典学派是其第一个学派，管理思想包含三个理论分支：美国的科学管理理论、法国的行政管理理论和德国的官僚组织管理理论。20 世纪三四十年代出现了人际关系学派，20 世纪 60 年代出现了管理学的现代学派，其管理的效果论、系统管理理论、领导理论、全面质量管理理论为众多的管理者熟知。

管理思想的演变，有一个重要启示：管理者要了解变化，适应变化，并引领变化。

1. 人力资源管理

2011 年 3 月 23 日，《中共中央　国务院关于分类推进事业单位改革的指导意见》指出：“深化人事制度改革，以转换用人机制和搞活用人制度为核心，以健全聘用制度和岗位管理制度为重点，建立权责清晰、分类科学、机制灵活、监管有力的事业单位人事管理制度。加快推进职能制度改革，对不同类型事业单位实行分类人事管理，依据编制管理办法分类设岗，实行公开招聘、竞聘上岗、按岗聘用、合同管理”。

人力资源管理在事业、企业的管理过程中是非常重要的一部分，在全新闻电台更是如此。人力资源管理涉及编制、定编、定岗、定责、定人，涉及管理层级，人员招聘、解聘、绩效评估、晋升、薪酬管理及法律法规、党团工会、协会等组织，是总监的一项很重要的工作。

全新闻电台在现行体制下，是广播电视台下属的一个内设播出机构，不具备事业法人代表资格，在广播电视台统一管理下行使各项职权。

2. 组织结构

以下是全新闻电台的组织结构图（图 29）。一家大的广播电视台因省情、市情不同，管理目标不同，要求不一样，组织结构也会发生变化。

3. 管理层级

全新闻电台的管理人员可分为三个层级，这是常用的办法。

高层：主持全新闻电台的全面工作，对整个电台负责。全新闻电台的高层管理人员就是总监。

中层：上对总监负责，下对员工领导。负责本部门的工作，实现全新闻电台的总体目标。如新闻部主编、公共事务部主任、播出部主任、销售总经理、总工程师、人事财务部主任、工程师，包括其中的副职都是中层管理人员。

初级：对中层管理者负责，监督管辖范围内

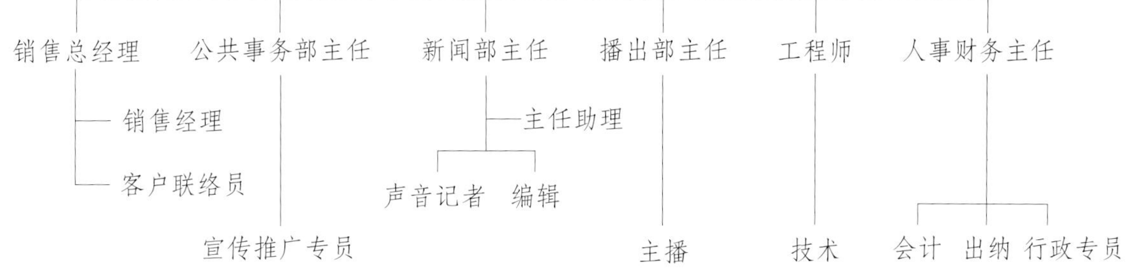

图 29 全新闻电台组织架构图

的员工完成日常和项目工作，如组长、责任编辑。

全新闻电台节目编排和运营主要针对的是高层——总监。

全新闻电台推行扁平化管理，减少中间层级，是最佳结构，如 1010 全新闻电台。但国情不同、省情不同，只有从现实出发，才是最好的选择。中国大陆目前的官本位思想还不同程度存在，内部的组织结构与外部的组织结构紧密相连，有利于电台的发展，这是现实又是应抱的态度。

图 30 2009 年全国两会期间，云南人民广播电台新闻广播记者在人民大会堂前采访云南代表

4. 部门设置

部门设置依据广播电视台法人治理思想而定。全新闻电台如果省市编制委员会下达了编制计划，编制就是法规，就要依据编制执行。“组织是将人力资源和物质资源组织结构分配，将职责分配到特定部门、职位和人员的过程。它通过协调各项活动和集中管理控制，实现广播电台 / 电视台的总体目标。”[①] 部门设置要依据总体目标和现行状况而定。比如广告经营如果采取代理制或由广播电视台统一经营，就不必设立经营部门；宣传推广部、人事财务部、技术部，如果由广播电视台统一管理或采取派遣制，也不必设置。总之，应根据实际情况而定。

根据全新闻电台工作分配，通常设置如下一些部门。

新闻部。这是全新闻电台的关键部门，由主编负责管理。新闻部门要有强大的采制、改写、聚合能力，主要负责日常新闻的采制、编辑、聚合、改写和突发事件的特别节目。在视听媒体不断发展的今天，应增加声音记者的数量，大量声音记者在第一时间的现场直播，是全新闻电台抢占制

①[美]彼德·K.普林格尔(pelenk.pnngle)、迈克尔·F.斯塔尔(Michael F.stann)威廉·E.麦克加维特(william McCavitt)著，潘柴径、王雪译：《电子媒介经营与管理》，北京广播学院出版社，2004 年 1 月第 1 版。

图 33 云南人民广播电台大理三月街直播现场

图 34 云南人民广播电台“2012 环球小姐决赛”直播现场

载体，这类宣传推广语要吸引的是普通的受众。公共汽车的广告以月或半年、全年计算，主要有车身侧面、正面和后面的广告，出租车有车身或车顶广告，这类广告如持续的时间长，且投放的车辆多，能够覆盖城市的受众群。地铁、火车（包括公交车站、机场、地铁和火车终点站）适用于招贴广告及长期性的宣传推广信息。全新闻电台的采访车、大型转播车、小型转播车同样适合移动宣传与推广。

广播电视的宣传与推广：外部的广播电视是全新闻电台的竞争对手，这类宣传与推广极少。但正面的宣传与推广还是需要的，可视情而办。

同一法人媒介的宣传与推广：同一法人媒介就是广播电视台所属的电台、电视台、报纸、网站和广告牌，在这些媒体宣传与推广，可以根据需要，由上级管理层做出决定。但有一个前提：就是不要增加其他媒体不必要的负担，或给其他媒体以较大的压力，同时，也要进行成本核算。全新闻电台重大活动、重大战略的实施，可以借助同一法人媒介的宣传与推广，重点放在提升全新闻电台的影响力上，根据全新闻电台的特点，进行议程设置，可以是一个议题，也可以是多个议题的组合，以下是宣传与推广的一些构想。

第一，优秀的主播队伍。把主播队伍作为新闻宣传的重点，许多受众就是主播的“粉丝”，这一宣传与推广满足了受众的心理需求和口味。在“主播就在你身边”的宣传活动中，拉近主播与听众的距离，可以培养受众的认同感，从而累积更多的受众。

第二，类型化的全新闻电台。突出全新闻电台的类型化、新闻团队的专业水平、职业道德、职业精神、新闻获奖等情况。如“快捷的新闻来自优良的新闻团队”。

第三，收听率最高的广播媒介。一般而言，全新闻电台在本地都属于收听率排在第一、第二的电台。宣传推广要突出这个特点，并让它根植于受众心中，从而培养受众的忠诚度。

第四，常态化的现场直播报道。突出声音记者第一时间、第一现场的直播特点，一条新闻多个版本的广播特色，交通、天气、股市报道的多元化特点，培养受众对广播特性的认识。

第五，本土化、社区性特色。全新闻电台的本土化、社区性是广播的一大亮点，强化这一亮点将拉近本土受众对广播新闻的喜爱。本土化、社区性要找出特别情节，突出宣传。

第六，较强的新闻竞争力。简单一句话：“哪里有新闻，哪里就有我们”。突出了全新闻电台的特点，有较强的说服力。

第七，先进的技术设备。加深潜在听众对全新闻电台采访制作播出能力的印象，如大型转播车、卫星转播车、大型录音棚等，技术催生广播，广播在技术变革中发展，先进的技术设备与先进的电台密不可分。

第八，走进社区、高校、企业开展活动。办看得见的全新闻电台，设置公益服务活动，让名主播、名记者走进社区、高校、企业，与受众见面，或在社区、高校、企业进行现场直播，让受众与电台互动，建立受众与电台的亲密关系。

（三）全新闻电台的受众和节目研究

中国大陆广播研究滞后，这是一个不争的事实。强化对全新闻电台的研究，可以向受众提供高质量的广播传播文化，同时可以使全新闻电台区别于其他广播媒介。全新闻电台应把研究作为一项日常工作，在发展中研究，在研究中发展。

1. 收听率研究

在世界上，广播电视受众调查研究，媒介熟知的有尼尔森媒介研究公司、阿比创公司。尼尔森偏重于电视研究，阿比创则专注于广播研究。每年的广播受众研究报告《今日广播——美国人是如何收听广播的》，有广泛的影响。目前，两家公司已合并。近10年，中国广播界的收听率研究，大多数由尼尔森媒介研究、赛立信媒介研究公司、索福瑞媒介研究公司进行。媒介研究公司的样本量、准确性常常是业界的热门话题。在争论中前行，广播不能没有研究，业界与媒介研究公司的业务已大大加强。最近几年，尼尔森媒介研究已从中国大陆广播界逐渐淡出，而央视索福瑞则偏重于电视研究，专注于广播的研究有赛立信媒介研究有限公司。

广播受众研究通常为人口统计学研究——它是一种收听率数据的研究，包括不同时段或节目播出时间中不同年龄和性别的受众和受众的数量；心理学研究——主要集中在消费者及其生活方式的特征，如价值观、行为观点、兴趣等。地缘人口学研究，组合了人口统计学和心理学数据以及地理位置或居住群，以此全面了解受众的情况。这三种研究信息，是全新闻电台的员工所需要掌握的，它对分析受众、编排节目从而吸引受众有较强的参考价值。但是，业界很少做地缘人口学研究，全新闻电台在这方面可作探索。

2. 全新闻电台综合研究

全新闻节目综合研究主要为管理者决策提供数据支持，研究内容包括电台呼号、口号、广告、新闻节目以及交通信息、天气预报、报时、股市行情的内容分类、编排时段

图35 云南广播电视台与赛立信媒介研究有限公司、云南大滇广播研究院合作调查收听市场情况

图36 2012年9月，云南大滇广播研究院承办全国广播改革与研发论坛

04

关于全新闻电台的
中美对话

A Sino–US dialog on all–news radio

图 1　李・哈里斯在云南

李・哈里斯（Lee Harris）（图 1）是美国纽约 1010 全新闻电台（1010WINS）的新闻主播，在美国广播新闻播音和主流电台管理领域工作了 30 余年，同时也是一位国际知名的广播咨询师。1993 年，李・哈里斯到 1010WINS 工作，1995 年担任早间新闻主播。2000 年，他还被纽约广播成就奖评委会评为最佳主播，他每周的节目拥有近 300 万听众。

2011 年 1 月 6 日至 27 日，我到美国纽约 1010 全新闻电台访问；3 月 28 日至 4 月 4 日，李・哈里斯先生来中国・云南人民广播电台访问。两次访问，我与李・哈里斯先生就全新闻电台的战略与实践、节目设计与运营作了深入对话。之后，我们又通过电子邮件，在一个多月的时间里就一些具体问题进行了交流。以下是对话的主要内容。

一、全新闻电台的诞生：满足受众的需求

图 2　作者（右）和爱德华・埃斯波西托交谈

覃信刚（以下简称覃）：哈里斯先生，我研究美国的类型化电台有近 15 年的历史。我在研究类型化电台的时候，无疑也研究了您所在的 1010WINS 全新闻电台（以下称 1010 全新闻电台或 1010），除了用网络收音机收听你们电台的节目，还两次每次 3 天实地收听了 1010 全新闻电台的节目。在美国广播历史上，1906 年雷金纳德・奥布里・费森登（Reginald Aubrey Fesseden）在圣诞节前夜所做的广播实验，20 世纪 20 年代威斯汀豪斯（George wesinghouse）对美国广播事业的鼎力推动，1928 年至 1934 年威廉・佩利（williams.paley）对哥伦比亚广播公司（CBS）的战略实践，1933 年 3 月 12 日美国总统富兰克林・罗斯福所做的“炉边谈话”，1938 年 10 月 30 日万圣节前夜奥森・韦尔斯（orson welles）在银河剧院广播的“星球大战”，还有爱德华・R. 默罗（Edward R. murrow）在第二次世界大战中所做的现场报道，都给我留下了深刻记忆。不管历史怎么演变，这些在广播历史上留下浓墨重彩的人物都与您现在所在的 CBS 集团公司有关，或本身就归属于 CBS。1010 全新闻电台的诞生也不例外。您的朋友也是我的朋友——美国广播电视新闻制作人基金会主席爱德华・埃斯波西托（Edward Esposieo）曾与我就类型化电台的战略、实践作了一次深度的交流（图 2）。我说：“全新闻电台是一种科学、标准、规范的广播节目形式。这种形

式发挥了广播的关键特性，是广播在媒介市场竞争的有力武器”。您在1010全新闻电台工作了快20年，对全新闻电台的历史现状、管理运营非常熟悉，我想，我俩就以1010全新闻电台为例，作全新闻电台的深度对话。对话可以涉及全新闻电台的方方面面，如历史现状、管理运营、节目设计、广告经营、新媒体技术、未来发展等等。我们主要以1010全新闻电台为个案，也可把视野放宽，俯瞰世界上其他国家的一些全新闻电台。我取了个标题，叫做“关于全新闻电台的中美对话”，您看可以吗？那么，首先就请您谈谈：你们为什么要办全新闻电台？

李·哈里斯（以下简称哈里斯）：很好。关于全新闻电台的历史，您了解的比较多，这部分我讲一些，但就不多讲了。我主要谈从过去到现在1010全新闻电台所面临的诸多挑战和机遇，我们是如何运作和应对的，从而使它发展得很好。您是新闻出身，我也是新闻出身，涉及世界上的全新闻电台，我们当然也可谈一些，那样可以作一些比较，这也是必要的。

谈到全新闻电台，我还是想从美国的新闻电台说起（图3）。您知道，广播电台是伴随着无线电技术的发展而产生的。既然是有关技术应运而生，那么它就会受到各种各样新技术的挑战。可以说，有的全新闻电台受到的挑战是来自方方面面的——报纸、电视、互联网等等。

图3 新搬迁的1010WINS全新闻电台办公室

这张照片（图4），是我们1010全新闻电台在1965年4月19日正式开播时的一个场景。那个时候没有电脑，只有打字机，中间这个个子小的记者不是我，1946年前他在这里工作，1946年之后他已经84岁了，依然在1010全新闻电台工作——他专门跑市政府这条线。

覃：不简单，已经84岁了，还在电台工作。他叫什么名字，您了解他的经历吗？

哈里斯：他叫斯坦·布鲁克斯（Stan Brooks）。我曾采访过他，他向我介绍过他的职业生涯。布鲁克斯1962年加入1010全新闻电台，之前是一家报社的记者。那时，1010还是一家音乐电台，斯坦是助理新闻总监。

图4 1010WINS全新闻电台开播场景

1964年，他被提拔为新闻总监，并接受了一项秘密任务——把1010 WINS改造成全新闻电台。他到美国各地实地收听广播，聆听当地电台主播的播音，然后把他们雇到纽约，并要求这些主播发誓保守秘密（1010要变成全新闻电台的秘密）。1965年4月19日，1010 WINS电台正式成为全新闻电台，布鲁克斯任新闻总监。这是布鲁克斯在那一天（1965年4月19日）的工作照，站在他旁边的是比他高很多的电台经理。

在当了5年的新闻总监后，布鲁克斯决定回去当一名记者，并一直当到现在。现在，他是我们1010全新闻电台主要的负责跑市政厅这条线的记者，但也可以到其他需要他的地方去采写

图 5 84 岁的记者布鲁克斯（中）与同事

新闻。尽管年事已高，他还是努力工作，和只有他一半年纪的记者一样勤奋，您可以看一看这张照片（图 5）。

覃：真了不起，他把青春、热血、智慧全献给了广播事业。

哈里斯：我们先来看一下历史（打开电脑）。在美国最老的一批电台是由报纸所创办的，当时主要是对报纸进行一些营销。随着时代的发展，广播变成了主流媒体。这是 1920 年 8 月《底特律新闻报》创办的新闻电台，目前依然在运行当中。刚才看到的电台不如这个 KDKA 匹兹堡电台有名。有关这个电台，我在云南广播博物馆看到了有其相关物品的展览。这个是 1920 年 11 月 2 日下午 8 点开始，持续到晚间 12 点以后，KDKA 对竞选总统进行了实况转播，宣布了沃伦・G・哈丁为美国的下一届总统。

图 6 爱德华・R. 默罗

下面我讲讲 20 世纪 30 年代全国性大的电台集团的一些情况。在 1930 年，美国有两大广播集团。一个是 NBC 全国广播公司，一个是 CBS 哥伦比亚广播公司，这两个公司目前运作仍然很好。但是，这两个广播集团一直没有全新闻电台，到 1940 年，那个时候是广播的黄金时代，他们开始了新闻台的构建。这一位我们看起来非常面熟，他是您提到的爱德华・R. 默罗（图 6），是一位非常有名的广播记者。他本身是报纸记者出身，但是他很快意识到电台的实况转播所产生的威力。1940 年，德国对伦敦进行大轰炸，默罗在伦敦对战事进行了现场直播。他实际上利用了广播新闻快速的优势，使广播新闻有身临其境之感。因为他进行了现场直播，所以开创了直播新闻的时代，他也就成了鼻祖。到 1945 年，默罗的这种对新闻的现场报道形成了风气，他也带出了一个团队，被认为是默罗的徒子徒孙。正是有关技术有了相应的发展，到了 1948 年，这时是电视新闻的黎明时分，默罗以及他的同事们看到了新科技——也就是电视技术带来的前景，他们摇身一变，把“现在请听”变成了“现在请看”——转向了电视新闻的报道。

图 7 埃里克・塞瓦赖德（Eric Sevareid）

覃：您说到的默罗的“徒子徒孙”，其实是默罗在二战爆发前后聚合在他身边的一大批新闻敏锐、才华横溢的广播记者，如埃里克・塞瓦赖德（Eric Sevareid）（图 7）、查尔斯・科林伍德（Charles collingwood）（图 8）、霍华德・史密斯（Howard K.Smith）（图 9）等。如果把默罗比做盟军统帅艾森豪威尔，那么他身边的这些记者就是蒙哥马利、巴顿、布雷德利。他们虽然成就不及默罗突出，但同样立下赫赫战功，名扬四海。他们结合在一起，开创了无线广播的现场报道艺术，真如群星灿烂，光芒四射。

图 8 查尔斯・科林伍德（Charles Collingwood）

哈里斯：广播新闻的黄金时代是从 1940 年开始的。不

式发挥了广播的关键特性，是广播在媒介市场竞争的有力武器”。您在1010全新闻电台工作了快20年，对全新闻电台的历史现状、管理运营非常熟悉，我想，我俩就以1010全新闻电台为例，作全新闻电台的深度对话。对话可以涉及全新闻电台的方方面面，如历史现状、管理运营、节目设计、广告经营、新媒体技术、未来发展等等。我们主要以1010全新闻电台为个案，也可把视野放宽，俯瞰世界上其他国家的一些全新闻电台。我取了个标题，叫做“关于全新闻电台的中美对话”，您看可以吗？那么，首先就请您谈谈：你们为什么要办全新闻电台？

李·哈里斯（以下简称哈里斯）：很好。关于全新闻电台的历史，您了解的比较多，这部分我讲一些，但就不多讲了。我主要谈从过去到现在1010全新闻电台所面临的诸多挑战和机遇，我们是如何运作和应对的，从而使它发展得很好。您是新闻出身，我也是新闻出身，涉及世界上的全新闻电台，我们当然也可谈一些，那样可以作一些比较，这也是必要的。

谈到全新闻电台，我还是想从美国的新闻电台说起（图3）。您知道，广播电台是伴随着无线电技术的发展而产生的。既然是有关技术应运而生，那么它就会受到各种各样新技术的挑战。可以说，有的全新闻电台受到的挑战是来自方方面面的——报纸、电视、互联网等等。

图3 新搬迁的1010WINS全新闻电台办公室

这张照片（图4），是我们1010全新闻电台在1965年4月19日正式开播时的一个场景。那个时候没有电脑，只有打字机，中间这个个子小的记者不是我，1946年前他在这里工作，1946年之后他已经84岁了，依然在1010全新闻电台工作——他专门跑市政府这条线。

覃：不简单，已经84岁了，还在电台工作。他叫什么名字，您了解他的经历吗？

哈里斯：他叫斯坦·布鲁克斯（Stan Brooks）。我曾采访过他，他向我介绍过他的职业生涯。布鲁克斯1962年加入1010全新闻电台，之前是一家报社的记者。那时，1010还是一家音乐电台，斯坦是助理新闻总监。

1964年，他被提拔为新闻总监，并接受了一项秘密任务——把1010 WINS改造成全新闻电台。他到美国各地实地收听广播，聆听当地电台主播的播音，然后把他们雇到纽约，并要求这些主播发誓保守秘密（1010要变成全新闻电台的秘密）。1965年4月19日，1010 WINS电台正式成为全新闻电台，布鲁克斯任新闻总监。这是布鲁克斯在那一天（1965年4月19日）的工作照，站在他旁边的是比他高很多的电台经理。

图4 1010WINS全新闻电台开播场景

在当了5年的新闻总监后，布鲁克斯决定回去当一名记者，并一直当到现在。现在，他是我们1010全新闻电台主要的负责跑市政厅这条线的记者，但也可以到其他需要他的地方去采写

图5 84岁的记者布鲁克斯（中）与同事

新闻。尽管年事已高，他还是努力工作，和只有他一半年纪的记者一样勤奋，您可以看一看这张照片（图5）。

覃：真了不起，他把青春、热血、智慧全献给了广播事业。

哈里斯：我们先来看一下历史（打开电脑）。在美国最老的一批电台是由报纸所创办的，当时主要是对报纸进行一些营销。随着时代的发展，广播变成了主流媒体。这是1920年8月《底特律新闻报》创办的新闻电台，目前依然在运行当中。刚才看到的电台不如这个KDKA匹兹堡电台有名。有关这个电台，我在云南广播博物馆看到了有其相关物品的展览。这个是1920年11月2日下午8点开始，持续到晚间12点以后，KDKA对竞选总统进行了实况转播，宣布了沃伦·G·哈丁为美国的下一届总统。

图6 爱德华·R. 默罗

下面我讲讲20世纪30年代全国性大的电台集团的一些情况。在1930年，美国有两大广播集团。一个是NBC全国广播公司，一个是CBS哥伦比亚广播公司，这两个公司目前运作仍然很好。但是，这两个广播集团一直没有全新闻电台，到1940年，那个时候是广播的黄金时代，他们开始了新闻台的构建。这一位我们看起来非常面熟，他是您提到的爱德华·R. 默罗（图6），是一位非常有名的广播记者。他本身是报纸记者出身，但是他很快意识到电台的实况转播所产生的威力。1940年，德国对伦敦进行大轰炸，默罗在伦敦对战事进行了现场直播。他实际上利用了广播新闻快速的优势，使广播新闻有身临其境之感。因为他进行了现场直播，所以开创了直播新闻的时代，他也就成了鼻祖。到1945年，默罗的这种对新闻的现场报道形成了风气，他也带出了一个团队，被认为是默罗的徒子徒孙。正是有关技术有了相应的发展，到了1948年，这时是电视新闻的黎明时分，默罗以及他的同事们看到了新科技——也就是电视技术带来的前景，他们摇身一变，把“现在请听”变成了“现在请看”——转向了电视新闻的报道。

图7 埃里克·塞瓦赖德（Eric Sevareid）

覃：您说到的默罗的“徒子徒孙”，其实是默罗在二战爆发前后聚合在他身边的一大批新闻敏锐、才华横溢的广播记者，如埃里克·塞瓦赖德（Eric Sevareid）（图7）、查尔斯·科林伍德（Charles collingwood）（图8）、霍华德·史密斯（Howard K.Smith）（图9）等。如果把默罗比做盟军统帅艾森豪威尔，那么他身边的这些记者就是蒙哥马利、巴顿、布雷德利。他们虽然成就不及默罗突出，但同样立下赫赫战功，名扬四海。他们结合在一起，开创了无线广播的现场报道艺术，真如群星灿烂，光芒四射。

图8 查尔斯·科林伍德（Charles Collingwood）

哈里斯：广播新闻的黄金时代是从1940年开始的。不到 10 年，这个黄金时代就结束了，广播的这种形式转向了电视新闻的转播和直播。但是，电台并没有屈服，没有停止追求，从全国性、戏剧性的广播剧转向地方台、地方气象、地方性新闻，进行深入性的报道。电台在新闻的报道和播出方面，还进行了大量投资。尤其是在俄亥俄州 WERE 台，他们投资非常舍得。这个是俄亥俄州 WERE 台的转播车，那个时候他们就有这么多辆的车了。这种车辆是为新闻中心配备的，而这个新闻中心主要是覆盖俄亥俄州克利夫兰市，可见在那个时候就已经相当的了不起。在技术上投入多，他们也非常成功。电台虽然受到了电视的冲击，但是电台也在进一步地做强做大，以应对电视的冲击。1955 年，音乐电台产生了，您听一听相关的节目（播放录音）。这个已经把音乐初步融入到了新闻当中。应该解释的是，在新闻的间隙插入一些音乐，效果并不是太好，中间虽然运用了声音的过滤装置，但是听起来杂音不少。

图 9 霍华德·史密斯（Howard K.Smith）

音乐台诞生以后，到了 20 世纪 60 年代初，出现了谈话类型化电台。CNN 有名的拉里·金（LARRY KING）（图 10），就是由谈话栏目起家的。拉里·金从新闻谈话起家，后来证明他更适合于担任电视台的谈话主持人。到了 1961 年，全新闻台出现了曙光。这个牧羊人打扮的主持人，是一位非常著名的全新闻电台主持人，他在洛杉矶以及新墨西哥一带主持新闻节目，实际上没有什么新闻报道，主要是读报纸上的新闻，这种做法效果比较差，并不是很成功。但毕竟刚开始，所以好多台有了新闻类的节目，一直到 1962 年，在纽约市发生了席卷全市的报纸大罢工，一度导致所有的报纸停止发行。

图 10 拉里·金（LARRY KING）

那个时候，人们获得新闻主要来源的习惯仍然是报纸，有一家电台利用纽约报纸的集体大罢工，开创了一个全新闻的 FM 电台。但当时这个 FM 电台听众不多，我放一段他们促销的录音（录音）。

报纸大罢工持续了 111 天，很有意思，这家全新闻台也就寿终正寝了。然而，又有另外的情况引起了大家的注意。到 1964 年，当时的 1010 属于威斯汀豪斯集团公司，这个集团对类型化电台进行了调查研究，将 FM 改成 AM 电台。调查并不是说马上就要开始大规模地做全新闻电台了，而是集团从调查中了解到，受众比较喜欢把新闻和体育、气象节目结合在一起播的版块，希望有这样形式的全新闻电台。在这个时候，根据调查，威斯汀豪斯集团就做了一个决定，就是要做这样一个叫做 WINS 的电台集团。这也是美国第一次成功地依据市场调查来建立发展广播的一个成功案例，而且改变了以前办什么台都是依靠猜的做法。所以，在 1965 年 4 月 19 日，1010 全新闻电台就诞生了。全新闻电台这种形式就是全天 24 小时都滚动播出新闻节目，不设谈话类和音乐类节目，打开收音机就是新闻，以后美国以及其他国家的全新闻电台都借鉴了这种形式。CBS 在全国有 150 个电台，地方台自己制作节目，纽约的 6 个台覆盖纽约以及少部分附近的地区。

覃：这是世界广播史上办台的经典案例。这个案例就是，办电台，要经过受众调查，要充分满足受众的需求。1010 全新闻电台从 1965 年 4 月 19 日开始，到现在经久不衰，说明了这种途径的有效性。如果我们办电台不经过受众调查，不经过论证，那么，就会遇到很多难题。这个案例还说明，办电台不能只靠主观判断，靠猜想。当然，有时经验丰富的广播人的判断与他长期的工作积累是分不开的，但仅凭主观判断不科学、不规范。经过几十年的发展，您觉得全新闻电台有哪些优势?

哈里斯：受众相对稳固，忠诚度高；模式建好以后，制作便宜；新闻节目中间可以编排大量的广告。

覃：您曾说，1010 是全新闻电台的先驱。但是您刚才谈到，在之前已经有了全新闻电台。而且，您也知道戈登·麦克兰顿（Gordonmcledon）（图 11），他被美国媒介专家称之为“广播节目编排之父”。1961 年，他创办了 XETRA 电台，从墨西哥州提华纳市向洛杉矶广播，这是一家全新闻电台，只是时间不长。1964 年，他又为芝加哥的 WNUS 编排了一个 24 小时的新闻节目。这家电台应该是先于 1010 全新闻电台出现。

图 11 戈登·麦克兰顿（Gordonmcledon）

哈里斯：是的，这是第一家全新闻电台。但这家电台没有运营成功，刚才我提到的电台也没有运营成功。1010 全新闻电台成立后，后来被 CBS 购买了，现在依然存在，但他们的电台 50 年前就消失了。

覃：没有成功，可能有很多因素。但是，我想没有受众调查，凭主观愿望办台是一个主要因素。这说明，1010 全新闻电台的做法经得住历史的检验。

既然 1010 全新闻电台是全新闻电台的先驱，后来者就有可能要复制你们。当然，由于国情不同、省情不同、制度不同、文化背景和生活习惯不同、媒介消费不同，不可能照搬照套，但文明的成果是可供全人类共享的。我们还是转向美国，现在有多少全新闻电台?

哈里斯：12 家。

覃：前几年有的文章介绍美国的全新闻电台是 10 家，您说有 12 家，阿比创 2010 年的数据是 59 家，包括中波 4 家、调频 23 家、高清广播 12 家、流媒体 20 家。我曾认真统计过，是 13 家，或者说有影响力的是 13 家，不知哪个数据准确？

哈里斯：对，是 13 家。属于 CBS 集团公司管理的是 12 家，另一家属另外一个广播集团。

覃：CBS 抓住了类型化电台的主要品种，在大城市也就是广播的大市场占据主导地位，形成了特色；而 ABC 在谈话类型化电台方面独领风骚，风头很劲。清晰频道办了很多音乐类型化电台，数量位居前列（图 12）。一个集团公司主打一种类型，这也是明确的市场定位，品牌形象突出，战略思维清晰。12 家都归属一个集团公司，用一种组织架构，一种节目设计，只是使用本地的内容，这将大大降低成本，它既规范又能盈利。另外，大的全新闻电台也都在大城市，中小城市还有全新闻电台吗？

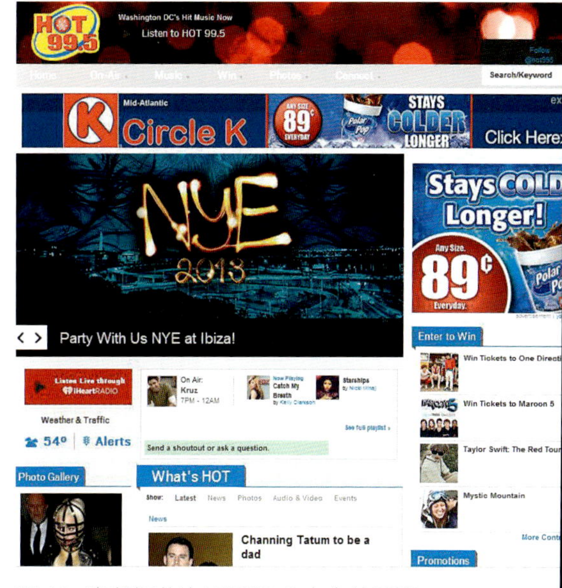

图 12 清晰频道的 HOT99.5 电台的网页
http://www.hot995.com/main.html

哈里斯：中小城市都是新闻 / 谈话类电台，我们称之为混合电台，没有全新闻电台。1965 年上半年，只有我们 1010 全新闻电台。到了 1965 年 11 月，出了一件事，就是美国东部地区大规模地停电，这对 1010 全新闻电台的创办有一定的影响。但是，又出现了另外一种现象。那个时候，人们觉得一停电，像 1010 全新闻台就不能播出，也就是说，在受众的脑海中有 1010 全新闻电台的负面影响。但是，大停电的时候，我们电台播音却没有停止，大家用蜡烛照明，用手摇发电机发电，保持了电台的正常运转。这件事带来一个启示：在突发停电时，如果说你的电台能继续播出，你的知名度肯定很高；如果你不能播出了，就是一个耻辱，影响当然也就是负面的。

到 1974 年，美国的全新闻电台发展得很好，以至于在好莱坞的电影拍摄中，也广泛采用电台声轨系统拍摄。相关电台的主持人也成为好莱坞的电影明星。好莱坞拍了一部电影《好人》，第一次启用电台主持人，而且这位主持人成为电影明星。

覃：电台不受停电影响，这是它的一个独特优势。日本大地震广播发挥的作用就证明了这一点。我看过美国电影《媒体先锋》（The paper）（图 13），也是用全新闻电台的呼号开头，口号结尾。

图 13《媒体先锋》（The paper）

哈里斯：全新闻电台在当初确实是由天才做的一项天才发明，席卷了整个美国。第一家全新闻电台诞生之后，在费城又有了另外一家全新闻电台。随之从华盛顿、佛罗里达到芝加哥，到宾夕法尼亚、到德克萨斯，到西海岸更多的地方都有了全新闻电台。从洛杉矶到旧金山、西雅图，再到波士顿，然后又进一步地席卷到中小城市，都有了全新闻类型化电台的出现。但是，后来出现了一些问题：

在一些比较小的城市，电台感觉没有太多的新闻来播，而且也没有太多的听众。城市太小了，广告有限，似乎养活不了全新闻电台。这些小台管理者想：没有新闻怎么办？他们就加入了谈话节目，所以就出现了新闻 / 谈话台，这是两种形式结合的类型化电台。通常是上午和晚上播出新闻，白天谈话，而且是以电话连线的形式来做节目。今天在美国来说，由杰出广播公司来进行节目的销售，销售人员就是以拉什 • 林鲍（Rush Limbaugh）的谈话节目来销售的，全国有 600 个左右的电台都买拉什 • 林鲍（图 14）的节目。这样就形成了新闻 / 谈话类型化电台：早上是新闻，中午是新闻、谈话；下午又是新闻，到了晚上更是以谈话类节目来充实内容。

1967 年，美国一些大城市由于媒介市场比较大，不仅可以养活一家全新闻电台，而且还可以养活第二家全新闻电台。于是，1010 全新闻电台就有了竞争对手，纽约出现了第二家全新闻电台：880 全新闻电台，但这两个台有明显的市场区隔。1010 全新闻电台新闻比较精练比较简短；而 880 全新闻电台的新闻比较长一点，主要是针对纽约的郊区播出。现在这两个台同属一家公司，您都去看过了，同在一个楼里面，而且由一个总经理来管。他们当初是竞争对手，而现在是一起运营。

图 14 拉什 • 林鲍（Rush Limbaugh）

覃：看来，全新闻电台的土壤在大城市，在小城镇很难开花结果。我知道，世界上一些大城市的全新闻电台，都是复制 1010 全新闻电台。如加拿大多伦多市罗杰斯媒介公司属下的 AM680 全新闻电台，还有台湾中广新闻网，澳洲广播公司新闻网（ABC NewsRadio）（图 15）等。法国的法兰西新闻台是不是复制了你们电台？还有新西兰有没有复制的？

哈里斯：世界上确实有一些台跟 1010 全新闻电台类似，但不是完全一样。这些类似来自于他们的策划者是从我们 1010 全新闻电台出去的。比如有一个 BMR 电台，就是 1010 全新闻电台的同事出去做的。还有一个伦敦的电台也是这样。法国的那个台跟我们没有任何关系，尽管他们也是全新闻电台。但俄罗斯有一个科马桑全新闻电台（Kommersane FM MOS cow）（图 16），科马桑是一家报纸的名字；CBS 旗下的一些其他的全新闻电台，他们的经理级人物都和 1010 全新闻电台有过联系，或者是从 1010 全新闻电台出去的。中国大陆的北京、上海、哈尔滨有关电台也来考察过，但他们没有复制 1010 全新闻电台。

图 15 ABC 网页
http://www.abc.net.au/newsradio

覃：1010 全新闻电台的诞生，有明确的市场定位，主要是为了满足受众的需求。那么，目标受众的年龄是多少？

哈里斯：主要受众年龄是 35 ~ 64 岁，男女比例基本持平。我们也想把受众年龄延伸至 25 ~ 44 岁这个年龄段，但是比较困难，这些是广告商的主要来源，可是效果并不是很明显。我们现在的受众年龄还是 35~64 岁，基本上固定在这个年龄段。

覃：我曾面对面调查过 50 多名 35 岁以下的受众，有公务员、大学生，还有出租车司机、工人、农民，他们中大多数都很少听广播新闻。我常想，应该想一个办法，引导他们，而且曾经想给教育部门建议，在中小学语文课本里就设置经典新闻课程，而不只是文学作品。

哈里斯：您这个想法很好。

覃：在我的记忆中，1010 全新闻电台的地址是在纽约市的第七大道。1 月的第三个周一——17 日，也就是马丁·路德·金纪念日，早上 9:00 我们赶到你们办公楼前，我老感觉大楼不像，哈哈，问了好几个人。

哈里斯：我们是 2009 年搬迁到哈得森大道 345 号的。你们什么时候搬迁？

覃：我们新的智能大楼已经封顶，共有 5 万多平方米，现在已开始装修，预计要两年后才能搬迁。你们的直播区、编辑区设计不错，非常适合广播播出，我们搬新大楼的时候，将充分借鉴。

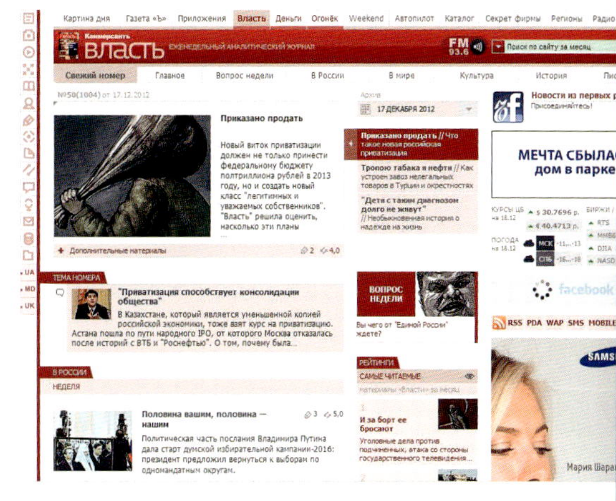

图 16 科马桑全新闻电台网页
http://www.kommersant.ru/vlast

二、1010 全新闻电台的组织管理：一将当关，重兵把守

覃：1997 年，我在云南电台任副台长兼新闻中心主任。那个时候，我们的第一套节目也就是现在的新闻广播，共有 5 个正处级内设机构，110 名员工。我成天忙于内部的协调，成本真是太大了。就是在这个时候，我把目光投向世界，了解了广播的一些前沿理念，起草了一个改革方案，在局、台支持下成立了新闻频率，全部人员由 110 人减少到 64 人，这 64 人中还有 12 人是广告经营人员。现在，新闻广播有 55 人，与 1010 全新闻电台的人数不谋而合，不含广告经营方面的人员。其中，有总监 1 人，副总监 3 人，编辑 18 人，18 人中有监制 3 人；播音员主持人 14 人，记者 16 人，16 人中有监制 3 人；内勤 3 人。1010 全新闻电台是 55 人，这 55 人怎么分布？另外，您在俄罗斯复制的科马桑全新闻电台有多少人？

哈里斯：CBS 在纽约有 6 家电台。1010 和 880 全新闻电台由一位总经理管理。另外有一个 FM92.3 流行音乐电台，一个 FM102.7 新鲜音乐台——就是播出时尚、新鲜的音乐，一个 FM101.1 经典音乐电台，播出 20 世纪六七十年代的音乐，还有一个 AM660 全体育电台，播出棒球比赛等方面的内容。这四个台一位总经理，这位总经理又管两个全新闻电台的那位新闻主管。总经理监控公司所有的运作，新闻主管管理整个新闻报道的运作，所以说无论主持人、编辑、记者、制作助理等，都向新闻主管汇报。这个新闻主管就是在这张图片中穿白色衣服的这个人。这个新闻主管正在与早间新闻编辑、早间记者开一个小会，确定早间播报哪些内容。我往往也参与到这个小会中，但是在这张图片里没有我，因为我是那个照相的人。而这个新闻主管会给每一个轮班的记者和编辑都开这样的会，所以他的工作比较难做。除了新闻主管，我们 55 人分布为：主播（图 17 ~ 20）25 人，记者 10 人，编辑 20 人。另外，还有受众发展部、广告部的 70 人，但这 70 人不属于我们新闻部门。

图 17　凯瑟琳·史密斯（Catherine Smith）

图 18　道格·奥布莱恩（Doug O' Brien）

俄罗斯莫斯科的全新闻电台，有 110 人，多 1010 全新闻电台一倍。原因是他们缺乏第三方资源，比如说气象信息、交通信息、股市信息等。我们用的是第三方资源，而他们必须要自己的编辑、记者队伍去满足，所以，员工就多了一倍。

覃：台湾的全新闻电台，加上分台的 20 人，全部人员也是 60 人左右。他们原来有一个总经理，三个副总经理，后来把这三个副总经理给裁掉了。理由是：有正的，还要副的干什么？所以他们的组织架构做到了扁平化。我们不同，有 3 位副总监，因为我们特别强调舆论导向，强调新闻的准确性，不能出现差错。比如人名、职务、民族、宗教、军事、外事等，因此采取三审制，总监、副总监要审稿，所以有 4 位。同时还有监制，相当于科一级干部。1010 全新闻电台节目的组织架构，就是主播群、编辑群、记者群这几部分，有没有组长？

图 19　拉里·C·穆林斯（Larry C Mullings）

哈里斯：一个新闻主管管两个台，然后两个台是独立的，各自运行。下面包括主播、编辑、记者。在新闻直播间里面，最重要的角色是编辑，他会负责所有的新闻来源，会决定哪些新闻播，哪些新闻不播。

覃：除 1010 全新闻电台，您所知道的美国其他全新闻电台的员工是多少？

哈里斯：40 ~ 50 人左右。

覃：1010 全新闻电台的编辑群有没有组长？

哈里斯：编辑向新闻主管负责。编辑是负责整个新闻室的新闻来源。有的编辑是全职，有的编辑是兼职。编辑

图 20　拉里·坎特（Larry Kanter）
上图为部分记者

群没有组长，我们整个的将官就是这位新闻主管。有22个新闻主播，也是由新闻主管管，但基本上他们没有直接和新闻主管说话的机会。工作的时候是自我负责，有重大事件会及时向新闻主管汇报。您看到，新闻中心中间的工作台有一个编辑，负责剪接节目及音效等工作，每人每天8个小时，全天24小时由3个编辑完成。这3个编辑每天都有两个小时的碰面时间，会就一些新闻问题进行沟通，同时每个编辑都有两个助手，负责交通、天气等信息的收集（图21，22）。

覃：新闻的播出有很多准备工作，这非常重要，你们是如何做好准备工作的？

哈里斯：那我就说一下如何进行播报的准备。在这个过程中，毫无疑问最重要的角色非编辑莫属。编辑往往是一天24小时坐着，一般是坐在新闻中心的正中间，观察来自不同信源的信息。编辑会选择所有的新闻，监督信源，同时为记者分配各种各样的任务，或者告诉这些写手们到底改写哪些新闻。他最重要的任务就是建立新闻表单，虽然新闻表单看上去非常简单，但是所有的内容都是依据这个表单播报的。这个表单会列出每一个新闻所播报的顺序，以及每条新闻所播报的长度、是否插入现场报道或者插入现场的音频等。这个表单把一个小时分割成3段，20分钟一段，这些新闻每20分钟就会轮回播报一次。您看，这个表单并没有完成，上面一共有3列，就是每20分钟一列，前20分钟这一列已经完成了，中间20～40分钟已经完成了一半，而40～60分钟还没有完成。另外，每小时会有一个不同的表单。这就是编辑最重要的任务，就是列表单，无论是文字、音频，还是各种各样的通讯稿，都会列入我们的系统之中。

我们的系统叫作帕利系统，中间是通过采纳不同的信源编辑过的故事和新闻，然后确保不漏报新闻。这样的系统同样用在录音间，主播根据这个系统来播报新闻。帕利系统的名字，是根据宠物来命名的。

主持人只是完成新闻稿的一半工作，另外一半由写手（记者）来完成。您看这张照片，他就是在这里打字，根据编辑的表单来写新闻。写新闻的顺序是根据主持人播报的顺序来编写的，最难的一点是为不同主持风格的主持人写不同风格的新闻。与我一起主播的同事风格跟我完全不一样，但是编辑要为我俩写出不同的故事。有的时候，会导致这样的结果，他写的新闻我们两个主播都不喜欢，但因为他已经在这里工作了很多年，所以我们不能把他给炒

图21 1010WINS全新闻电台的会议室

图22 美国纽约市1010WINS全新闻电台主播李·哈里斯在原云南人民广播电台做学术交流

图 23 1010WINS 全新闻电台主播室

图 24 作者在 1010WINS 全新闻电台主播室

了。而我们在广播中最重要的成员就是主持人，主持人需要具备不同的技术，除了在广播中播新闻，还要学会操作整个播音系统。比如说，我们会插入一些新闻的现场报道或者广告，或者何时引入外来的信息，这都需要播音员具备这样的技术。（图 23，24）

这是我 7:00 在播出新闻。您可以看一下我是如何操作这个系统的（视频播放）。当我坐在录音间进行播报的时候，记者已经开始在外面采访了，在新闻中心我们很少见到记者的身影。记者一般在市区采访，他有一台笔记本电脑录音，同时也可以在录音间进行现场报道，而且效果非常好。我们是使用音频 TX 系统来进行收音和录音的，它是使用 3G 的连线进行运行的软件。在以前，记者往往是用电话进行现场报道，但是音质不好。有的时候使用电话连线，比较糟糕的是根本不知道他们在讲什么，尤其是那些英语不太流畅的记者，根本就听不清他讲的内容。

这是 7:00 这档新闻开始前面的部分（视频播放）。我在一个比较短的时间里不停地播稿，不停地按按钮。我除了不断推拉麦克风的开关，左手还控制音乐的插入，右手控制音频的插入以及来自其他信息源的进入。同时，我也要播出——像与您交谈一样；有时候还要睁大眼睛来看。这就是说，我们如果要做一个非常合格的主播的话，除了要会写、会讲，还要会使用各种各样的设备，要一专多能。

覃：强调一专多能比较客观，强调多专多能不太现实。当然，作为管理者来说，希望有多专多能的人才。

哈里斯：这个就是我们新闻前面的片头曲（音频播放）。我一边操控片头曲，一边播报，播报的是来自纽约的一条消息，这个是现场报道，这位记者正在现场做报道。在新闻中心，很少看到他们的身影。另外一个角色就是制作助理，他实际上是一个入门级的职位，工资并不高。他现在正在处理刚才那一位在现场报道的记者报道的信息。处理完之后，他会把信息送到伯利系统之中。同时，他也会干一些杂事，比如某个主播想要喝咖啡，他需要给主播送一杯咖啡；他还要做其他一些杂事，工作比较辛苦。

覃：记者群有没有一个组长去对应新闻主管？

哈里斯：1010 全新闻电台就只有新闻主管一个人。其他就没有什么头头了，因为我们里面所有的工作人员都是非常有经验的。10 名记者（图 25 ~ 28 为部分）每天每夜都在外面跑新闻，5 人负责白天，5 人负责晚上。

覃：只有一个新闻主管，24 小时都是他一个人，怎么能管理得过来？

哈里斯：所有的员工都是非常有经验的，并不是所有的杂事都要向新闻主管报告。我们都有 20 年左右的经验，所以不需要任何事情都向新闻主管报告。而且我们有的主播、编辑、记者在别的台也有过总经理或台长的经历，或者曾经担任过新闻主管。经验相对比较少的人员，当然还会使用经验丰富的人来指导他们。

覃：在 1010 全新闻电台记者、主播、编辑人员里面，哪类人员薪酬高一些，哪个岗位更重要？

哈里斯：请您猜一猜。

覃：您说到编辑是最重要的，但没有说您是最重要的。

哈里斯：我只是谦虚而已。主播拿钱最多，在一些全新闻电台有一些记者拿的钱比主播多。但是总体来说，主播拿的钱是最多的。

覃：我知道，你们主播薪酬最高的一年 30 多万美元，比总经理的薪酬还高。那编辑呢？

哈里斯：编辑拿的薪水一般是主播的一半，这其中一个原因是主播可以做主持人的工作，也可以做编辑的工作，但是编辑只能做编辑的工作。对于我来说，永远也不会要求去做编辑工作。

覃：你们的新闻是如何储存的？

哈里斯：每天的新闻节目以电子数据库的形式储存起来，然后 CBS 的新闻总台有个 IPOD 的使用功能，是从下面所有台里面的数据库调用内容，主要以声音储存为主。

覃：关于 1010 全新闻电台，有没有专门的著作出版？

哈里斯：还没有。如果我写的话，首先签名一本送给您。我们的新闻在 25 位主持人中要求有一半由自己写，我本人写的比较多，如果别人写得比我多的话，我就非常高兴了。

覃：1010 全新闻电台多数的员工都有 20 年以上的经历，那么这个经历就比较丰富了，人人都是新闻主管了，这叫一将当关，重兵把守。就像军队守城门，将军在城门口楼上指挥，城门楼墙周围布满精兵。因为突破口是变动的，所以四处都需要精兵。我们新闻广播是一个总监，三个副总监，下面还有 6 名监制，当然我们年轻人比较多，20 年以上新闻经历的人比较少。

哈里斯：这是 1010 全新闻电台和其他电台的一个重大区别，大部分电台没有这么多有经验的员工。如果你们台很有经验的人比较少，毫无疑问需要更多的人员。对于您刚刚说的新闻主管只有一个人，但是如果需要他做决定的时候，尽管他在睡觉，也要打电话把他叫醒，这种情况经常发生。另外，1010 全新闻电台有 55 个人，并不是说这

图 25 约翰·蒙特尼（John Montone）

图 26 索尼娅·林孔（Sonia Rincon）

图 27 朱丽叶特·帕帕（Juliet Papa）

图 28 斯坦·布鲁克斯（Stan Brooks）

图 29 1010WINS 全新闻电台员工休息室

图 30 1010WINS 全新闻电台员工挂衣间

图 31 1010WINS 全新闻电台主播间

图 32 1010WINS 全新闻电台忙碌的工作人员

55 个人每天同时都要向新闻主管汇报。我们采取轮班制，新闻主管就会上午面对几个人，下午又面对几个人。所以，1010 全新闻电台就像一台机器一样，运转的机会越多，运转的就越好。

覃：如果运转不起来怎么办？比如编辑没有把稿件编好？

哈里斯：万一编辑、记者没有完成他们的工作，主播会承担起这个责任。比如在这个时间段我播什么，就是保证这个时间段会有内容。假如现在正在直播的主播也有这个问题，还会有别的主播来代替。所以说，我们 1010 全新闻电台永远会有代替的人员，如果他们没有完成工作，另外一位会来替补他。如果编辑也没有完成工作，还会有一个专门写新闻的人帮助完成编辑的任务。这样的管理，保证了高效运行（图 29 ～ 34）。

覃：你们人人挑重担，个个尽全力，把全部精力、智慧都献给了广播，献给了 1010 全新闻电台，真让人敬佩。我所期望的，就是有这样的员工，有这样的队伍，把青春、热血甚至生命都献给电台，献给我们的广播事业。1010 全新闻电台每天 24 小时播出 1000 条左右的消息，还不含广告。这意味着 25 位主播（主持人）每天要播 1000 条左右的消息、编辑 500 条左右的消息；20 名编辑每天要改写 600 条以下、400 条以上的消息稿，10 名记者每天要采写 400 条以上的消息稿。我考察你们 1010 全新闻电台的时候，正逢星期六、星期天、马丁·路德·金纪念日，除了法定的全国公共假日，还有休假、事假，能正常工作的人也就不是 55 人的概念，只会下降。比如您到云南来，就要有主播顶替。以您为例，请具体说一下主播的工作情况？

哈里斯：我每天 3:40 到直播间开始编辑新闻，4:00~4:30，5:00~5:30，6:00~6:30，7:00~7:30，8:00~8:30，9:00~9:30，每天总的播报时间是 4.5 个小时。而在周末的话，一些主播一天工作 7 个小时。

覃：1010 全新闻电台是怎样聘用新员工的？

哈里斯：我们雇佣新员工的做法，就是要把你播出的带子拿来，看第一个 10 秒能不能打动我们。如果在第一个 10 秒能够吸引考官的话，那么你就基本 OK 了。我们不管你有什么背景，当然首先你没有犯罪记录，不管你有没有学历，这个是次要的。只要在第一个 10 秒能展示出你的播出天赋，这才是最重要的。另外，我们也不要求所雇佣的人必须是新闻学院的毕业生，必须要有新闻背景。事实上有一位律师就转到了我们这个领域里来了，对于学历的要求并不是要有很高的学历，所以这也是我们的做法。听试听带，这个带子是非常重要的，但还要看他的表现。其实，在美国来自新闻传播学院的学生有很多人到 1010 实习，有的人一点播出经验都没有，但实习一般有 3 ~ 6 个月的时间。他们会去录各种各样的节目，经过实践、实践、再实践，可发展的才华逐渐展示出来。同时在实际过程中，可以把一些跨夜晚不重要的时间段让他们播出。久而久之，慢慢地就可以看出来哪些人是非常有才华的，能不能录用。

覃：1010 全新闻电台有没有炒过人的情况?

哈里斯：1010 这么多年来，没有任何由于新闻工作上的原因炒过人。炒过两个人，第一个人是脑子不太好，因为一件事情：他威胁要杀总经理，被炒了。第二个，性骚扰本台的一位女同事，所以这个也被炒掉了。这个是对于全职工作人员。全职人员都是从兼职人员干起来的。兼职人员时间会是 1 ~ 10 年，如果你的工作出色，那么很快会变成全职人员。经过 10 年的工作，或者不到 10 年的工作，就从安全系数不大的角色变为安全系数很大的全职人员。对于兼职人员来说，如果他们不称职的话，就不存在炒的问题，就跟他们说不要来工作了。要威胁杀总经理的那个人，

图 33　1010WINS 全新闻电台主播间

图 34　1010WINS 全新闻电台编辑状态

去了另外一个地方工作。

覃：还有一个因素，是不是薪酬比较高，条件比较好，要保住这份工作？因为 1010 全新闻电台在美国应该是一个薪酬比较高的电台。其他地方的电台我了解过，薪酬不及 1010 高。

哈里斯：可能有这种因素。

三、全新闻电台的新闻之轴：20 分！ 20 分！ 20 分！滚动旋转，永远向前

覃：我看过一部电影，叫《南京！南京！》，这部电影的名字用了两个惊叹号，让人感到很紧急，喘不过气来。由此在我脑海中经常闪现：20 分！ 20 分！ 20 分！三个惊叹号，也是十分的紧迫。这三个 20 分，三个惊叹号就源于 1010 全新闻电台。说实话，1010 全新闻电台的节目编排，我是比较熟悉的。因为，我无数次对着手表来计算过你们

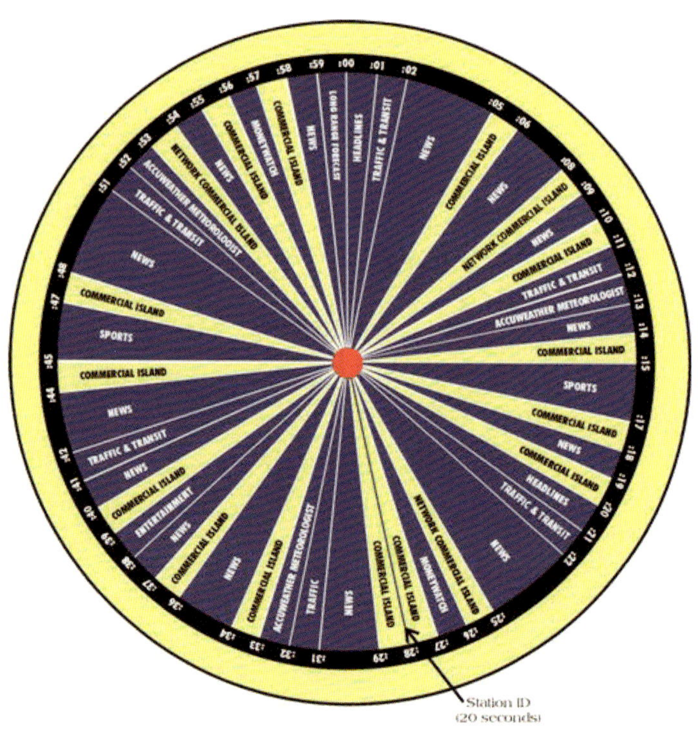

图 35　新闻之轴

播出的时间、播出的内容。不但时间、内容，连主播的名字我也记得一些，但我还是想听听出于您的介绍，关于节目编排——关于新闻之轴制作的流程设计，也就是时钟式设计。

哈里斯：1010 全新闻电台的制作流程是根据新闻之轴制作的类型或者流程来设定的（图 35），这是整个新闻流程最重要的核心。蓝色的部分代表的是播报的内容，包括天气预报、交通状况、新闻信息，黄色部分是广告时间。黄色部分也不少，占的比例大概是一个小时 20 分钟。在 27 ~ 28 分钟的时候，广告的播放时间是非常短的，大概只有 1 分钟。所以说，1010 全新闻电台就是新闻、广告、新闻、广告的形式；我们从来不会做新闻、广告、广告、广告、新闻这种形式，尽管新闻、广告，新闻、广告这种形式会造成这样的假象：1010 已经播了很多的广告，但是听众觉得播出的广告并不多。而且最重要的一点就是广告播的越多，你的盈利也越多。这个新闻之轴每天都是固定的：每天，每月，每年——都是一样的，都是定制好的，无论你是早上两点还是下午两点，这个形式都一模一样。这个就是 1010 全新闻电台运行成功的关键之处。因为这样，听众知道在哪个时段去听可以获得自己想要的信息。这个就是连续滚动的新闻之轴，旋转门式的新闻之轴，模式是一模一样的，从来不会改变。而新闻 / 谈话电台就不一样了，虽然一部分是做新闻之轴的，但另一部分却是谈话内容。特别是在一些小市场，一般是早上运用新闻之轴，下午或者晚上采用谈话类的节目形式。一个名副其实的全新闻电台，采用就是 1 天 24 小时，日复一日，月复一月，年复一年的新闻之轴。

覃：这是顺应目标受众的生活模式、思维模式、文化模式，在受众心目中塑造一个契合他们自我形象定位的全新闻电台形象。因此，全新闻电台与新闻 / 谈话电台是有市场区隔的。

图 36　1010WINS 全新闻电台墙上的交通图

哈里斯：另外，我们虽然称之为全新闻电台，但它并不只包括新闻、广告，还有其他的服务元素。而这些服务元素，是支撑全新闻电台的更重要的内容。主要的服务元素包括天气资讯、交通资讯、经济资讯以及体育资讯。交通资讯的报道是一小时播报 6 次（图 36）；天气资讯是一个小时播报 3 次，是由天气预报员现场直接播报的；体育资讯是一个小时播报 3 次，经济资讯是 1 个小时播报 3 次。

覃：具体到三个单元，那就是交通资讯每个单元两次，天气资讯每个单元一次，体育资讯每个单元一次，财经资

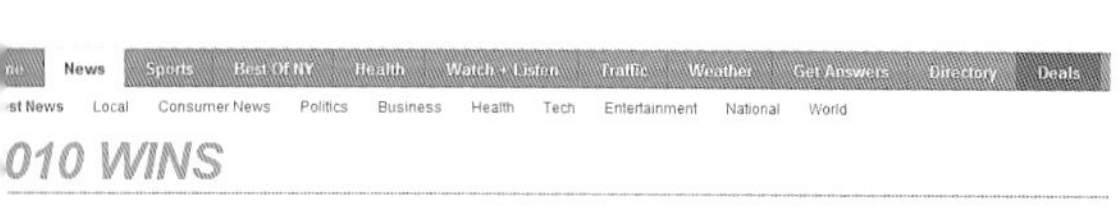

图 37 1010WINS 全新闻电台网页
http://newyork.cbslocal.com/station/1010-wins

图 38 WCBS880 网页
http://newyork.cbslocal.com/station/wcbs-880/

讯每个单元一次。这里最密集的是交通信息，是服务性元素的首要元素。

哈里斯：是这样。服务性元素的加强，仍然是面对挑战带来的结果。

覃：您刚才谈到的与你们电台网站（www.1010wins.com）的推广或叫承诺有一些区别，这很正常。我专门请了一个英语方面的专业人士作了翻译，我觉得网站上的这个承诺做得比较好（图 37）。1010WINS 电台，每时每刻的全新闻电台，它有一条闻名世界的口号："您给我们 22 分钟，我们告诉您整个世界。"没有任何一家电台能一如既往地做到：

新闻报道：每天 24 小时，每周 7 天，一年 365 天。

交通资讯：全天，每小时，逢整 10 分播报一次。

天气资讯：全天，每小时，每隔 4 分钟播报一次。

体育资讯：全天，每小时，逢 26 分、46 分播报一次。

听众们把收音机调到 1010 的中波波段上时，对于将听到什么，总是心中有数：没有脱口秀，没有体育比赛实况报道，没有音乐，只有从不间断的新闻。

这是承诺，既是对受众的承诺，也是对 1010 全新闻电台所有主持人、编辑、记者的要求。对这种承诺的一以贯之，既方便听众收听全新闻电台的节目，还给听众留下了深刻记忆，从而较好地打造了 1010 全新闻电台的品牌形象。

880 全新闻电台在网站上的推广做得也不错，但与 1010 全新闻电台相比，有许多不同（图 38）。美国哥伦比亚广播公司 880 全新闻电台，880 电台始终坚持一个观点："只有优秀的电台，才能保证新闻的质量。"880 电台 40 多年来在其中波波段上一直为纽约人提供新闻资讯。880 电台一直传承着美国最资深的广播新闻从业者之一——爱德华・默罗的伟大传统，880 电台专门报道纽约及三州地区的爆炸性新闻、本地新闻、经济资讯以及体育资讯。早晚 8:00 的交通和天气资讯是电台几十年的鲜明特征。880 电台，作为哥伦比亚广播公司旗下版块的领军电台，是哥伦比亚广播公司的广播新闻主阵地，还是负责报道 2009 年（棒球）世界冠军纽约洋基队的主要电台。在美国最大的城市（纽约），由 880 电台播报的新闻及时、准确而又可靠。新闻来源有《华尔街日报》记者乔・康诺利的报道，记者汤姆・卡明斯基（乘直升机）的交通报道，气象学家克雷格・阿伦的天气预报，以及资深的、获奖无数的记者团队的报道等。880 全新闻电台的推广介绍了《华尔街日报》记者、交通资讯报道的记者、气象学家的天气预报，早晚 8:00 的交通和天气资讯，这些也能给听众留下记忆。但整体与 1010 全新闻电台相比要逊色得多。

哈里斯：定位不同，两个台有所区别。

覃：1010全新闻电台每条新闻的长度是多少？

哈里斯：包括记者的报道在内，每条新闻基本是45秒，很少有超过1分钟的新闻。

覃：新闻的寿命有多长？

哈里斯：4～5个小时，早上6:00播出的新闻在11:00就要更新了。

覃：据我所知，在世界范围内的全新闻电台，有60分钟一个单元的，60分钟两个单元的，60分钟三个单元的，也有60分钟四个单元的。根据我的研究，60分钟三个单元，每个单元20分钟最佳；其次是60分钟两个单元，每个单元30分钟。60分钟一个单元，节奏慢了一点；60分钟四个单元，每个单元15分钟，节奏稍快了一些。新闻之轴更主要是要适应受众的心理，适应受众的工作和生活规律，还要方便受众收听。台湾中广新闻网每60分钟播出路况信息两次，30分钟一个单元一次，第一次在6分钟的时候，第二次在36分钟的时候；体育信息每60分钟播出两次，30分钟播出一次，第一次在15分钟的时候，第二次在45分钟的时候；财经信息每60分钟播出6次，分别在8分、18分、28分、38分、48分、58分的时候。他们这样做，是从台湾的实际出发，强调本土化。固定了服务性元素的时间，也方便受众收听。而澳洲全新闻电台不同，60分钟四个单元，每个单元15分钟，每15分钟的第一个5分钟是最新的新闻。这，也许是从实际出发，强调本土化，这也算全新闻电台的“百花齐放”。全新闻电台新闻之轴的设计，看来不仅仅是编辑节目，这里面有文化的因素、心理的因素、生活的因素，深层次的还有价值观、世界观（图39）。

哈里斯：您分析的透彻。看来，您真正在做学问。

图39 作者（左）在1010WINS全新闻电台进行田野调查

四、全新闻电台的内容：新闻，新闻，受众有用的新闻

哈里斯：接下来，我们分析全新闻电台的内容。您怎么看待全新闻电台的内容？

覃：当今，大众传媒有一个时髦的说法：内容为王。而全新闻电台的内容可用一句话来概括：新闻、新闻、受众有用的新闻，这也是以内容为王。面对未来，广播可能要融合云科技，更要以内容为王。我曾经认为，经济不是问题，技术不是问题，现在和将来还是内容这个大问题。您想，你的技术很先进，你可以设计 100 个、1000 个频率的技术，但你没有内容，那有什么作用？新技术（图 40）一发达，内容就更重要。所以，我们都应该感到自豪，因为我们是内容的提供商。

图 40 1010WINS 全新闻电台设备室

哈里斯：很对。办全新闻电台是为了什么？就是为受众提供新闻，只要受众打开收音机，就可以听到新闻。就像把守城门的士兵，看哪里发生了新闻事件，就及时处理，告诉受众。除了盈利、赚钱，我们还提供服务。所有的全新闻电台都应具有一致性以及可信度。这就意味着无论哪一天哪一刻打开全新闻电台，你收听到的都是同一种的新闻以及同一种的服务型元素。受众不应该在半夜收听全新闻电台，然后收听到的是一场职业棒球解说或者是音乐节目。它的可信度的来源就是说无论你何时何地，只要打开全新闻电台就能够收听到关于新闻、交通以及气象信息的内容。而一个全新闻电台提供新闻和服务成功的两个要素，第一是直播，第二是本土化。

关于直播性，就是指主播必须在那里进行直播，或具有直播的特征，目的比较明显。如遇重大突发事件发生，受众打开收音机收听，可以即时收听到各种各样的突发性新闻，而不是你录制好的新闻。因为录制的新闻，受众不能及时收听到突发的消息。本土化就是说，这个主播播的就是人们身边日常所发生的事件，也就是说这个事件是发生在本社区的。1010 全新闻电台的本土化主要就是播出纽约本土的新闻，不是说总部在费城的全新闻电台播报的却是纽约的新闻。所以说这两条是非常重要的。一个全新闻电台的成功，起码要具备这两个特征。

您在研究中可能发现，有的全新闻电台，并不具有直播性，也不是本土化，一来二去就不存在了，原因也就在这里。

覃：类型化电台就是要满足受众的需求和口味。在这里，需求是第一位的，口味是第二位的。全新闻电台是为了满足受众的需求，而音乐类型化电台则是尽最大可能符合受众的口味。相对受众而言，广播媒介第一位的就是全新闻电台，这是广播的主战场、主力军，尽管乡村音乐的收听率排在第一位。下面我们来计算 1010 全新闻电台每天播出新闻的条数。1010 全新闻电台把 60 分钟分为三个单元，每个单元为 20 分钟，以 20 分钟为格式不断滚动播出，完全是标准的全时全新闻播报。每条新闻长度基本为 45 秒，我多次计算过，也有 30 秒、45 秒的，但很少有超过 1 分钟的新闻，每 30 分钟有 20 条左右的消息，60 分钟 40 条左右的消息，加上服务类资讯 15 条，共有 55 条左右的新闻资讯，昼夜共 1320 条左右的新闻资讯，全年 365 天，就有 481800 条左右的新闻资讯，这等于办了一份 100 个版的报纸。这种大容量、高密度的新闻编排，每天完全可以做到不漏掉任何重大的新闻，这也是受众的需求。而且有记者大量的现场声音呈现，这保护了广播文化，弘扬了广播文化，张扬了广播的生命力（图 41）。

哈里斯：1010 全新闻电台 40% 以上的新闻为记者采制，新闻也重播，因为各个时段的新闻不一样。每条新闻有 6 个版本，采访 6 个不同的人，出 6 种不同的声音。这 6 种声音有：对新闻事件报道的声音，当事人的声音，群众的看法，专家的评论等，就是前因后果一听就会明白。记者采制的版本，由编辑选择，一个记者一天要发 30 条左右的新闻，60% 的新闻为改写。同一个新闻版本不会在两个小时之内重复播出。您感兴趣的可能是一条新闻，怎么写出 6 个不同的版本。我们做的第一点就是改变这个新闻播出的音频，所以您听到的新闻音频都是不一样的，最后，人们觉得这个新闻听起来是不同的。举个例子，如果同样要报道斗牛犬新闻的话，刚开始会播一条个人喜欢斗牛犬的消息，然后会播一条支持不能在城市里养斗牛犬的新闻。第二步，会播出一些反对这条法律的人士的观点，不养斗牛犬人的新闻，这就是怎么样把一条新闻做成六个不同版本的方法。

滚动播出我们有一个模式。如重大新闻，20 分钟要重播一次，我们称之为 A 版本新闻；比较重要的新闻，是每 40 分钟滚动一次，我们把这种称为 B 版本新闻；相对来说不重要的新闻，也就是 C 级新闻是 60 分钟滚动一次。ABC 三类，使用也是三种，分别贴上三种标签。我们会保证相同的新闻不同的版本，在两个小时之内不

图 41　作者在 1010WINS 全新闻电台实地调查

重复。我们所希望的是在两个小时或者两个小时以上这些故事会有新的发展，所以就会更新消息，或者有其他的新闻来代替。总体来说一种比较理想的情况是，一个故事在两个小时不重复，或者一个故事不会再重复播一遍。事实上，在晚上和周末的话，这个新闻一天播三次左右。一条新闻寿命 4 ～ 5 个小时，再加上直播内容、本土化内容，这就是我们竞争的法宝。

覃：1010 有没有规定，头条新闻、次要新闻、一般性的新闻最多滚动几次？因为你们的新闻在不停地改写，滚动的时候，有的已经变了样。

哈里斯：头条新闻不超过 6 次，次要新闻不超过 3 次；一般性新闻不超过 2 次。

覃：针对同一条新闻采访 6 个不同的人，出 6 种不同的声音，有 6 个版本。新闻事件的发生，群众的看法，当事者的叙说，专家的点评，样样声音都有，六种声音足够囊括一个新闻事件。这种形式也是一种发明，而且模式化，便于操作。改写随新闻事件的发生，或加长、或缩短，这都做得比较精细。而且日复一日，年复一年，很不容易。另外，除了新闻，我还要请您谈谈服务性元素，也就是交通资讯、气象资讯、体育资讯、经济资讯的编排和播出情况。这些内容，对受众来说，是用得着的，是最需要的。

哈里斯：这有历史。刚才我提到 1010 全新闻电台面临的一些挑战，现在接着再谈。1991 年，产生了另外一个现象：出现了由有线电视 24 小时不间断的电视新闻节目，全新闻电台与有线电视台的竞争真正开始。CNN 对海湾战争进行了非常及时的报道（图 42），一炮打响。正如默罗 1940 年在伦敦作的现场报道，50 年之后，CNN 在海湾战争用电视画面做现场的战争报道，电台与它相比就处于劣势，在新闻方面几乎不可能相比了。相近年龄段的人，有些人从来没有看过战争真实的场面，而从 CNN 的有关报道看到了真正的战事的现场直播。这种做法，对于全新闻电台真正形成了强有力的竞争，CNN 一天 24 小时直播的电视对电台产生了最强有力的冲击。怎么办？1010 全新闻电台就主动与 CNN 合作。CNN 是做电视图像，我们就在声音和录音方面与 CNN 由竞争变成合作。但是出了一个 CNN，后来又连续不断地出现 “CNN”——微软的 MSNBC（图 43），FOX 新闻频道（图 44），都是有线电视台 24 小时直播的新闻，可以说竞争越来越惨烈。这个时候，全新闻电台又怎么办？我们仍然按照既定的方针来做。如果从时代来划分，1991 年到 2011 年的 20 年中，我们的应对是减少国际新闻，加大对本地新闻的报道——实施真正的本土化。

图 42 CNN 海湾战争时期的采访车

图 43 MSNBC 微软全国广播公司

除了新闻之外，我们做听众有用的新闻报道，以此强化我们的优势。以前对交通信息1010全新闻电台是不做的。在竞争激烈的媒介市场中，1991年1010全新闻电台对交通路况做了更多有力的报道。在加大交通信息方面，每小时有6～10次的路况报道。但我们是与交通部门合作，由他们提供交通信息。

覃：电视可以做到24小时直播，但做不到无处直播。广播能够做到无处不在，电视在这方面是无法比的。

哈里斯：这是20年前有关交通的信息（视频播放）。这些人在忙于交通的信息，他们的交通信息为48个电台服务，1010全新闻电台在纽约每小时6次，洛杉矶的全新闻电台每小时10次。对于气象信息，1010全新闻电台开始每小时播3次。这个是气象中心，它为全美数百家电台提供气象信息，包括为1010全新闻电台提供气象信息。在有线电视24小时播出新闻的挑战下，1010全新闻电台国际方面的新闻虽然减少了，但国内新闻方面却加强了，特别是本地的新闻，同时加大交通和气象信息方面的内容。因为，1010新闻与有线电视台相比，确实处于不利地位。

覃：新闻、新闻、受众有用的新闻，这极大满足了受众的需求，也是1010全新闻电台的取胜之道。

哈里斯：1010全新闻电台60%以下的消息采取改写。这些消息来自哪里？我们主要的信源是通讯社的稿件，一般采用来自美联社的通讯稿。我相信在云南省会昆明，大家也会采用同样的信源，就是来自新华通讯社的信源。因为通讯社为我们提供各种各样国际、国内的新闻。同时我们的信源也包括当地的报纸。在早上，编辑、主播、记者首先浏览一遍报纸，觉得有价值的新闻就提取出来，立即进行改写或从另一个角度进行采访报道。在新闻播报中也会告诉受众这出自哪家报纸。这里有个条件，就是报社很愿意与我们合作，主要是听众收听到的消息有出处，听众有可能去买那家报社的报纸，或者上报纸网站浏览深度报道。但我猜测在不久的将来，报社可能不允许再让我们从他们那里获取信息了。

同时，我们也从电视获取信息。1010全新闻电台与CNN签署了协议。也就是说，当出现重大突发事件的时候，我们可以采用CNN的音频进行报道。而这一协议早在20年前第一次海湾战争的时候就签订了。

覃：使用电视音频多不多？

哈里斯：重大事件发生的时候会使用，量不大。我们还从网站上获取信息，这在前几年是不常见的。但是到现在，我们越来越愿意从网站上获取信息。

图44 FOX新闻频道

有的信源是听众打电话、发短信告诉的。尽管是听众目击的信息，我们也不把它称为用户原创信息，而把它称为用户打入电话来的原创信息。

1010 全新闻电台与全美的国家级电台也有协议，当有全国性或者国际性的信息，像来自纽约以外的信息，我们也可以从他们的信源中选取。

图 45 Accuweather 网页

正如我刚才讲的，尽管我们叫做全新闻电台，但我们所播报的内容又不仅仅是新闻，我们也会播报一些服务性的信息。对于听众来讲，也许服务性的内容更重要。而比新闻更重要的服务信息名列首位的是交通信息。我们整个新闻大楼并没有专门播报交通新闻的记者，我们是与纽约的一家公司合作。这家公司采取集中管理，向纽约市所有的电台提供同样的交通信息。尽管在 1010 全新闻电台播报新闻的间隙会插播他们所提供的交通信息，而这个播报员有的时候往往会用不同的名字。比如说是同一个人，在这个电台叫这个名字，到另外一个电台可能就用另外一个名字来播报信息。在他们这家公司，有许许多多的监控器，可以全面直观地监控到全程的交通状况。但是对于听众来讲，感觉就是有一个专门播报交通信息的记者在那里播报。比新闻更重要的排名第二位的服务性信息是天气预报。天气预报也不是由电台来播报。1010 全新闻电台与一个公司有这样的协议，而我们电台是 60 分钟播报三次天气预报，采取现场连线，进行现场播报。同样，这些播报气象信息的人员并不是 1010 的主持人，他们在 ACCU 公司进行播报，这个公司与刚才提到的交通信息公司一样，是为全国许多电台、电视台提供气象信息（图 45）。但是，由于 1010 全新闻电台是在美国纽约，处在一个比较重要的地位，我们可以做快速的现场报道。而我们不向这些公司支付现金，而是划一定的广告时段给他们，让他们在电台做广告。

财经资讯采用的也是同样的模式。财经资讯是 60 分钟播报两次。我们合作的公司叫市场观察公司，60 分钟两次直接从华尔街发出现场报道。所以，尽管你收听到各种各样不同的声音、不同的资讯，但实际上，只有主持人是在直播室里面。关于本土化的报道，1010 全新闻电台有 10 位本地记者，他们整天在外面跑新闻，5 位管白天，5 位管夜间，基本不在电台出现，电台也没有他们的办公地方，但给他们配有采访车和电脑，他们为电台提供本地的报道以及各种各样的音频，让编辑处理，这 10 个本地记者只报道纽约及周围的新闻。

覃：配直升机了吗？我看到有的电台集团配有直升机，这在美国也花不了多少钱吧？

哈里斯：我们没有。也不像云南电台有大型转播车。我们为记者提供采访车，采访车上都配有电脑，记者可以在车上制作节目直接传回电台。

覃：1010 全新闻电台的新闻有 30 秒、45 秒、1 分钟的，880 全新闻电台的新闻长一些，1 ～ 2 分钟，您有切身体会，是 880 的形式好，还是 1010 的形式好？

哈里斯：880 全新闻电台的新闻也比较简短，每条两分钟左右。但是两个电台都隶属于同一个公司，针对的目标群不同，所以还是有微小的差别。1010 全新闻电台主打市内，听众偏向年轻化；而 880 全新闻电台是针对郊区和农村，听众年龄是偏年长一些的。1010 全新闻电台受众往往是在城市里面，而 880 全新闻电台的受众主要是住在郊区。这有区隔，他们的需求是不同的。但总体上讲，更多的听众还是喜欢 1010 全新闻电台的新闻。假如你一旦开始听 880 全新闻电台的话，就会忠实地听 880 全新闻电台的新闻了。

覃：1010 全新闻电台本土化新闻究竟占了多少？服务类的信息长度是不是与新闻的长度相同？

哈里斯：关于本土新闻的比重问题，这要具体问题具体分析，这会经常变化。如果国内外没有重大事件发生，那么 1010 全部的新闻都是播报本地新闻。如果国际上发生了一些重大事件，那么本土新闻就要让位了，这时编辑要做重要决定，就是比重的调整。这就是具体问题具体分析，没有一个标准的答案。编辑每一天都要做不同的决定，到底要用多少本土或国际的新闻。有时候也会发生这样的事，就是记者出去采访本地新闻，因为国际上发生了重大事件，本土新闻要让位，没有办法播报出来，这主要是这些新闻在当时来说已经转化为次要的新闻。所以，新闻的轻和重也在变动之中。记者采写的稿件，主要是本土新闻，也有从美联社拿的通讯稿，还有一些是从报纸里面获取的本土新闻。但要重新采访，重新制作。本土新闻指的是纽约本地的新闻。如果国际上发生了大事，本地新闻就会下降到 40% ～ 60%。但我们长期有一个做法，就是国际大事稍加本土化。

覃：白天和晚上，记者都连线吗？

哈里斯：在白天的话，大概有一半的本土新闻记者都是直接连线；在深夜没有，也就是说从早上 7:00 到下午 5:00 多，进行新闻播报有半数以上都是直接进行新闻连线的。

图 46　哈里斯在云南民族村

图 47　作者（左）与哈里斯

覃：1010 新闻的速度非常快，如何处理广播和网站的更新？

哈里斯：您提到的广播播报和网站的更新，的确是非常快的。有的时候是先有网上的更新，后面才有电台播报。

覃：服务性资讯的长度有规定吗？

哈里斯：交通报道在早上和下午时间，繁忙的上下班时间最长是 1 分钟 15 秒。

覃：还有天气和财经信息呢？都是相同的吗？

哈里斯：财经 1 分钟 15 秒，天气是 1 分钟。因为我们的新闻既要快，同时又要第一手资料，这个时候往往不可能做到 100% 的准确或者说每一秒都准确。但是由于它是不断滚动的新闻，如果说你在上一档节目中说错了话，下一档节目可以更正过来，这样来保证它的准确度。当然，现在的听众也非常理解，尤其是当重大事件发生的时候，如果是第一手报道的话，不可能非常完整，非常准确，听众也能理解这一点，因为这样可以让他们非常及时地了解到这个消息，可以了解清楚。这个尤其对突发事件而言，我们对准确性要求并不是那么高。

图 48 1010WINS 全新闻电台员工休息室

覃：1010 全新闻电台的时间是以分秒计算，如何精确到每一秒钟？

哈里斯：首先涉及新闻和广告之间的切换，里面是有灵活性的。其次在服务的元素里面，像天气、交通信息必须保证每一秒准确。尤其是交通信息，确保每一秒准确，还有头条新闻滚动也是确保每一秒准确。就是每 20 秒、40 秒这种准确度是比较高的。

覃：一个全新闻电台，自身采写的稿件只有 40% 左右，是否称得上是一个全新闻电台？

哈里斯：当然算全新闻电台的类型。1010 全新闻电台会生产一些新闻，而在 1965 年成立时，有一个标语，就是告诉所有的员工：我们是从别的地方收集来的信息，然后经过加工之后，再把信息传播出去。这是一种消化的信息，再把消化的信息传递给受众。

覃：1010 和 880 同属于一个公司，资源是否共享？

哈里斯：两家电台约定：现在不要共享新闻，但是技术人员是共享的。我们之间比较抗拒这种新闻工厂似的做法，尽管有的新闻记者是为两家电台写同样的新闻，有的听众不介意，有的听众还是不愿意听到这种新闻。

覃：1010 全新闻电台（图 49）每年的成本是多少？

哈里斯：全新闻电台是比较昂贵的一种类型化电台，

1010 全新闻电台每年的成本大概是 2200 万美元。

覃： 我去年测算的是 1200 万美元左右，现在多出了 1000 万美元。

哈里斯： 但是我们还是失去了 50% 的利润空间。

覃： 有人认为华盛顿的“联邦新闻”（图 50）办得好，您认为它有哪些经验可供 1010 全新闻电台借鉴？因为他们开办的时间相对比较短。

哈里斯： 我喜欢“联邦新闻”。但是他们处在一个非常特别的位置。“联邦新闻”只能存在于首都华盛顿，很少有人去听“联邦新闻”，除了那些政府的公务员。而实际上，“联邦新闻”所播报的“联邦新闻”主要是政府、大企业之间合作的财经新闻。比如你想买波音飞机、军用坦克之类，才会听“联邦新闻”的广告。它有特定的受众群，所以比较独特。主要原因就是那些政府雇员可能会做决定：到底是买波音飞机还是买坦克等。在“联邦新闻”上做广告的广告商往往是那些需要影响到国家采购这些物资的人。我们虽然也想在纽约搞这样一个全新闻电台，但没有办法普及到华盛顿的受众人群。所以说，“联邦新闻”是处在一个非常非常独特的位置，只有那些有特别需求的人才会去听“联邦新闻”。

图 49 1010WINS 全新闻电台

图 50 作者（右 1）一行到华盛顿“联邦新闻”做田野调查

覃：它只有8万听众，但是它创造的价值是最高的。

哈里斯：就是刚才我所讲的这些原因，这个在纽约没有办法复制，我们也很希望想出一种办法来。

覃：1010全新闻电台是如何报道会议的？会议新闻多不多？

哈里斯：记者报道会议新闻，要根据当地政府是不是有重要事件，比如说选举之类来作判断。会议重要，当然要报道。如果不重要，就不去报道了。如果有重要事件，我们绝对会播这样的新闻，而且会滚动播出，比如说关于收税的新闻，或者是修改法律的新闻，尤其是涉及人类生活改变的时候，一定会播这样的新闻。我们做这种新闻有三个步骤。第一步，了解政府议题，比如说政府是否允许在城市里面养斗牛犬，在早间新闻中会说市政府将召开这样的会议，然后采访当地市民对会议有什么意见，这是第一步。第二步，中午联系现场记者，现场记者就会在市政厅现场直播开会的情况，比如现在政府官员打算投票了，然后是投票的结果，采取的是现场直播。第三步，在投票结果或者政府决定出来以后，会收集社会各界的反应和他们对此的评论，比如说养斗牛犬的人对这个结果有什么样的看法，没有养斗牛犬的人会有什么样的看法。这样三个步骤是会议新闻的标准步骤。

覃：这是贴近民生，也是在传递有用的信息。

图51 66AM电台

五、全新闻电台的口号和标志乐：品牌，品牌，受众记忆中的品牌

覃：接下来我们谈谈1010全新闻电台的口号和标志乐。我认为，朗朗上口的口号和契合电台定位的标志乐是全新闻电台成功的标志乐，它的价值是无法估量的。它不但会形成品牌的力量，影响广大受众，给受众留下记忆，还会鼓舞内部员工的士气。试想，您的口号和标志受众都能记住，并津津乐道地交谈，当您听到的时候会是什么感觉？

戈登·迈克兰顿就是美国第一批比较注意呼号和标志的广播运营商，所以他的名声很大。我收集到100多家电台的口号，有的口号容易区隔，容易记忆，很有价值。但我认为最经典的还是1010全新闻电台的口号。我在国内看到过几个版本，一个翻译为“您给我们20分钟，我们将给您整个世界"[1]，一个翻译为"给我们20分钟，我们将给您整个世界"[2]，后者又说是芝加哥WBBM-AM电台用的口号。我想，这家电台和你们是同一家公司，也可能用了你们台的口号。还有，有的译为"您给我20分钟，我告诉您整个世界"。我与一位英语教授探讨过，他赞成用后面这个翻译比较好。

哈里斯：对的。用"告诉"更加准确。从整个意义上讲，用"告诉"很有感觉和节奏，也符合声音传播的规律。

覃：还不准确。按英语翻译，应该是"您给我22分钟，我告诉您整个世界。"但你们的新闻之轴设计60分钟三个单元，一个单元20分钟。我认为，你们对受众的愿望是：大家工作很忙，如果没有时间，听1010全新闻电台20分钟就行了。所以，常用这个译文，但事实上，这是不准确的。哈里斯先生，您一定知道其中的奥秘，是什么原因？

哈里斯：当时口号是这么讲的："您给我22分钟，我告诉您整个世界"。但是实际上，新闻之轴的时间段是20分钟。其实，我们曾经历过19分钟、21分钟、22分钟、23分钟这样四个阶段。经过不断测试，最佳的是20分钟，就按20分钟一个单元设计。这个口号是以前定的，一直没有变。实际操作是20分钟。

事实上，执行起来是20分钟、20分钟、20分钟，然后中间的新闻、气象、交通等穿插起来。因为在开始做的时候已经把口号打出去了，所以沿用了这个口号，实际上现在的20分钟就是一个版块。

覃：又有一个问题：1010全新闻电台的新闻已经偏向了本土化，社区的新闻更多一些，这怎么是"告诉整个世界"呢？

哈里斯：那是我们的目标和追求，不可能做到百分之百的精确，做起来会有一些差异。"您给我22分钟，我告诉您整个世界"，因为是当初定的口号，跟历史有一定的联系。正如您所说，您只要听我们22分钟，我们就可以把您想听到的新闻都告诉您，您就不必去听其他电台的节目了。1010全新闻电台的信息量是很大的，有益的，您听了22分钟，就可以知晓天下。应该说，现在已经做到了。因为国际上的大事件，我们是从地方的角度进行报道，在这方面也探索了一些经验。另外，22分钟是通过调查，发现

图52　云南人民广播电台新闻广播透明直播间

①张彩著：《世界广播发展研究》，中国传媒大学出版社，2007年7月版。

②苏珊·泰勒·伊斯特曼、道格拉斯·A.弗格森著：《电子媒介节目设计与运营：战略与实践》（第六版），谢新洲等译，北京大学出版社，2005年9月版。

22 分钟正好是 30 分钟的节目，22 分钟是新闻资讯，8 分钟是广告或其他内容，原因就是这些。

覃：这个口号是一个经典的创意，我原先想用木头制作 100 家电台的口号，放在云南广播博物馆里面，1010 全新闻电台的口号是第一个。但我发现，世界上一些全新闻电台的口号都是模仿 1010 全新闻电台的，比如“30 分钟环游全球”“15 分钟环游全球”“一个小时走遍世界”等，像 1010 全新闻电台这样经典的口号不太多，暂时没有做。

哈里斯：云南电台新闻广播（图 52）的口号?

覃：“新闻在您耳边，世界在您眼前”。

哈里斯：这个口号也很上口。

覃：这是从去年上海世博会一个口号借鉴过来的。我们新闻广播的同行创意了六七个口号，经历了提炼、再提炼的过程。880 全新闻电台的口号?

哈里斯：他们的口号非常简单，叫“880 新闻电台”。

覃：这个口号一般化。您看，他们的口号不及你们 1010 全新闻电台，赚的钱也比 1010 全新闻电台少。世界上有些新闻电台对口号没有认真创意，影响力也就欠佳。还有的故弄玄虚，那也不好。比如：“在这里，您什么都不会错过”“头号新闻台 600koGo”等。除了全新闻电台，音乐类型化电台，有一些好的口号，像圣迭戈 FMY1-FM94.1 电台，它主打 25 ~ 54 岁的人群，播放热门成人当代金曲，口号是：“我的 80 年代，我的 90 年代，我的音乐”，有节奏的声音听起来很舒服。给人的感觉是：1010 全新闻电台的新闻很快，节奏感很强，听新闻就要听 1010 全新闻电台的新闻。你们的标志乐一个小时播几次?

哈里斯：每次打开话筒的那一刻都会播出。其他情况下，是作为背景来播报的。

覃：这个声音选得很准，与新闻台的宗旨吻合。

哈里斯：对于听众来讲，那个“噪音”代表的就是新闻。

图 53 作者在美国新闻博物馆

六、全新闻电台主播的风格：权威，友善，真实而又自然

覃：哈里斯先生，您是 1010 全新闻电台的主播，我多次听过您主持的节目，也听过其他主播的节目，我可以叫出一些主播的名字。您主持的节目，我觉得非常的自然、流畅，让人感到愉悦。接下来，请您结合自身体会，谈谈全新闻电台主播的风格。

哈里斯：我是早间新闻主播，这个问题有很多体会。我相信对于主持风格这方面的内容，尽管美国和中国的语言不一样，但是我们说话和表达方式的效果可能差不多。而且对于每一个主播来说，特别是全新闻电台的主持人风格都会有一些相同点。我认为，对于全新闻电台的主播来说，第一个特点就是必须要有权威性。也就是说，在听众看来一个主播听起来确实知道他要说什么。比如说一个主持人对着电脑屏幕说话，而突然电脑死机，或者黑屏，这个时候你要有能力把这个故事讲完整，而且听起来前因后果非常明白。如果你的电脑黑屏，你不知道要说什么话，你就不能算是权威性的主播了。一个有权威性的主持人必须要在没有电脑的情况下也能把故事讲得很完整，而且非常的地道。第二是要非常的友善。这并不是说你播出节目的时候要面带微笑，而是你的声音听上去要让人感到有亲切感。听众根本不喜欢听那些很生硬的声音，或居高临下的声音。一个全新闻电台的主持人不能够听起来让人不开心、不友善，而是听起来要很开心、很友善。还要有对话的性质，好像在家里交谈一样。就是听起来不是像一个人在跟一群人说话，而是像对您一个人在说话，就是一对一的交谈，这也就是什么叫有对话性质的全新闻电台主播。第三是必须非常的自然，非常的真实，而不像一个演员在说话。主播的声音，要像我们平常在路边碰到的人说话一般。

图 54 哈里斯在云南民族村

覃：这说起来容易，做起来难。

哈里斯：下面这些情况是一个全新闻电台的主持人千万不能有的：听起来不像平常人的一样（音频播放）。我相信，尽管您可能听不懂他在说什么，您也能听出来这个人说话像疯子一样。这种形式在 50 年前很流行，但是流行的时间不长。有的人认为用这种方式可以打动听众，让听众认为你确实对这个新闻是非常了解。但是事实上，效果是相反的，主播说话不能像疯子一样喋喋不休，没有停顿。

我要讲一个例子，是我的一个朋友，他叫 Jim Chenevy（图 55），现在是一个比较成功的主持人。他在哥伦比亚广播公司工作，因为现在网络很发达，所以我们听听他 45 分钟之前直播的一则新闻。现在就来听一段他做的直播，然后可以和刚才那个像疯子一样的主持人做一个比较（音频）。您听，他说话的方式平易近人，尽管语速比平时快一点，但这也是出于电台播新闻的考虑。

覃：真好。

哈里斯：对于主播来说，要做的一件事情就是语速稍微有一点点快，但是同时要让人觉得很正常，中间做一点儿中和，所以这就是我们说的权威性，要平易近人，要有对话性质，而且要很真实，这就是我认为在全新闻电台做主播需要的特性。

覃：您说的几个特征，如果全部都按照这样来播，会不会千篇一律？

哈里斯：在这个风格模式下，每个主播都会有一点变通。而这几个特点会让整个台的特点保持一定的稳定性，尽管有一个主持风格的模式，但是这个风格是变动的，听起来并不都是一样。我们并不需要出现这样的情况，就是说这个主持人的风格像上一个，而下一个主持人的风格听起来又像这一个，对于听众来说，这可能会变得很乏味。

覃：您说到的新闻主播好像也适合谈话类？

哈里斯：具有特质不仅仅是谈话类节目才需要，而是所有新闻类节目都需要。因为你告诉听众的是一个故事，这里面需要交流，就像你和你的朋友在传递某种信息一样。如果只是读新闻的话，那些听众是不喜欢的。我举一个例子，比如说我播一条新闻，您听到的新闻肯定不会像听到刚才那个比较生硬的播报一样，您想听到的是像 Jim 的那种形式，所以我觉得第二种形式更好。也就是具有谈话性的新闻播报。

覃：您说的这些风格是针对男性还是女性主持人？女性主持人是不是也要符合这样的风格？我们的大部分主持人都是女性。

哈里斯：那些女主持人基本也会遵从这种风格，当然有的女主持人说话会夸张一点，甚至有的女主持人会学习一些带有表演性质的播报。我们一些女主持人以前是做演员的，但是做演员并没有成功，就转到电台当主持人。有时候，因为她们曾经做过演员，所以她们主持的风格会戏剧化。这样，我们不得不提醒她们说话要正常一点。

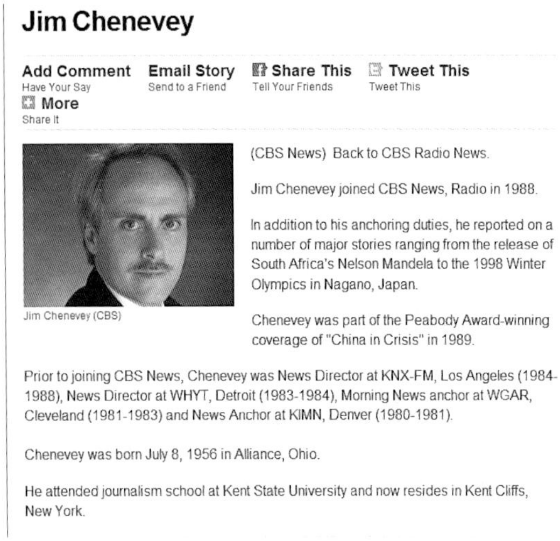

Jim Chenevey

Add Comment Have Your Say | Email Story Send to a Friend | Share This Tell Your Friends | Tweet This Tweet This | More Share It

(CBS News) Back to CBS Radio News.

Jim Chenevey joined CBS News, Radio in 1988.

In addition to his anchoring duties, he reported on a number of major stories ranging from the release of South Africa's Nelson Mandela to the 1998 Winter Olympics in Nagano, Japan.

Jim Chenevey (CBS)

Chenevey was part of the Peabody Award-winning coverage of "China in Crisis" in 1989.

Prior to joining CBS News, Chenevey was News Director at KNX-FM, Los Angeles (1984-1988), News Director at WHYT, Detroit (1983-1984), Morning News anchor at WGAR, Cleveland (1981-1983) and News Anchor at KIMN, Denver (1980-1981).

Chenevey was born July 8, 1956 in Alliance, Ohio.

He attended journalism school at Kent State University and now resides in Kent Cliffs, New York.

图 55 Jim Chenevy

七、全新闻电台新技术的发展：台网互动，媒介融合

覃：考察了“联邦新闻”，真让人感到吃惊（图 56）。他们的广播和网站已经融为一体，网站已开始盈利。这家电台大举朝新媒体融合，不但网站做得好，而且他们的触角已经伸向了手机电台、微博电台、ipad。他们与苹果公司有直接的联系，还为苹果公司提供技术服务。而更让人惊讶的是，他们已经开始手机电台互联网的规划。云科技已经向我们走来。在云科技时代，媒体大有作为，包括广播。云科技技术不是问题，内容的建设才应该高度重视。面对海量信息，面对一个又一个新技术使用的名词：模组、切割、分类，我们应该怎样立足现实，面向未来？这是我们广播人不得不思考的问题。我们有很多资源，但我们往往是一次生成、一次发布，没有学会让资源再生，这真可惜。借助于新技术，我们应该研究这方面的问题，从基础抓起，紧紧追赶高科技。

图 56 作者（右）在“联邦新闻”直播室

哈里斯：谈到新技术，我接上前面的话题。我们对付完有线电视的挑战，因特网又产生了，我们又迎来了一个竞争对手。到 20 世纪 90 年代中叶，媒体网站纷纷出现，您看，这个是 KDKA 网站的首页，这是 1962 年他们实况转播竞选总统的情况。其实，这也是一个创始人，当时多数电台没有网站，而因特网在一开始他们就有了，看起来这个网站很怪。这里面是他们新闻节目的例条，每点击一个大概可以听到两条新闻。10 年以后他们有了长足的发展，这个是 2006 年他们的一个网站，上面还有一个突发新闻的点击等。今天 KDKA.COM 网站已经不存在，为什么？这个是 CBS 的 Pittsburgh，与 CBS 旗下的网站捆绑在一起，形成了一个总的网站，称为 CBS Pittsburgh。可以说，KDKA 的标识是内藏在这个网站里面的。这是在广播电视媒介融合中出现的一个现象，当然这只是一种。这个是哥伦比亚公司在匹兹堡的做法，也是把全部捆绑在一起，然后把电台、电视台都包容进去。

覃：1010 全新闻电台技术人员有多少？

哈里斯：像您见到的那样，录音间里面没有技术人员，其他调整设备的技术人员有 12 个，是为公司下属纽约的 6 个电台服务。我们在过去的 30 年间都是主持人一个人在录音间既完成技术工作，又完成主持工作，并没有说我在

这边主持，又要一个人去那边做技术工作。

覃：网站有多少人？

哈里斯：总的网站有 15 人，1010 全新闻电台在日间有 3 人。其中 1 人专门为 1010 全新闻电台服务，其他两人既为 1010 服务，也为 880 服务，因为两个电台网站是融合在一起的。我现在就展示由 1010 全新闻电台和 880 全新闻电台融合起来的一个网站。两家隶属于同一个公司，然后整合出一个网站，又囊括了所有旗下电台的网站。虽然有的人不赞成这样做，但至少目前我们还是这样。

覃：1010 全新闻电台的记者为网站提供音频、文字、图片吗？

哈里斯：当然要提供，那是记者的一项工作。

覃：1010 全新闻电台有没有媒资库？

哈里斯：也是依靠第三方资源，由外面一家公司承担。

覃：网站盈利有多少？

哈里斯：100 万美元。我们的网站制作人（视频播放），他们坐在新闻中心的后排，在电脑前进行网站的一些维护等。他们不提供广播节目，这是工作岗位要求，所以不会为广播提供内容或信息。他们做的是向电台网站提供各种各样的内容和信息。当然，其他的一些电台，有的既向网站发送信息，也向主播播报信息。他们也与编辑进行一定的协调，来确定哪些要播报，哪些要放在网站上。这两者——广播上的播音以及网站上的内容是相辅相成的。比如报道一则犯罪新闻的时候，主播会说这个犯罪嫌疑人的照片可以在网站上看到，所以要与网站制作人员进行协调，确保他们能把犯罪嫌疑人的照片放在网站上。

图 57 哈里斯（左 2）参观云南广播博物馆

八、全新闻电台的商业模式：独立运行，分块实施

覃：我在1010全新闻电台看到，你们采编播与广告经营是分开运营的，薪酬设计也大不相同，广告经营人员采取的是提成。云南电台的采编播与经营也是分开运营，广告经营由代理公司承担。这样有一个好处，就是避免把新闻报道与广告经营混在一起，杜绝有偿新闻事件的发生，树立媒体自律的良好形象。我知道，您现在虽然是一名主播，但曾经当过一家电台的总监，对广告经营也是内行，我们就来谈谈全新闻电台的商业模式。全新闻电台在美国有13家，1010的收入是5000多万美元，“联邦新闻”是6000多万美元，其他的全新闻电台呢？

哈里斯：880全新闻电台是4900多万美元，芝加哥的全新闻电台是4000多万美元，其他的在1400万美元至1900万美元之间。880全新闻电台高一些，这里面有一个洋基棒球队的决赛，在决赛阶段广告量激增。换句话说，由于棒球队的决赛产生的广告效应可以达到1500万，所以说这个4900万不是全部来自新闻，其中有1500万是来自于球赛。

覃：我在实践中体会到，全新闻电台的商业模式与音乐电台有很大不同。全新闻电台在商业模式上，包容性较强，它不必整段整段地播出广告。而音乐电台就不行了，一首歌没有听完，谁愿意被打断听广告？还是听您讲吧，以1010全新闻电台为例，它有哪些优势？

哈里斯：全新闻电台的商业，有许多优势。第一，在全新闻电台做广告是一种非常有前景的商业模式。如果你在音乐电台做广告，很多人都会放背景音乐，广告信息就不那么突出了，听众就很容易忽略广告信息。但在全新闻电台很少有人在播新闻的时候放背景音乐，只要一打开全新闻电台，就会收听到这些广告。那些赞助商非常喜欢这种模式，也很喜欢在全新闻电台做广告。第二，在全新闻电台做广告是很有威信的，因为全新闻电台播出的内容是非常重要的，非常有质量的新闻，所以威信也是非常高的。赞助商在这里做产品广告的话，听众听起来就感觉质量比较高。第三，播放广告的时间非常多，因为全新闻电台没有那么多音乐，既然有那么多的广告，赚钱就更多。第四，全新闻电台播出的节目有各种各样的形式，这种不同形式的节目会吸引更多不一样的赞助商来投放广告。比如说他们可以在播交通新闻的时候放广告，还可以在播气象新闻的时候放广告，也可以在播体育新闻的时候放广告。第五，全新闻电台可以提供更多地在网上播放广告的方式。因为其他台的网站不如全新闻电台的网站发达。网络更好，能够提供网络广告也就更多。因为1010全新闻电台的网站是一种提供新闻信息的网站，很多受众会到网站看新闻，同时也可以看到广告。而像新闻/谈话类电台的网站，上面更多的可能是DJ的照片，播放一些歌曲，而没有实质性的内容让受众一次又一次地访问网站。

覃：您对1010全新闻电台有一种强烈的自豪感。

哈里斯：我更想与您分享的是收听率盈利比（图58）。这个表上表示的就是收听率的盈利比，也就是说一个电台听众的数量和一个电台能够赚钱的比例。您可以在这个表上看到一些美国主要的类型化电台，Power ratio的那一行数字，那个数字越大，就说明听众盈利比越高。打个比方，如活性摇滚，听众盈利比是1.22，也就是说1个点的听众能够得到1.22的经济收入；舒缓爵士乐听众盈利比在0.8，也就是1个点的听众只能得到0.8的收入。这个听众盈利比最高的是新闻类型化电台，是1.78的盈利比。1.78就是说1个点的听众可以带来1.78的经济收入，听众能够带来的经济收入是最多的，也就是1个点的听众等于1.78的收入。在市场上我们算出来一个平均数，就是全新闻电台的听众盈利比是7.78。基本上它

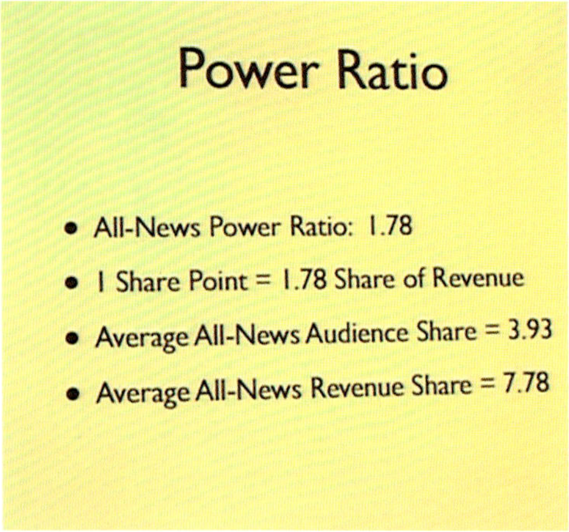

Power Ratio

- All-News Power Ratio: 1.78
- 1 Share Point = 1.78 Share of Revenue
- Average All-News Audience Share = 3.93
- Average All-News Revenue Share = 7.78

图 58 收听率盈利比

是 8% 的盈利比，算起来大约就是 1 个听众可以带来 2 点的收入。为什么 1010 全新闻电台可以带来这么高的收入，一个重要的原因就是那些广告在我们台的播出方式是不一样的。您听 1010 全新闻电台的广告会发现，我们的广告内容实际上是自己掌握的。

覃：这个听众盈利比分析得很细，很精确。

哈里斯：这个新闻之轴里面黄色的部分全部都是广告时间，在每一个广告和广告之间有新闻穿插其中，那些广告商更愿意在 1010 全新闻电台投放广告。因为，广告中间有很多间隔，而不是一个广告播很长的时间。这也就是我们台的听众盈利比高的原因之一。当然，1010 全新闻电台做广告并不都是阳光普照，有些时候也是阴雨绵绵。

覃：这很正常。市场本身波澜起伏，你怎么知道什么时候出现经济危机?

哈里斯：1010 全新闻电台商业最大的劣势第一就是价格昂贵。在我们台投放广告会需要非常多的市场调研、非常多的市场资源。第二个是投放广告的基础设施要很多年才会建好。如果是音乐台的话，做音

图 59 WTOP 电台网页
http://www.wtop.com/

图 60 680NEWS 全新闻电台网页 http://www.680news.com/

乐的广告可能很快就会流行，而全新闻电台要到几年以后，有了几年的累积才会收到很好的效果。第三是，广告的效果和新闻播出的内容是紧密相连的，如果这个新闻很有趣，那么听众盈利比就很高，如果这个新闻没有意义，那么收听人数就很少，盈利比就很低。但是，我们没有办法去调控新闻事件的发生，让新闻事件随着我们转。第四是，听众年龄比较老。那些广告投资商可能会倾向于把广告投向比较年轻的听众，投向听众比较年轻的电台。

覃：劣势有时候又会变成优势，两者是可能互相转化的。

哈里斯：尽管有些劣势，但全新闻电台还是有非常好的例子。这个例子就是 WTOP 电台（图 59）。WTOP 地处华盛顿，这个台在全美所有的电台中盈利是最高的。十分值得一提的是，因为它并不是在一个很大的城市，华盛顿特区是美国的第九大城市，而这个电台能够取得这么高的效益，它是有些违反常规的。WTOP 电台在 2010 年赚了 5722 万美元，如果算上他们在网络上销售的盈利，整个 2010 年的收入大概是 6000 万美元。他们所占的听众是整个市场的 10%。尽管他们在华盛顿只占了 10% 的听众比，可是他们却创造了 22% 的收入，也就是说在华盛顿地区，他们的收入是所有电台收入的 22%，所以，这个 WTOP FM 是整个全新闻电台非常惊人的例子。

全新闻电台获得这么高的广告收益，也许有人会问：他们到底在卖什么？是卖广告空间和广告时间吗？不是。我们对广告商说，我们为你们商业上的难题提供切实可行的解决方案。这就站在了一个高度，广告商会乐于接受。第二，我们还告诉广告商，电台卖给你的是我们的听众，同时卖的也是信息传递的一种好的方式。当然，这样的信息往往是广告商的产品信息及服务信息。但同时我们卖的也是更好的信息传播环境，因为全新闻电台在听众中的威信是非常高的。

覃：您说这些，让我想起在广告与新闻的衔接上，加拿大多伦多市 680 全新闻电台做得也比较好。

哈里斯：是的，在全新闻电台中，它做得非常好。加拿大多伦多 680 全新闻电台的口号是："我们一小时有 60 分钟的新闻与信息"（图 60）。有人可能会问：60 分钟的新闻与信息，广告放在哪里？事实上，他们每个小时是 12 分钟的广告时间，但他们对所有的广告都有非常高的要求：这些广告要适合新闻内容和播出方式。当一个广告在 680 全新闻电台播出的时候，他们就会要求广告商：你们不能只简单地做产品广告，必须提供产品更多的信息。比如卖车，你不能说我这里有车卖就可以了，还要跟听众介绍这个车有什么样的特性，有什么样的好处，为什么要买这个车。有了这些限制和要求，680全新闻电台可以毫无顾忌地说，他们确实是60分钟的新闻和信息，因为他们提供了足够的信息。

作为一个AM电台，680全新闻电台的这种商业模式是非常成功的，他们在550万人口的市场中，有350万的市场收听率，这也是一个运营的非常好的全新闻电台。

覃：言归正传，我们还是回到1010全新闻电台吧。

哈里斯：那我们看一下在1010全新闻电台播出广告的方式，这些播出方式、步骤和其他电台也是一样的。我们把广告的基本来源分成四个部分：地方性广告，全国性广告，零售性广告，数码平台广告。这个图表就是我们的广告来源。从图上可以看到，60%是地方性广告，这是最大的广告来源；第二个是24%，也就是零售性的广告；第三个15%是全国性的广告；第四个数码性的广告只有1%。我们所提到的地方性广告，是广告商做得非常有经验的广告，他们在很多电台上做广告，提供广告不是一对一而是由第三方（广告公司）专门来为他们做广告。15%的全国性广告，投放商一般是全国性的公司，他们在全国很多地方都会做广告。比如说可口可乐公司或者本田公司。零售广告商是现在增长最快的一部分，零售广告商一般来说是相对比较小的广告商，而且没有第三方参与，也就不会用广告公司来为他们做广告。争取这样的广告商，一般是1010全新闻电台广告经营人员逐门逐户敲门，广告经营人员很值得敬佩。下面是数码性广告，也就是网站上的广告，占到1%。一般数码性的广告会在网上做，或者是提供一些音频的广告，也就是在网站上做的音频广告，或者是流媒体的广告，并不是在直播间做的。

覃：我们在谈到1010组织架构的时候，我很想请您绘一个组织架构图，但你们就是一个新闻主管对55名主播、编辑、记者，这个组织架构图就比较简单了。我用了一句话，叫一将当关，重兵把守，就像军队守城门一样。将军守在最关键的位置，一线指挥，四周布满重兵，以防各个击破。你们的新闻和广告经营是分开运行的，有没有组织结构图？

哈里斯：有（图61）。在这个组织结构图的最上方是总经理，这个总经理一般是管理所有的经理：地方性销售经理，全国市场的销售经理，数码营销的销售经理，还有一个零售性的市场销售经理，他直接向地方销售经理负责。其实最大的是总经理，下面所有的经理包括销售总经理都要向最大的总经理负责。

图61 销售经理组织结构图

覃：那您就介绍一下他们的职责。

哈里斯：第一个销售总经理职责之一就是管理所有的销售经理。他会为下面的一些销售经理制订预算，而且规定每年必须完成多少任务量，还会管理下面销售人员的培养，研究一些销售策略。他对广告的最终售价有最终决定权，可以决定这个广告最终可以卖多少钱。他会跟那些广告赞助商不停地讨价还价，那些赞助商肯定要求低价、低价，而我们的销售商肯定要求更高的价钱。销售总经理还要协调在各个不同平台上播放的广告，比如说有的广告可能在数码平台上更合适，有的则放在别的平台上可能更佳。

在这个屏幕上，是我们集团公司纽约的 6 个电台，包括网站，如果有一个广告销售总经理会觉得不太适合 1010 全新闻电台，就会把这个广告放到别的电台去。只要这个广告最终是在我们集团公司的电台，那就觉得没有关系。

覃：只要钱进入集团董事长的钱袋子就行了。但台与台之间薪酬是与总收入挂钩的啊。

哈里斯：是的，但那是另外一个话题。地方销售经理的职责之一就是管理比较大的广告销售商。在他下面有很多客户经理，他会为每个客户经理制订销售目标，要求每个月或者每年拉到多少广告。他还会负责雇佣那些客户经理或者是炒掉客户经理，所以他的工作是非常有争议的，而且工作也是很艰难的。他还会负责地方市场的量化研究，以保证每个销售经理能够拉到足够的广告资源，并且提供一些得到广告资源的机会。地方性销售经理对广告的定价和包装有最初的决定权，然后把定价报告给总经理，很多人觉得为广告定价是电台中做广告最重要的一个步骤，当然这并不是最高级别的。

销售广告的零售经理要做的事情就是管理新来的新客户经理，他们刚刚大学毕业，或者从别的职位跳槽过来。在图上您看到这个年轻女士正在敲门，她就是客户经理所要做的事情，也就是逐门逐户敲开人家的门，然后面对面交流，让广告商买我们的广告。其实在一些客户里面，最大的一群人是那些从来没有想到在电台做广告的广告商，有时候我们会把负责零售营销的客户经理叫作战斧式的销售经理。他们做的广告我们经常会在午夜播放，这个时候正常的人都睡了，“不太正常”的人还没有睡，这个时候就播那些广告，他们还会为那些广告付钱。因为，我们的那些零售广告赞助商很可能没有经验，零售经理要做很多的报告，让广告商知道我们在播什么，让你受益。这就是我说的广告零售经理所要做的事，他们一般是面对那些不通过广告公司来做广告的，而且是非传统的赞助商，广告零售经理会为他们定可能达到的营销的数目。他们为客户经理设定预算和未来可能的销售目标。他们可能对客户经理说，这一周我需要你拜访 25 个赞助商，拜访每个赞助商都要写一个报告，然后你要告诉我，你怎么样让这些潜在的广告商在电台做广告。

覃：客户经理处在第一线，工作很艰难。但他们会受到磨炼，从而积累经验。

哈里斯：负责全国市场的客户经理，他们面对的广告商一般都是全国性的大公司，比如说可口可乐。他们可能随便投入一个广告就是几百万的费用，在我们集团纽约的 6 个电台已经有一个负责全国市场的客户经理了，他会决定全国性的广告在哪个台播出比较合适。有时候，在别的城市也会有类似的工作。有可能这个全国市场客户经理会觉得可口可乐的广告不适合在纽约播报，他会把这个广告放在芝加哥的电台播放，只要把这个广告保留在集团内部就可以了。负责全国市场客户经理还要协调数码营销和在网站上面卖的广告，因为很多大的广告商，不仅要在电台听到广告，还要在相应的电台网站上面看到类似的广告。所以，全国市场经理也要协调数码营销和电子商务的有关事务。

数码营销经理，这是几年前才有的一个岗位。不过这个职位是非常重要的。他会花很多时间每天坐在电脑前，从早上到晚上，从春天到秋天，做的工作就是怎样在网上赚钱，而他的工作和广播里的广告是完全不同的，他要为整体服务，就是为 6 个电台服务，而不只为 1010 全新闻电台服务。他做的工作就是发展一些严格意义上的数码营销。也就是说，这个广告怎么样才适合在网站播出，而不是去关注那些在直播间里做的广告。他要做的还有一件事，就是寻找快速发展的机遇，看网络上有一些什么新的形式可以赚钱，比如说社交媒体可以赚钱，他就要抓住机遇。所以数码营销经理比较有远见，能够发现新的机遇。

覃：我们云南省是中国西部一个经济欠发达的省份，自然风光优美，人也厚道，但是经济赶不上东部沿海发达地区。云南的网民也不少，但广播网站还没有盈利，也没有数码营销经理。不过，找到了差距，我们会迎头赶上。

图 62 作者（左）与哈里斯在云南民族村

哈里斯：如何销售广告，如何让广告赞助商来购买广告，就要使用市场占有率调查。我们没有用阿比创的数据，我们用的是 TVW 的数据。那么 PPM 做出的结果是有多大的收听率，然后决定广告要收多少钱。现在这个表是用 PPM 做出来的在一周之内所有收听率的调查。当然，这个表有很多数据，作为一个负责电台商务运作的人就会挑出最高最有利的数据，然后告诉广告商说我们的电台是最有优势的。如果做了足够的定性研究和定量研究，就会从阿比创研究里面得出非常有用的数据。

覃：您举一个例子，如何？

哈里斯：那我讲我们把美国航空公司拉进电台的一个市场调查，这个表的数据有一部分是来自阿比创调查公司（图 63），另外一部分是来自斯波诺的调查数据。把这些数据连在一起看，就会发现，在所有的 AM 类型化电台里面，1010 全新闻电台有那些为了商业目的而乘坐美国航空公司客机的乘客有最高的收听率。这样一个案例是很经典的。

图 63 阿比创调查公司标识

有时候，为了让广告赞助商来购买我们的广告，我们会做一些相关的专题报道，但也比较短，并不破坏 1010 的风格。比如说，我们要一个技术相关领域的公司来做广告，我们就会做一个有关电脑专题的报道，并安排在恰当的位置。

其实我们的另一个劣势就是时间是有限的，每一分钟只有 60 秒，1 小时也只有 60 分钟，那么你在每一天播出的广告时间是有限的。所以我们想找一种方式，怎样不在电台播出广告，并且还能够通过广告盈利的方式。我们想了一个办法，是最近才研发出来的，叫作“伯洛夫商务早餐”。在这个商务早餐会里面，邀请一些专家或者一些小的赞助商、小的企业管理者。然后，专家与赞助商交流，我们向这些赞助商收取费用，每位大概 40 ~ 60 美元，这个也是一种盈利方式。每一次开商务早餐会，大概会盈利 25 万美元，这 25 万美元根本不会占用电台广播的时间。还会请一些有影响力的人来参加这种早餐会，因为赞助商要通过这个早餐会来认识更多的人。举一个例子，我曾经拥有一家电台公司，在威斯康星，我每个春天都会搞一个农场秀，在农场秀里面为赞助商搭建广告的卖场，每次是 1000 美元。

如果你参加这个农场秀，你买了一个卖场的话，拥有50次播广告的机会。有的广告赞助商仅仅是喜欢在农场秀里面放“卖场”，所以在电台播广告的50次机会就放弃了。这个例子说明，电台可以利用一些节日或者重大事件做营销，收取一些费用，这些费用不需要通过广播直播来播广告。

覃：我收听1010节目的时候，计算过广告时间，长的1分钟，短的30秒、15秒不等。你们对广告的长度有规定吗？一个小时的广告是不是12～18分钟？

哈里斯：我们标准化的广告是60秒一则，也有短的广告，大概5秒一则，当然有的时候也会有20～30秒的广告，但大部分是60秒。以前法律规定1小时14分钟广告，后来这个法律被取消了。

从法律的角度来讲，对广告播出的数量并没有任何限制，但是从实际操作的情况来看，确实不能播出太多的广告。如果广告数量太多，人们就不大愿意去听你的节目了。所以，由于我们节目类型化的限制，每小时的广告时间是20分钟。我个人认为，一个小时12分钟的广告比较合适。

覃：我研究过，世界上的全新闻电台，广告时间一般在12～20分钟。

哈里斯：我们的广告大部分是广告公司做的，大概占70%～80%。广告经营部门只有一个人自己创意广告。我们现在还有一个人做的是非创意性的广告：只有主持人说话。也就是说主持人在播出的时候，顺便说出这句话，包括我在内也做这样的广告。我下班时会录两到三条非创意性的广告，我们把它叫作只说话、没有音乐、通过主持人念出来的广告。在以前，我们做这种非创意性的广告其实是现场播出的，而不是录下来的。现在有一个团队负责广告，所以只需要录下来就可以了。

覃：主播们制作广告要付费吗？

哈里斯：内部员工制作广告是不支付费用的，除非客户点名。客户点名就要支付费用，一条700美元左右。

覃：我在研究类型化电台的时候发现，有的电台为了吸引受众，有时把广告集中在一起，但这种效果不好。有的电台则是分散在各个时段，吸引更多的受众。

哈里斯：我们也有这样的情况，到了半点或者整点的时候，一播收听率就会下降。我们也有一些办法：如只放一条广告，然后就播新闻。如果后面还有第二条和第三条，听众就会意识到这是广告时间了。所以我们现在做的是等到听众意识到是在播广告的时候，广告已经快播完了。然后，我们马上就播新闻了，我们也避免把广告做得太像节目，

图64 1010WINS全新闻电台一角

图 65 1010WINS 全新闻电台一角

图 66 1010WINS 全新闻电台一角

规定不能把广告和节目做的一模一样。我们还有一个免责声明，说明这些广告不代表我们台的广告立场。我们也会避免广告商故意把广告做的和节目一样。比如说，他们在节目当中放背景音乐，有点像现场直播。

覃：您当主播本来就忙，有时候要录制非创意广告，还要接待来自国内外的同仁，工作真是辛苦。

哈里斯：我非常喜欢广播这项职业，我觉得我根本不是在工作，而是一种乐趣。如果不能在广播电台做一些贡献的话，我会觉得很难过。有些时候，我会在电台工作更长的时间，就算电台不付给我工资，我也乐意工作，但不会在早上 3 点钟起来工作，周末还是愿意加班的。

覃：我在美国考察了 20 多家电台。我发现，你们那里广播人的年龄普遍比我们电台同行的年龄大。当然，也可能是这几年我们台退休的人要多一些。在美国，这是不是一个普遍现象？

哈里斯：现在在美国电台从业的人比以前要老很多，以前 20 多岁的人就会当主播，有的甚至是那些未成年人。现在在电台工作的大部分员工年龄在 40 ~ 50 岁。我觉得在我们1010全新闻电台我还是很年轻的，尽管我已经53岁。但与84岁的布鲁克斯相比，年轻多了。他现在每周工作5天，每天8小时。如果有一天接到电话，听到他过世的消息的话，我会觉得很吃惊，也很难过。因为我们觉得他会为广播而奉献终生，这是很难得的。

覃：旺季和淡季如何决定广告的价格？

哈里斯：因为我们广告会设定一个费用，比如说我们一天可以播 100 条广告，但有 500 个广告商竞争，我们就会提高广告价格，只有肯出高价的广告商才会采用。如果说在广告淡季，来投我们广告的人比较少，我们相对应的就会减少广告费用，以吸引广告商投放广告。这是：需求决定广告的价格。

覃：1010 全新闻电台的广告收入在全美排名第几位？

哈里斯：排名第三。第一名是华盛顿的“联邦新闻”，因为他们的受众是联邦雇员，连军用飞机的广告都有，您听说过吗？

覃：每个小时的广告有多少插口？

哈里斯：一个小时 20 次插口，一个小时有 20 分钟的广告。

覃：什么类型的广告多？

哈里斯：一是汽车类型，二是医疗和医院方面的类型。

覃：医疗广告的长度是多少？

哈里斯：60 秒以内。

覃：CBS 集团公司（图 67）在纽约市有 6 家电台，6 个电台有各自的经营队伍，相互之间肯定会有竞争，存不存在滥价的情况?

哈里斯：前面我谈过，每支经营队伍都有地区性的销售、零售和数码销售，这三个方面肯定有竞争。但全国性的销售是一个总经理对外，不存在竞争。每个台每年定有指标，任务不停地上涨，不会滥价。

1010 全新闻电台因为名声很大，销售人员不会做品牌推广，他们只在 CBS 集团下属的电视、网络上做相应的推广。但 3 个音乐台就要做品牌推广了，因为他们的名气没有 1010 全新闻电台大，3 个台一年收入 4000 多万美元，体育台要好得多，因为他们使用体育明星当主持人，一年收入是 5000 多万美元，但它付给体育明星主持人的薪酬也非常之高，花费巨大。

CBS 在纽约的 6 个台 2010 年广告收入为 2 亿多美元，净利 1 亿美元左右，是现金。

覃：广告经营人员的工资福利怎么支付?

哈里斯：广告销售人员的压力比较大，因为每年的任务都在增加。主播、编辑、记者按岗位有固定工资，广告销售人员没有，他们靠广告提成，提成比例为 6% ~ 20% 左右，按行业区分，行业不同，比例就不同。

覃：这意味着，销售人员之间的薪酬差距也很大。

哈里斯：是。

图 67 CBS 办公大楼

九、全新闻电台的未来：道路更宽阔，前景更美好

覃：我们就全新闻电台进行了诸方面的剖析，看似天南海北，实则联系紧密。目的就一个：立足主战场，打好主动仗。总结 1010 全新闻电台也包括世界其他全新闻电台的经验，我看主要有这么几条。一是依据受众调查，准确定位，使节目满足受众的需求；二是节目编排要符合受众听的规律，时段以 15 分、20 分、30 分为佳，20 分最佳，单条消息最好在 1 分钟以内；三是内容的一致性，就是要选择对更多的受众有用的新闻资讯；四是口号要响亮，要有品牌价值；五是广告要简短，不能让听众厌烦；六是播出的声音要丰富，一个单元要有多种声音呈现，而不能由

图 68 云南人民广播电台透明直播间

图 69 Iphone 上的 WTOP 网页

主播一播到底；七是管理要高效，最大限度减少层级设置，要大量使用经验丰富的主播、编辑、记者；八是直播室（图 68）的设置要符合广播直播的规律，能快速运转；九是面对新形势、新技术，要进行相应的战略调整等。这些，代表的都是过去，而我想，我们更应该关注的是未来。

哈里斯：展望未来，道路更宽阔，前景更美好。去年在俄罗斯诞生的全新闻电台，采用的完全是 1010 的模式，运营不错，这说明了现在的全新闻电台的状况。当然，目前还有别的挑战，过去是从音乐台、新闻台获得音乐和新闻的声音，现在有更多的手段可以获得新闻和音乐。WTOP 去年来自新媒体的收入 300 万美元左右，但他们还在大规模发展 FM，原因是他们去年的收入排在全美第一位。这个在美国的首都华盛顿。华盛顿在媒体市场来说并不算最大，处于第九位，最大的市场是在纽约。在华盛顿的广播里有 44% 的收入归 WTOP，WTOP 在新媒体的发展方面也是非常好，这个是 iphone 手机的业务功能，上面有实况的气象情况、交通情况等，他们的交通信息是极好的卖点（图 69）。

总结未来是什么？电台是科技的产物，那科技对于电台的未来又有什么影响，它有什么发展趋势？我想回答的是，不管是老技术还是新技术，从受众收听广播的角度来看，依然是一个主持人与受众一个人之间的对话，这个模式依然不会改变。从这点出发，主持人的交际能力，主持人说话充满人性、充满个性，让受众愉悦是很重要的。而你的对象是一个人，你用人性的方法去面对一个人，这个是高科技怎么也取代不了的。

覃：面对新媒体，美国有的专家预言，广播天线、铁塔（图 70）将在 10 年以后消失。这使我想到，广播曲折前行，是在预言中成长。20 世纪 20 年代后期有声电影问世，20 世纪 40 年代电视的到来，有人预言：广播的末日到了；20 世纪 80 年代音乐电视的诞生，20 世纪 90 年代因特网的繁荣，有人又预言：广播将消亡。但现实情况是，面对磁带录音机、CD 播放器、Mp3、电视、有线电视网络、电影等媒体以及音乐会、戏剧娱乐节目争夺听众，广播依然充满了活力，在众多媒体中屹立不倒。这是什么原因？这是广播的特性所决定的。广播的特性决定了其他媒体不可能代替。广播与高科技天然契合：比如，一条消息 3 ~ 4 句话，非常简练，这比较符合开办微博电台、手机电台。如果我们在手机上设计漫话新闻，一条新闻一句话，加一幅漫画，这很适合手机电台来做。广播是人类移动传播的媒体：人类移动靠的是声音，而不是靠图像和文字。比如，你能拿着电视、ipad 走路吗？不能。我们合资了一个公司，是图文广播，但终端设备比手机大，又只能算一个补充屏，我预测前景不会太好。广播是报道重大突发灾难最适用的媒体：如大地震，停了电，你能看电视吗？不能，只能靠广播。广播是中老年人最喜欢的媒体：即使现在的年轻人，到了中年、老年，他的视力下降，可能就要听广播了。广播是最适合报道新闻的媒体：因为它快捷。广播是播放音乐最佳的媒体：因为它有专业的团队来做等等。这些特性表明，广播不可能消亡。

面对未来，广播人应该关注什么呢？除了上面说的特性，一是广播物联网。因为，这个市场太大了。二是云科技与广播的结合。比如，我们即便有了媒资库，但媒资库的内容不能调用，那这样的媒资库要资源再生，就非常困难；如果已经分类，已经模组化，点一下就能使用，那么，我们办 100 个电台、1000 个电台就很容易。当然，这要付出艰巨的努力，还需要大批优秀的广播人才——像您、您的同事布鲁克斯、您的老朋友——芝加哥 107.7，98.1，1250 电台执行总经理布莱恩·凯利（Brian Kelly），这样一大批忠诚广播事业，愿为广播奋斗终生而专业水准又很高的人。

哈里斯：谢谢您的赞扬。

覃：好，我们的对话就到这里。占用了您 8 天时间，非常感谢！

（原载《中国广播报》2011年5月11日总第200期）

图 70 云南人民广播电台架设在梁王山上的铁塔

图 71 作者在美国新闻博物馆调研

05

关于公共全新闻电台的中法对话
——以法兰西新闻台为例

A Sino-French dialog on all-news public radio
——A case study of French-Info

图 1　作者（右）与法国国家广播电台副台长阿兰·马赛（左）

全新闻电台起源于美国，但现在世界上不少国家和地区都开办了全新闻电台。加拿大、澳大利亚、俄罗斯以及我国的台湾地区，基本上是复制美国哥伦比亚广播公司纽约市1010全新闻电台的模式，只根据国情省情做局部调整。而法国不同，由于这个国家排斥美国文化的“过分渗入”，他们的全新闻电台既不承认复制了1010全新闻电台的模式，也不称“全新闻电台”，而是称“法兰西新闻台”“法国资讯新闻台”“全时新闻台”等。但事实上，它是一家标准的全新闻电台。

2012年1月5日至17日，我率云南人民广播电台访问团一行6人到法国访问，于1月11日到法国广播电台参观，与副台长阿兰·马赛（Alain Masse 图1）、法兰西新闻台秘书长布卢纳·德纳斯（Bruno Denaes）进行了学术交流。之后，我通过电子邮件，又与他俩进行了广泛探讨。2013年6月，我与他俩再度进行了电子邮件交流。

1945年，法国国家广播电台（即法国广播电台、法国广播公司 Radio France，简称RF）成立（图2，3）。1987年6月，法兰西新闻台诞生，它被称为是欧洲第一家新闻电台。但是，它比美国1010全新闻电台晚22年。法兰西新闻台是怎样进行节目编排和运营的？百闻不如一见，我们的对话就在法国广播电台展开。

图2 法国国家广播电台大楼

一、全新闻台的体制：既有商业性质，又有公共服务

覃信刚（以下简称覃）：阿兰·马赛副台长，你们这幢巨大的圆形办公楼真是气派，塞纳河尽收眼底，让人感到震惊又无不嫉妒。这展现了法国公共广播电台的硬实力，这种硬实力透露出广播的巨大力量，这种力量只有公共广播才能做到。当然，如果强大的硬实力再加上强大的软实力，那广播的力量则会更加强大。

阿兰·马赛（以下简称马赛）：我们法国电台的广播大楼是在戴高乐时代修建的，整整用了13年时间。落成时戴高乐总统亲临剪彩。在法国历史上，戴高乐和密特朗是比较重视广播媒体的总统，戴高乐推动了公共广播的发展，密特朗强化了对广播电台的监管，建立了最高视听委员会，并推动了广播双轨制的发展。

覃：双轨制带来了什么？

马赛：商业电台对公共广播带来了强烈竞争和压力。

图3 法国国家广播电台标识的演变

图 4 作者（右）与迪耶·阿龙先生（左）

图 5　卢森堡电台网页 来源：http://rtl.lu/home/

覃：这座广播大楼有多少办公室？

马赛：1000 多间。

覃：录音棚呢？

马赛：大小 60 多个。

覃：法兰西新闻台的人员全在这里办公？

马赛：全在，但现在正在装修。

覃：云南人民广播电台有一座博物馆，我们来访的目的也想看看你们的广播博物馆，什么时候能够装修好？两家广播博物馆可以建立友好关系。

马赛：2016 年。装修完工后，我们准备把戴高乐将军在第二次世界大战时宣布开战的播音间从 BBC 搬来，完整地在博物馆里展出，我也会先给您博物馆的资料。

覃：这会让听众全方位了解全新闻电台。我们刚刚访问了法国最高视听委员会，负责广播监管的电台部主任、节目指导迪耶·阿龙先生（图 4）认为，法兰西新闻台是公信力比较高的电台。他说："是没有人怀疑的电台。"我觉得，这样的评价体现了法兰西新闻台的权威性，听众参观广播博物馆也可以感受到。

马赛：是的。但我们面临商业电台强有力的竞争。

覃：在法国，有哪些电台是法兰西新闻台的竞争对手？

马赛：卢森堡电台，它就是一家商业电台（图 5）。

覃：迪耶·阿龙先生说办得最好的是法兰西新闻台，经营收入最高的是卢森堡电台。这说明，商业性质的卢森堡电台很有竞争力。

马赛：法国国家广播电台是一个非常大的公共广播机构，节目制作能力也很强，但广告经营有限制。1944 年，巴黎解放，戴高乐政府下令接管了所有的私营电台，政府对广播事业进行了经营。1945 年，法国广播公司（即法国国家广播电台，简称 RF）正式成立。法国公共广播事业迅速发展壮大，到 20 世纪 50 年代已经具备了相当大的规模，在全国建成了四个广播网，覆盖全国 98% 的人口，收音机基本上实现了普及。现在，法国广播电台负责的是国内的广播，下属有 7 个电台。其中，有 6 家电台在巴黎，听众人数最多。

覃：我看过密特朗总统的回忆录，密特朗推动了广播双轨制的发展。现在，商业电台与公共广播谁影响更大？

马赛：公共广播。

覃：法国最高视听委员会的电台部主任、节目指导迪耶·阿龙先生告诉我们，法国现在有4737家电台，公共电台有2500余家，远远多于商业电台。法国有6000多万人口，电台4737家，这么多的电台，可以使广播无处不在。但带来的问题是：经费充足吗？法国广播电台现在有多少员工，每年有多少预算？

马赛：现在是4000多人，其中1000多人分布在全国各地的中小城市，经费是3亿欧元。

覃：法国广播电台下属的七个台都是公共电台吗？

马赛：全是。我先把法国广播电台的下属电台作一个介绍，要涉及法兰西新闻台，也有其他的电台。这样可供您全面了解法兰西新闻台。先说说标识，有两种颜色，四方形，分别代表了国家电台和下属电台（图6，7，8）。

法国国内台（Fran Celnter），这是它的标识。它是员工最多的台，有450人，也是法国听众最多的电台，有10%的听众每天要收听这个台4至5个小时以上的节目，内容比较多，有新闻、体育、音乐、戏剧、气象、交通等，面向全国24小时播出，在全国各个地方都能收听到。

法国新闻台（France Lenfo），这是它的标识。它有250名员工，这个台全部是新闻资讯，全天24小时面向全国滚动播出，独一无二，它在法国有9%的听众，影响力广泛，有很高的公信力。

覃：这很不容易。要做到影响力广泛、有很高的公信力，起码要做到五条。第一，每天24小时对新闻事件进行真实的、全面的、客观的报道。第二，要注意各族各界包括社会各个利益集团之间的平衡。第三，要实施有效的舆论监督，使电台成为批评的论坛。第四，当天的信息应当天播出，让受众能享受到知情权。第五，要起到教育的作用。法兰西新闻台做到了，这是全新闻电台的力量。你们国内台实际上是一个新闻综合台，员工差不多多出了一倍，法国新闻台实质上是一个全新闻电台。

马赛：法国蓝色台（France Blue），这是它的标识。这个台面向全国24小时播出，节目主要是国际新闻、国内新闻，侧重于当地的社会新闻，它在全国有43个节目，主要节目不是国际方面的内容，而是当地的内容。

覃：它是老龄电台吗？我国有的大学教授介绍，说它是一家老龄化的电台。

马赛：不是。应该说它是当地城市加上法兰西节目，还有专题节目，大学的电台也是它的分台，听众占7%。

图6 作者一行与阿兰·马赛做学术交流

图7 阿兰·马赛介绍法国国家广播电台标识

图8 法国国家广播电台标识

图 9 法国文化台（France Culture）标识

图 10 法国音乐台（France Mosiques）标识

图 11 法国巴黎电台（Fip）标识

图 12 法国 Mouv（Lemouv）电台标识

法国文化台（France Culture），这是它的标识（图 9）。主要播出文化记录方面的节目，它与法国音乐电台相互合作，相互补充。

法国音乐台（France Mosiques），这是它的标识（图 10），面向全国 24 小时播出，主要内容为古典音乐、现代音乐、爵士乐等，与文化台相互配合。

法国巴黎电台（Fip），这是它的标识（图 11）。面向全国主要城市如巴黎、马赛、里昂等播出，内容主要是音乐，我们称之为音乐广场，也插播简短的新闻信息、交通信息和天气预报。

Mouv（Lemouv）电台，这是它的标识（图 12），主要面向青少年播出他们喜爱的节目。

另外，还有数码电台，它可以精确定位车辆位置的交通状况，听众可以听到云南电台的节目，也可以听到当地社区的内容。它是在原有电台基础上改造而来，不是原有的网络，是一种新的形式，内容更具丰富性。

覃： 刚才您介绍了法国广播电台的所有电台，分类清晰，定位准确，让我们知道了法国广播电台的情况，也看到了法兰西新闻台在这个格局中的地位。总的看，全新闻台的公信力比较高，与新闻综合台差不多，但新闻综合台开办的时间要长。

马赛： 法国听众很喜欢听法兰西新闻台，因为它主打的全是新闻。

覃： 需要新闻是人们的基本权利，这种需要，不是某个人，某个群体，而是人们普遍的需要。开办法兰西新闻台，我想也是为了满足法国听众普遍的需要。同时，它也保持了广播新闻传播的优势。法兰西新闻台实际上就是一家全新闻电台。现在在世界上，美国、加拿大、澳大利亚、俄罗斯等国家的全新闻电台采取的是商业体制，你们和英国等采取公共广播体制。这说明，广播有双重属性，全新闻电台既可以走商业路径，也可以采取公共服务运行。并不是说，广播有商业属性，全新闻电台就一定都采取商业体制；也不是说，广播有公共服务功能，就全部都要采取公共广播。至于公共服务的应急体制，也可以在商业电台实施。

二、法兰西新闻台的组织架构：分门别类，管理有序

覃： 我详细研究和考察了商业全新闻电台的管理，包括他们的组织架构，员工构成状况，目的是想与公共全新闻电台做一个比较，法兰西新闻台的组织架构是一个什么样?

马赛： 台长由法国广播电台台长任命，他是记者出身，原来

是主编。新闻台还有 2 位副台长，1 位秘书长，12 位主编，1 位多媒体主编。国内台有 450 名员工，新闻台有 250 名员工，设置有各种各样的部门：负责新闻的、负责采访的、负责多媒体的等等。新闻台的具体情况，布鲁诺·德纳斯秘书长比我更清楚。

覃：布鲁诺·德纳斯秘书长，那请您具体谈谈法兰西新闻台的组织架构和管理。（图 13）

布鲁诺·德纳斯（以下简称德纳斯）：我们的采编人员没有国内台多，但听众规模只差他们 1%。（图 14）

覃：美国纽约市 1010 全新闻电台的员工是 55 人，不包括股市、气象、交通和广告方面的人员。如果把这些人加在一起，应该是 140 人左右，但他们不是全国性的电台，是一个大都市电台，主打的地区是都市，放弃了都市的郊区。

德纳斯：谈到管理，我给您看一张组织架构图（展示），这张图展现的非常清楚。（图 15）

覃：人员怎么布局？

德纳斯：上面这一栏是台长、秘书。我们的台长是菲利普·夏方戎。第二栏的四个长框，第一个是秘书长，就是本人；第二个是负责管理的副台长：让·杰哈德霍比兹；第三个是负责编辑的副台长弗朗西·狄斯克韦琪；第四个是频道的负责人。

接下来，中间这四个长形的小框，分为行政、编辑助理，听众热线。第二排依次是专栏主编、文化专家、多媒体、科技等。第三栏依次是主编（包括清晨、白天、晚上），处理节目单的编辑、编辑、秘书以及联络员等。第四栏是主播，上面排列了 31 位，然后还有一位浏览员。第五栏是新闻的分类：包括时政新闻、国际新闻、财经新闻、新闻调查、体育新闻。第六栏是多媒体编辑，包括主编、多媒体负责人、公关指导、新闻协调员、合作关系、公关负责人以及技术负责人等等。岗位和有关人员都列在了上面，每天的工作一目了然。（图 16，17）

覃：法兰西新闻台职责分明，管理精细。从这张表中可以看出你们特别强化了主编、主播这两个岗位，主编有 13 人，主播有 31 位。对多媒体也引起了足够的重视，对新闻进行了分类，这样做到各司其职，各尽所能。与美国纽约市 1010 全新闻电台不同，他们没有那么多主编，但他们的编辑新闻经验丰富，多数在小型电台工作过，有的调入时已任总监多年。所以，它那里的编辑也相当于主编。另外，在节目上他们没有分类。法兰西新闻台的记者呢？有多少人？

德纳斯：有 110 人，他们分布在全国各地，这张表没

图 13 作者（左）与布鲁诺·德纳斯秘书长（右）

图 14 布鲁诺·德纳斯介绍法兰西新闻台情况

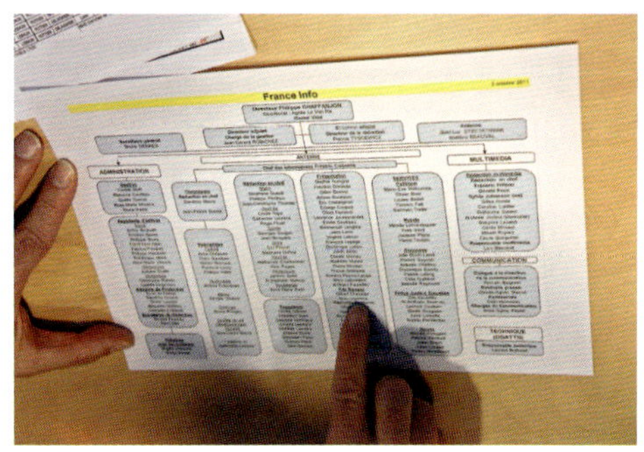

图 15 法兰西新闻台组织架构图

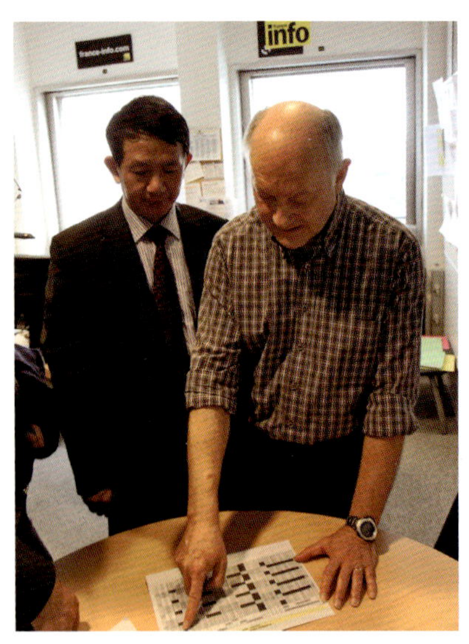

图 16 布鲁诺·德纳斯介绍法兰西新闻台情况

有标出。另外，还有 9 位驻外国的记者，这 9 位驻外国的记者是法国广播电台共用。

覃：新闻主播有 31 位，每天需要多少位主播？

德纳斯：18 位。公共新闻台要讲的是公信力，公信力是它的生命。主播是最后一道工序，不能出错，所以安排了 18 位。

覃：世界广播电台的主播有两种类型，一是全能型：不但要承担组织，还要编发稿件、播出稿件；另一类是只承担播音工作。这 31 位主播还兼做其他工作吗？

德纳斯：他们的主要职责是播音（图 18），不再做其他工作。

覃：这与我国的做法差不多。你们的主播每天播音平均是 1 小时 20 分。每天有几位主编值班？

德纳斯：每天有 8 位主编值班，分内容分时段。主播、主编的值班时间，我们都做了明细，另有图表。

覃：世界各国的广播，都有许多规则，比如坚持新闻的真实性、准确性等，法兰西新闻台有哪些要求或纪律？

德纳斯：公共广播的公信力、权威性、可靠性是至关重要的。法国最高视听委员会对所有广播电台的运行进行指导、监督、规范和处罚。1996 年，一家电台因发表种族歧视言论，被吊销许可证。2007 年、2008 年，又有两家电台因播出色情内容分别被处罚 8 万和 20 万欧元。法兰西新闻台是没有人怀疑的台。

图 17 法兰西新闻台采编室

覃：这就是说，法兰西新闻台的员工要时时维护公共广播的公信力，不得产生任何不良影响。

德纳斯：对公共广播，法律法规有很多规范，政府、国会、最高视听委员会有许多要求，公共广播要遵循这些规则，满足这些要求。还有，听众、有关专家也有他们的要求，要满足这些要求。（图 19）

法兰西新闻台主要担负：一是公共服务使命，采访、制作、播出公益性的信息服务类节目，维护消费者权益的节目；面向外国居民的节目。1986 年《传播自由法》规定，政府可以任何时间要求公共广播电视媒体向法国民众播报官方声明或信息。1986 年《传播自由法》还规定，当公共广电媒体内部出现罢工等非常事态时也不能中断节目播出，这也是公共服务的一种体现。

图 18 法兰西新闻台主播正在播音

覃：那也说明没有完全的自由。上次我到法国培训，去参观法国电视三台，正碰上他们罢工。电视台罢工，那意味着要停播节目。罢工期间，电视台没有采访、制作节目，但播放了一些电视剧或重播了一些节目，对外也算是播出了节目。

德纳斯：法兰西新闻台还担负政治、社会及宗教组织的言论表达，提供高质量的节目。按照法国的宪法和文化政策，法国所有的广播电视经营者都要遵循一套基本规则，以保证观点的多元化，保护未成年人和限制广告播出量。其中一项规定要求对节目播出比例按照节目来源实行配额限制。这些，都是我们遵循的规则。

覃：法兰西新闻台的运行经费是来自收视费，今年有多少运行经费？

德纳斯：4500 万欧元。

覃：不多也不少。听说你们也会经常获得国家的专项特殊补贴或捐赠。但我在这方面有深刻体会，争取这些资金非常之不容易。（图 20）

图 19 作者（左 1）与布鲁诺・德纳斯（右 1）交流

三、法兰西新闻台的节目编排：30 分钟一个单元，全天 48 次现场直播

图 20 作者与布鲁诺・德纳斯交流

覃：全新闻电台的节目编排，有以 60 分钟为一个单元，也有 30 分钟、20 分钟、15 分钟为一个单元的。美国 1010 全新闻电台的节目编排是 20 分钟为一个单元，每小时有 3 个单元，全天 24 小时有 72 个单元，法兰西新闻台是多少分钟为一个单元？

德纳斯：我们新闻台是 30 分钟为一个单元，每小时两个单元，全天 24 小时有 48 个单元。（图 21）

覃：从广播“听”的规律来讲，30 分钟一个单元比较理想。每条新闻的长度呢？每个单元发多少条稿件，全天又是多少？

德纳斯：新闻节目的长度，要根据季节变换和不同时段来设置，每条新闻长的 2 ~ 3 分钟，最短的 20 秒，一般的不超过 50 秒，采访一个人也不超过 50 秒，播出时主要是增加而不是深度解读新闻。新闻信息一般一个单元 30 条，全天上千条。

覃：新闻专题怎么安排？

德纳斯：新闻专题为 1 分 30 秒，每 15 分钟播出一次，每小时 4 次，时间为 1 分 30 秒。

覃：对全新闻电台来说，新闻要讲究快进快出，法兰西新闻台对新闻稿的截止时间有什么要求？

德纳斯：新闻内容由主编安排播出，新闻主播往往在 15 分钟前才能拿到播出稿件，这就是为了保证新闻的快速发稿，快速播出。（图 22）

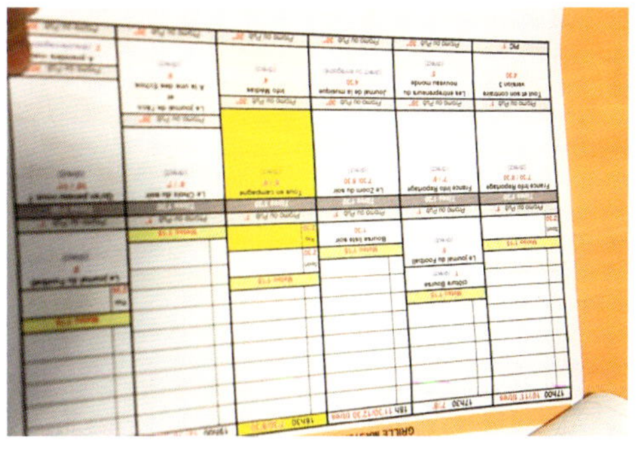

图 21 法兰西新闻台的节目编排表

图 22 法兰西新闻台忙碌的编辑

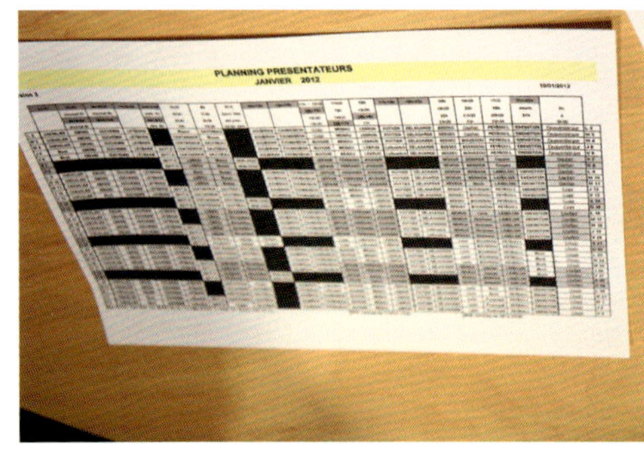

图 23 法兰西新闻台主播值班表

图 24 布鲁诺·德纳斯介绍法兰西新闻台《2012 年 1 月周一主要节目表》

覃：这与商业性的 1010 全新闻电台有相同之处，讲究鲜活、快速。法兰西新闻台全天有多少次现场直播？

德纳斯：48 次，这是台的规定，必须保证完成。

覃：都是记者现场直接报道？

德纳斯：属于记者直接报道的，就是记者直接报道。

覃：全新闻电台要保持新闻的鲜活，就要有“声音记者”。声音记者在现场发出声音，这是它的优势。声音记者、新闻滚动这是全新闻电台制胜的法宝。除了 48 次现场直播，其余时间的新闻都是录播吗？

德纳斯：为了保证广播的品质，其余时间都是录播。

您看看我们这个主要节目表，对每个单元也就是 30 分钟的节目都进行了周密的安排。您看，昨天（1 月 10 日），18 位主编和主播轮换值班，在每一个时段上都做了周密的部署：比如 7:00~8:00 的《新闻 7 点档》，9:00~9:30 的《新闻 9 点档》是主播埃蒙值班，但中间安排了主编摩奇。6:00，7:00，9:30，10:30 则是主播高拓、姆诺斯、贝尔纳多、卡李昂。我们有两个直播室，设立有经济、政治、法律、娱乐新闻等方面的编辑部门。每半小时的新闻要重新改写，避免完全重复，改写新闻由记者承担。

覃：分析你们的主播安排表，我感到非常有艺术。谁放在哪一个时段，谁和谁配合，你们都做了周密的安排。

德纳斯：您看我们的《2012 年 1 月周一主要节目表》，以 30 分钟为一个单元，共 48 个单元，每 30 分钟纯新闻在 10 分钟至 13 分钟的，分别为 5:00，5:30，6:00，7:00，8:00，9:00，12:00，12:30，13:00，17:00，19:00 共 11 个单元；9 分钟至 10 分钟的为 6:30，7:30，9:30，15:00，22:00 共 5 个单元；5 分钟以下的为 1:00，1:30，2:00，2:30，3:00，3:30，4:00，4:30 共 8 个单元，其余为 6~9 分钟。时间最长的是 12~13 分钟，分别为 7:00，8:00，12:00，13:00，这应该是新闻的黄金时段。其次是 10~12 分钟的，再次是 6~10 分钟。5~5 分钟以下的，一般是听众听新闻比较少的时段。（图 23~25）

在黄金时段，除了纯新闻，在行车上下班的 8:00，19:00，应该说新闻是密集的。我们分别安排了天气预报、交通信息、节目预告、网站新闻浏览、新闻标题、晨间幽默，还有一个简短的嘉宾访谈，应该说，内容非常丰富。而且，从听觉规律来讲，听起来也不觉得疲劳。夜间，多个单元只安排 5 分钟的新闻，其余以音乐、节目预告、夜间档节目配合，这也符合夜间听的规律。再有，我们编排的广告比较短，每次 30 秒左右，48 个单元共 100 余条，受众是不会反感的，这真正体现了“公共广播”的性质，所以说法兰西新闻台是“没有人怀疑的电台”。

覃：新闻传播的公共专业行为，容易集中，因而更有效，它可以在受众中形成一定的影响力和权威性。商业性质的全新闻电台不同，有的把广告当节目来做，有的广告很短但条数多，有的把广告放在节目中间，尽管做得很精致，但仍然会招来非议。所以，全新闻电台以公共事业出现，有许多好处。

图 25　法兰西新闻台直播室

四、法兰西新闻电台的广告经营：播出有限，时段偏少

覃：世界上的公共广播电台，开始都不经营广告。随着时代的发展，政府逐步允许做广告，但有的国家限制严格，只允许做少量的广告，并对广告时长、内容有严格要求。中国也一样，我们的电台在很长一段时间都不做广告。因为，我们的电台都是公益性的电台，强调权威性、公信力。改革开放以后，政府逐步放开，允许电台做广告，当然也包括了新闻电台。就云南电台而言，创收大户是交通之声，第二位就是新闻广播。

中国大陆的新闻电台，现在基本上是新闻综合电台，除了新闻资讯，还有专题、系列报道、新闻评论等，就像你们称自己为“法兰西电台”一样，许多新闻广播都称自己为“某某新闻台”。云南电台新闻广播也一样，原先是新闻综合广播，现在转向新闻 / 谈话广播，但不是全新闻电台。台里的各套节目开始做广告时，经营额最多的是新闻广播，其次是音乐之声。后来，我们创办了交通之声，新闻广播的广告创收逐步退居到了第二位。在我国，对广告的管理，有《广告法》和《广播电视广告播放管理条例》，有许多法律法规，广播业必须执行，不知法兰西新闻台在广告方面有什么限制？

图 26　法兰西新闻台墙上的主播照片

德纳斯：政府对法兰西新闻台的广告有许多限制，每天只准播出 13 分钟广告，其中部分广告为公众性（公益性广告）。而且，不是什么企业的广告都可以播，目前只有少部分客户的广告可以在我台播出。当然，法律法规不只是限制法兰西新闻台，公共广播都一样。

图 27　法兰西新闻台墙上的新闻专题稿

覃：我们在法国最高视听委员会听电台部主任和节目指导迪耶·阿龙先生介绍，法国禁止播出的广告有：含酒精饮料、烟草和烟草制品、医生处方必需品、药品和麻醉

图 28 法兰西新闻台休息室

图 29 法兰西新闻台的网页
来源：http://www.francebleu.fr/

药品、保险业、金融机构、枪支、弹药、电影、图书出版等方面，应该说，规定还是很严格的，你们每年能创收多少？

德纳斯：450 万欧元左右。

覃：你们经费有 4500 万欧元，广告为 450 万欧元，广告占收入的百分之十，这与越南之声国家广播电台差不多，电台的运行应该很好，但广告不太多。不过，这可以集中精力做节目，把节目做精。在公共广告方面，你们主要做了哪些？

德纳斯：主要有环境保护、预防儿童被拐卖等等。

覃：广告经营有自己的公司，还是采取代理制？

德纳斯：政府限制我们的广告赞助，广告方面的经营不多。广告经营为自营，有自己的广告队伍，30 人左右。

覃：英国和日本的公共广播机构依靠收视费运营，是不允许播放广告的，如英国广播公司和 NHK，但现在在经营上也有一些松动。应该说，你们比他们要好得多。

法国广播电台当然也包括法兰西新闻台，虽然你们的广告经费不多，不需要在这方面花更多的精力，但我感觉你们的宣传推广做得有声有色。首先是节目预告，一天节目的预告就有 110 多次，这种自我推广的意识十分强烈。在电台内部，尽管你们在装修大楼，但标识做得非常醒目，当然最显目的还是你们这座巨型的圆形大楼。法国人，包括世界上来参观的人都会留下记忆。你们的宣传册也印制得非常精美，会被世界广播业的人士收藏，还有节目表，做得都很精细，这会提升公信力、扩大影响力。

五、法兰西新闻台的未来：节目上网，逐步延伸

覃：就世界广播业来看，有的国家已经开始朝新媒体大进军、大转移，像美国之音，BBC 就是如此。与你们副台长阿兰·马赛交流（图 29），他谈到新媒体时，总是眉飞色舞，法兰西新闻台在这方面有什么举措？

德纳斯：我们已经全部从模拟化转向了数字化。节目已全部上网，在网上可以听到。另外，我们也使用网上的新闻，尽管时间很短。（图 30）

覃：媒介融合，台网互动，这是广播业的一项战略举措，你们有没有考虑自己建立一个网络广播电视台？

德纳斯：现在，新媒体对传统媒体冲击很大，我们必须正视这样的现实。法国广播电台已经有了一个新媒体播出平台，大家称它为第 8 台。第 8 台既有文字、声音，还有图像，法兰西新闻台可以朝上面延伸。因为我们是法国广播电台的一个部分，要服从电台的统一安排。

覃：苹果 ipad 上市后，世界上已经有 1200 家电台有了 ipad 电台版，法兰西新闻台有 ipad 电台版吗？

德纳斯：目前还没有列入计划，我们会研究这个项目。

覃：我们已经谈了很多，对话就到这里，谢谢您！

图 30 法兰西新闻台的网页
来源：http://www.francebleu.fr/

（原载《云南行政学院学报》总第112期）

图 31 作者在法国巴黎

海峡两岸关于全新闻电台设计与运营的对话

A Cross-Strait dialog on the formatics and operation of all-news radio

2011 年 4 月 28 日，我与台湾中广新闻网总监、“中广新闻部”经理冯小龙（图 1）就“全新闻电台”进行了近几年来的第五次对话。

图 1 台湾中广新闻网总监冯小龙

2002 年至 2004 年，我曾两次访问“台湾中广新闻网”，听取了冯小龙对全新闻电台的介绍，并进行了交流。2005 年至 2010 年，我与冯小龙在北京、台北、昆明、丽江又作了四次对话。特别是 2010 年 6 月 24 日至 29 日，冯小龙应邀到云南人民广播电台访问、演讲（图 2），我俩就“全新闻电台”作了深度的探讨。

冯小龙是台湾第一家全新闻电台的策划者、组织者和推动者，我就全新闻类型化电台的理念和实践与他进行了多角度的交流。2009 年，我曾发表了与美国广播同仁关于类型化电台对话的文章，如果说与美国广播同仁的对话是全景式的、宏观式的，而与冯小龙的对话则是深入类型化电台的主要模式——全新闻电台，剖析广播的独特优势、办台理念、生产方式，作经典个案的研判，与前次发表的文章有很大不同，目的在于用前沿理念、闪光思想、成熟经验办好本土化电台。以下是几次对话的主要内容。

图 2 2010 年云南人民广播电台类型化电台创新与发展研修班

一、综合型电台像下楼梯，类型化电台像爬楼梯

覃信刚（以下简称覃）：冯经理，我们是老朋友啦，您是台湾第一家全新闻电台的总监，我很想就全新闻电台与您作深入的对话。近10余年，我对美国的全新闻电台1010WINS、英国BBC、法国新闻资讯台有较多的研究，也曾四次实地收听了你们电台的节目，并在进行类型化电台研究的时候又多次通过网络电台收听，我们的对话也可以称“两岸媒体对话”。不过，主题仍然是全新闻电台的理念和运行（图3）。

图3 冯小龙与作者（右）交谈

冯小龙（以下简称冯）：那好，我的角色就是——从接触类型化电台，怎样去运行，把过去经历中碰到了哪些实际问题，实施效果怎样，从这些方面来做一些探讨。我是做新闻的，只能局限在新闻这个类型的范畴。与新闻没有关系的，也会牵扯到一些，只能做一个参考。

覃：这也等于我们在做全新闻电台的个案剖析。2010年3～4月，我与美国广播同仁就类型化电台作了一次广泛的对话，当时我说，全新闻电台这种模式是一种科学、标准、规范的节目体系，对电台工作人员和受众都适用。我还想加几句话：这种模式应该是广播新闻报道的极致。当然，这种极致不是说一成不变，而是说它充分发挥了广播的特性、优势，令电视、报纸望尘莫及。我想，中国大陆能办20家左右的全新闻电台，中国广播整体在媒介市场上就有了很强的竞争力，特别是在三网融合中，广播的特性就不会被融合掉。

冯：全新闻电台很明显是一个有效的类型，绝对是受众有需求的类型。但为什么它相对于音乐类型化电台比较少？因为它的难度很高，成本很大。类型化电台最简单的概念，就是全天播出的内容都是一样的品种，你播音乐或播新闻，从听众来讲，就是不同的类型，但是从制作者来讲，却大大不同。做全新闻电台要花很大的精力，投入很多成本，而且风险很大。

覃：中国大陆广播界的同行也包括云南电台的同行曾经多次问我：类型化电台究竟怎么样？这个“怎么样”指的是实际效果。我告诉他们：让冯小龙先生来回答吧。哈哈，我把话题转移了，那您就先简要谈一下类型化电台的状况，然后我们再分析全新闻电台这种细化模式。

冯：我长期抓收听率，看它的变化趋势。从台湾的广播收听率来看，有一个非常有趣的现象：所有的综合型电台像下楼梯，一步一步开始下降；而类型化电台则像爬楼梯，一步一步上升。今天台湾的电台很多，200 多家电台排在前 10 位的，有 9 家属于类型化电台。这样的发展变化有力地证明：在媒介竞争日益激烈的时候，对类型化电台来讲，谁先做谁先赢。

覃：您短短几句话，就把类型化电台与综合性电台的状况说清楚了。美国排在前 15 位的电台，也全是类型化电台，这是实证。类型化电台像爬楼梯，当然也包括了全新闻电台。全新闻电台在美国有 13 家，收听率都比较高，经济效益也好。2010 年，1010WINS 的收入是 5000 多万美元，“联邦新闻”台是 6000 多万美元。事例说明，在中国大陆，完全可以开办类型化电台，开办全新闻电台。不过，不能照搬照套，而是建设有中国特色的类型化电台。

二、类型化电台犹如一把筷子，打的是群体战，突出的是整个频率的独特形象和品牌优势

冯：类型化电台其实是一个很重要的策略。打个比喻，它就像一把筷子。如果说一根筷子一折就断了，一把筷子就折不断了。类型化电台就是一把筷子，它打的是群体战，是用整个频率作为一个竞争单位，而不是靠单一的节目或单独的一个人，一个明星主持人或者什么特定的栏目，那个当然也可以吸引一部分受众，但是靠团队达到的效果更好。所以它的特点就是以群体之力，代替单兵作业的模式。

类型化电台就是这样一种模式，整个电台就是这样一个团队，整个团队每个人不见得是名人，但是会超过个体带来的效果。当我们实施类型化的时候，如果真正从内心把它变成了信念，从内心非常信服它是一种有效的办法，这个时候它就会转化成了一把筷子的效果。

覃：我在实践中有一个体会，就是举全频率之力来打造一个栏目，受众虽然会记住这个栏目，但却把其他时段的栏目忘记了，这有点浪费资源，非常可惜。而主打的模式全天都一样，受众就记住了这个模式。这种模式有内部的逻辑结构，非常独特，独特转化成了品牌形象，会令受众久久难忘。

图 4 冯小龙著:《广播新闻原理与制作》，正中书局，1996 年 9 月初版

冯：类型化也是一种策略，一种聚焦策略。当然，聚

图 5 冯小龙（左 1）在云南人民广播电台大型透明直播室

焦策略并不是只有这一种。比如说，还有一种就是打明星牌，台湾的电台也是这样。今天邀请一个很知名的人来做一档节目的主持人，明天又邀请一个很知名的人来做一个节目的主持人，这样也会有一定的品牌效应。但是，今天你会做，明天别人也会做，这种聚焦策略虽然可以达到一定的效果，但达不到最佳的效果。另外，一个更有效的办法就是内容全模式，效果独特，市场区隔非常明显。事实证明，不管美国、澳洲、加拿大，也包括台湾的经验，全新闻电台就有这样一种独特的效果，是一个比较有效达到聚焦受众目光的策略。

覃：您谈到的用名人来做主持人或电台培养明星主持人，那在新闻/谈话或谈话电台中较普遍，也收到一定的效果。比如，在明星主持人或名人主持的这个时段，收听率较高，也可以带动一个频率，但其他时段，收听率就达不到这个时段的效果。就广播媒介而言，需要多样化，受众也需要多样化，多样化会走向丰富，但那是另一个话题。

冯：类型化电台有一个很重要的效果，就是通过一个很明显的频率让受众认识以后，慢慢达到所谓的累积效果。假设在云南广播市场，对新闻有 300 万人是有需求的，而你有一个很明显的印象就是有一个频率是专门做新闻的，新闻又做得很好的时候，受众就开始靠拢，当他们发现得到的满足符合了自己的期待之后，他们就变成了你的忠诚听众，一开始也许是 20 万人，慢慢变成了 30 万人，再累积，有一天可能达到 300 万人。反过来讲，你做综合型电台，每个栏目都抓到了一点点听众，加起来多少？不会太多。类型化电台最终所累积的效果，可能会比你号称综合型的电台所得到的效果要好很多。

三、全新闻电台是新闻类型化电台的主要类型

图 6 冯小龙（右 1）参观云南广播博物馆

冯：您知道，综合性的电台，往往有一个节目表。节目表的概念，就是听众要看你的时间，然后来配合收听你的节目。在这里，听众与电台的关系，是配合的关系。可是在美国没有这样的节目表，比如我今天到美国的华盛顿去，看到报纸上有一小块电台的广告，里面绝对只有几个元素：第一个是台名；第二个就是 Format——什么类型；第三个就是频率。

覃：这种做法我尝试过。云南电台 2004 年 9 月 20 日实施了类型化改版改革，2005 年我们在一家大报的报眼位置介绍电台，一小块 9000 元人民币，做了四次，效果不错。

冯：从美国广播媒介的经验来讲，类型化电台是慢慢分化而来的。开始的时候一定是做流行音乐，因为流行音乐的市场最大，而且不用太多的思考，做这个就对了。这个市场真的很大，第一家流行音乐台出来了，又有第二家、第三家，到了一定程度趋于饱和，然后又开始分化……

覃：我在研究中把这种逐步分化出来的模式称为细化模式。

冯：美国的音乐类型化电台分化越来越细，有专门做最新排行榜的，有专门做古典的，有专门做老歌的，有专门做 AC 的，也有人专门做乡村音乐……那个是美国，美国的广播的确很发达。我的意思是类型化是这样慢慢分化而来的。

覃：法国就称类型化电台为专门化电台。

冯：从 20 世纪 40 年代电视出现以后，广播面对电视强有力的冲击，出现了危机。后来经过各种探索，发现通过类型化的发展，可以有生存和发展的机会。这里有一个区别，电视刚开始的时候也是一个综合型的节目，综合型节目最重要的互动模式就是受众在某种程度要配合媒体去做节目选择，要对照时间表，看某个时候播什么东西，在这个时间就去收看。类型化电台是什么呢？是电台配合听众，是电台给听众最大的方便。电视普及以后，广播能够回升就是类型化电台提供了一个不一样的互动服务。听众是居于主导权的，电台的责任就是让他很容易找到你，而且你提供了听众所需要的内容。

覃：电视的出现使广播人改变了观念，就是主动去配

合受众、服务受众，这是质的飞跃。接下来我们还是谈谈新闻类型化电台吧。

冯：新闻类型化电台大体可以分为两种：一种叫作全新闻，我们称之为 all news，另外一种是新闻 / 谈话节目，叫作 news talk。新闻 / 谈话节目就是除了新闻报道之外，还有一些是从新闻衍生出来的后续探讨性的节目类型，这两种模式都归属于新闻类型化电台。其实，最早的一家电台开始是 news talk。到底是属于全新闻电台还是新闻 / 谈话电台，主要是从资源投入特别是所占时间比例来划分。假设一个小时有 10 分钟新闻，50 分钟谈话节目，显然这是一个谈话性的类型。再就是从优先顺序上看，如果我选择要做新闻 / 谈话节目的话，或者是要选择做全新闻节目，新闻绝对是最优先的，在时间比例上占的比较大，在优先顺序上新闻是绝对优先的。

覃：美国广播研究人员有一种观点：每周同一节目超过 22 小时，就是一种类型了。在这两种模式之后，又出现了体育广播、谈话广播、商业新闻广播、都市广播等，我在整体区分细化模式的时候，把这些归类到了新闻类型化电台的行列。关于全新闻电台，有专家称纯新闻电台。中国传媒大学一位系主任曾问我：纯新闻电台是不是就新闻的纯度而言？而美国，1010WINS 的主播也称纯新闻电台。因为，他们称新闻 / 谈话电台为“混合电台”，对应“混合电台”，全新闻电台应该是纯新闻电台。我认为，还是称全新闻电台准确一些。

冯：这两种模式都属于新闻的类型范畴。但是，两种模式在制作方式上是截然不同的，因为条件不同。更麻烦的是这两种模式内容是相互冲突的。制作者不一样，但使用的都是时间，在争抢时间的情况下，就会相互抵触、相互矛盾。所以在现实中除非不在乎成本，不可能同时存在两套人马。一个很强大的新闻团队，再加上一个很强大的谈话节目制作团队，你可这样做，但从市场、成本的观点看，这样很不符合电台的利益。彼此都说，我做了那么多内容，被你的节目挡住了，我的节目不能够得到充分发挥。这样，先天造成矛盾。

谈话型节目，在制作上比较容易，这是一个传统的形态，制作难度不大，所以跟它竞争的人也会比较多。另外还有一点，当你做谈话型节目，有的时候不容易做得很纯。类型化还是要很纯，如果你把它的定义做得很宽泛的话，那就是一个综合型的电台了。

覃：谈话类节目或购买，或邀请嘉宾当主持人，成本不大；广播人取捷径，同时节约成本，就取新闻 / 谈话模式，

图 7 冯小龙与作者（右）

我也在做这样的尝试。

冯：全新闻电台制作难度大，但是正因为很难，别人才不敢轻易去尝试；风险性比较高，风险是指财务上的风险。如果使其具有独特性，就是 unique，就有了盈利的机会。所以它不但能够有独特性，新闻容易做的纯，还能够达到类型化电台的最佳效果。因为它有独特性，因为它可以坚持类型化，所以能够把广播独特的优势创造出来。作为听众，是凭直觉来选择节目的，当他对新闻有需求的时候，很容易来收听你的节目，这样就容易达到累积的效果。全新闻电台如果以新闻报道为主，这个类型与听众之间是一种新的关系。它的概念就是，我专门提供一个很清楚，让你知道的全新闻电台，可以让你随时来随时走，然后有空你又进来，在车上只要 20 分钟就可以掌握全世界。你随时来，我随时都有新闻，而且是不一样的新闻，是最新的新闻，是广播新闻，这样收听就有价值。新闻收听如果你是 10:10 的新闻，他看时间过了，就不会等了，所以我们要创造一个就是你随时来随时走这样一个非常方便的平台。如果说他接触到的内容是有价值又有需求的内容，他会觉得不错，所以慢慢地就会累积更多的听众。

四、全新闻电台光靠类型并不能保证成功，必须发挥关键特性，提供最新的内容

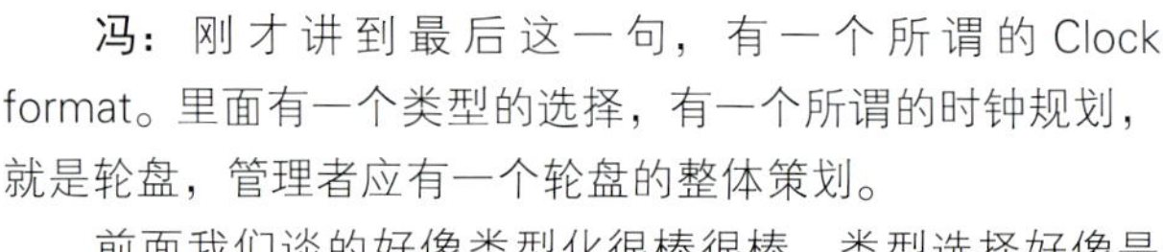

冯：刚才讲到最后这一句，有一个所谓的 Clock format。里面有一个类型的选择，有一个所谓的时钟规划，就是轮盘，管理者应有一个轮盘的整体策划。

前面我们谈的好像类型化很棒很棒，类型选择好像是成功的保证。接下来我要讲的是，全新闻电台光靠类型并不能保证成功。换句话，不是说今天你做类型化电台就一定能成功。

覃：选择类型也好，定位也好，那只是一个方面，具体的还要看你的实际运行。

冯：受众对新闻的概念就是媒体上呈现的那些内容，都是差不多的。但是如果你要做全新闻电台，受众听到的都是新闻，而实际上你的新闻是东拼西凑堆积起来的，也达不到效果。广播新闻应该是针对广播的特性而做出来的新闻，那种跟你随便找一些新闻播一播是不一样的。

图 8 作者（右）向冯小龙介绍云南广播博物馆

因为当你决定做一个全新闻电台的时候，其实在广播

同业中已经产生了区隔，竞争对象已经不是广播电台。但是，全新闻电台选择的是新闻，电视也在播新闻，报纸也在刊登新闻，所以不能不考虑电视和报纸的新闻。如果你要做全新闻电台的话，绝不能消极地去东抄抄、西抄抄，而要找出全新闻电台的优势，如果能找出全新闻电台的优势，在新闻方面就可以变成强势媒体了。

覃：随着互联网的普及，新闻信息海量呈现，有的网站靠"聚合"信息发了大财。如果全新闻电台也靠聚合新闻资讯办台，没有自己的采访队伍，没有记者具有广播特性的报道，那将丧失广播的特性，这样的电台是没有生命力的，哪怕你盈利。记者的报道是原创性的，又具有广播的特性，这才具有生命力。广播文化的传承在于其生命力，生命力来自于原创。复制别人的内容最终一无所获。有的电台一个记者都没有，全靠"聚合"新闻资讯，但标榜自己是全新闻电台，把祖宗都忘了，自己姓什么也忘了，这是值得注意的。

图9 冯小龙（右2）参观云南广播博物馆

冯：这就要发挥广播新闻的关键特性。特性有很多东西，特性就是说我有你没有。大家都是媒体，但是特性不同。电视可以看得见，广播看不到，那就是特性。广播也有特性，它的机动快速就是一个特性。新闻强调新，广播强调机动快速，如果把这两个特性结合起来，全新闻电台快速特性远胜于报纸，胜于电视。电视可以快，但它有很多条件限制。所以我这里要强调的是，如果你要做全新闻电台，你要做所谓的First news medium，就要提供最新的新闻内容，并优先告知。

覃：这就要争分夺秒。其实这种争分夺秒，广播的制作和播出条件已经具备。广播的制作远没有电视复杂，成本也比较低，广播每半小时一档新闻就等于办了一张快报，报纸能做得到吗？做不到。你可以办早晨版、中午版、下午版，但你每半小时能出报吗？广播的特性其实是与新闻紧密相连的，与新技术紧密相连的。三网融合，广播新闻最适合上手机，办手机电台。

冯：是啊。广播是一个报道现在新闻的媒体。大家都在报新闻，但报纸是报道昨天的新闻，电视是报道今天的新闻，广播是报道现在的新闻。广播的角色不是抄报纸，抄报纸的话速度就比报纸还慢；而电视要晚上回去才可以看到最新的新闻。但是广播从白天到晚上都可以听到新闻，从天亮到天黑都是重点时段，这才真正发挥了它的特性。

覃：说得好！从天亮到天黑都是重点时段。看来，新闻广播的三段式——早晨、中午、傍晚完全应向全天延伸了。

新闻的非稀缺性，使新闻广播受到了严重挑战。美国

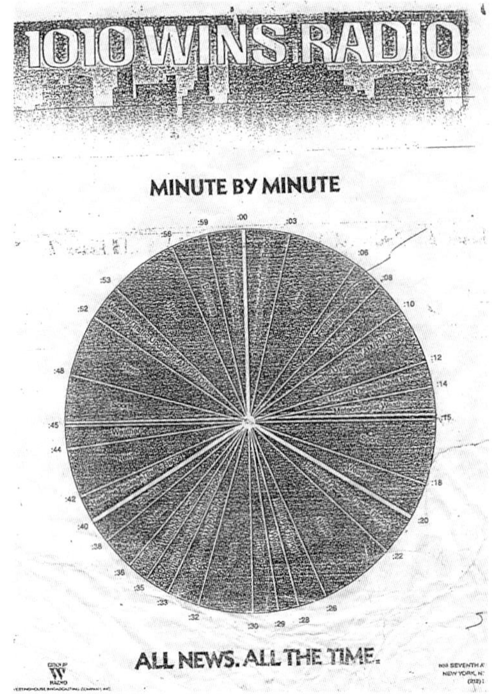

图 12 1010WINS 全新闻电台的“新闻之轴”

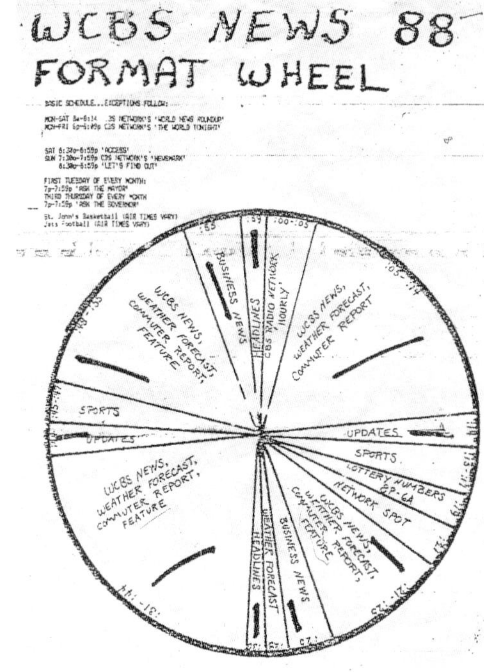

图 13 WCBS880 全新闻电台的时钟新闻表

就办体育广播，全是体育新闻，如果主打经济新闻，就办经济广播，全是经济新闻。

有的专家认为，全新闻电台的消息很短，会让编辑、记者和播音员感到枯燥无味，失去对职业的兴趣。事实不是这样。我与美国 1010 全新闻电台的主播李·哈里斯交流过，他说，1010WINS 新闻的寿命只有4 ~ 5个小时，每4 ~ 5个小时就要更新，早上 6:00 播出的新闻在 11:00 就被撤掉了，编辑、记者、主播随时处在鲜活新闻的采访编发和播出之中，经常感到兴奋，不会乏味。同时，全新闻电台的薪水比较高，他们为在全新闻电台工作感到自豪，哪里还有乏味之说？

冯：第二个我就想谈谈美国的全新闻电台。它是一个地区电台，但收入比“台湾中广公司”全部的收入都要高。很有意思的一点，在时钟规划上划掉了两分钟的专题。为什么要划掉？因为它强调全新闻类型，只报新闻。它的指标性在全球各地，我到好多地方都有人提到这家电台。它是以 20 分钟为单位，特点就是会切割，不是一整块的。其实，小段落的规划是一种很好的规划，节奏很明快，中间还会播一些资讯，广告也可以穿插在其中。

覃：您指的就是 1010WINS（图 12，13）。这家电台的做法，就比较纯了。1010WINS 把一个小时分为三个单元，每个单元为 20 分钟，以 20 分钟为格式不断滚动播出，是标准的全时全新闻播报。每条新闻长度基本为 45 秒，我多次收听计算过，也有 30 秒、50 秒的，但很少有超过 1 分钟的新闻，每 30 分钟的节目有 20 条左右的稿件，这还不包括插播的交通以及气象信息。每天播出的新闻在 960 ~ 1000 条之间，每年为 350400 ~ 365000 条，信息量很大。而且，他们的头条新闻 20 分钟滚动播出一次，零散的新闻 1 个小时滚动播出一次，有重有轻，很有规律。

冯：第三，这家电台的时钟规划是两个 30 分钟，大体上一个半小时两个单元基本上是相对的。这个是我们的全新闻电台（图 14，15）。也是两个 30 分钟，但有一些小的东西，橘红色的是播广告的点，中间还会提供必要的服务资讯。我们的结构基本上是这样， 30 分钟播完新闻就再循环下去，中间到箭头的时候会提供一些服务性的资讯，那是听众需求的资讯。36 分播的是路况，这是重点的路况，8 分的时候是台湾的财经，这在台湾很重要。每到 8 分的时候，我们一定会提供当下最需要的财经指数，当然我们是先把环境创造出来，不是找人专门收集这个资料。15 ~ 45 分我们播的是体育赛况，比如世界杯。新闻归新闻，赛况归赛况，我们不是提供详细的赛情，是提供比赛的资讯。

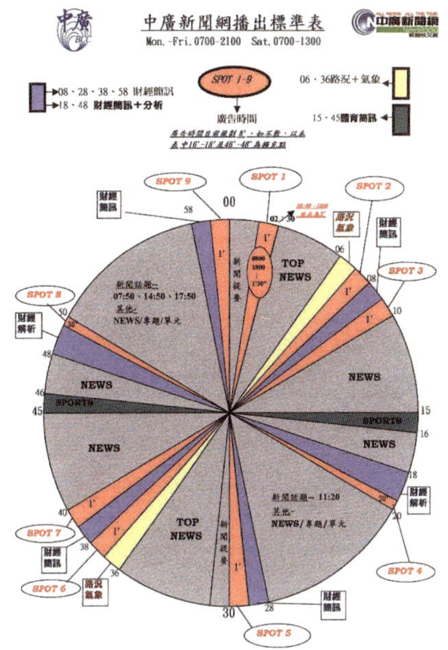

图 14 台湾中广新闻网播出标准表

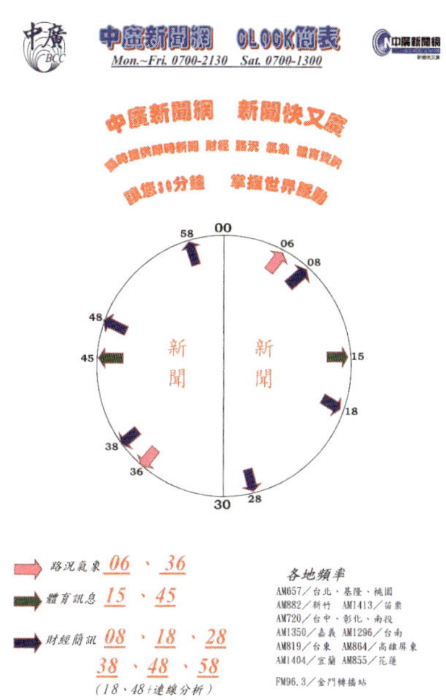

图 15 中广新闻网时钟新闻简表

美国的类型化电台切割的非常细，我没有发现他们有交通台。我们以前都认为交通路况是交通台的事情，跟全新闻电台没有关系。到那里发现，他们没有交通台，可是每个电台都报交通路况。

六、全新闻类型化电台的选择要做好 SWOT 分析

覃：美国在选择类型化电台的模式时，往往要做精准的市场调查，明确目标听众，了解竞争对手，把握预算情况，比较技术设备。全新闻类型化电台的选择不是选择空白类型，与音乐类型化电台细化模式的选择有所不同，因为这个模式往往是从综合性的新闻节目演变而来。你们在选择类型的时候，做了哪些工作？

冯：对于管理者来讲，类型的选择必须正确，选择正确了就保证了一半的成功；如果选择错误，则会导致失败。而在选择全新闻类型化电台时，要进行 SWOT 分析。

S：就是我们的强势。强势在哪里，有哪些？

W：就是自身的不足。弱点在哪里，有哪些？

O：就是我们的机会在哪里，有哪些？

T：就是我们面临哪些威胁，在哪里？

覃：看来，选择全新闻类型化电台，是一个思考、研究，再思考、再研究的过程，这要看有没有能力去做，不是说我们要去做全新闻类型化电台了，想一想就能做了。美国只有 13 家全新闻电台，恐怕也是这个因素。

冯：我们要认真地评估、思考：我们在这个市场当中有什么优势。过去，“中广新闻网”是一个大格局的电台，在市场上知名度比较高，这是我们的强势。但我们也有弱势，弱势就是只在 AM 播出，没有在 FM 播出。现在我们是一个民营电台，但原先是属于事业性质的电台，在新闻竞争的观点上有弱点。在这样的环境下，我们要从综合性的节目改变成一个全新闻类型化电台，就要完全朝新闻靠拢。这充分评估了我们的弱势。因为我们的弱势，我们考虑到了相对占有优势的做法。

覃：FM 是广播的骄子。当 FM 在云南电台

图 16 冯小龙向作者（右）介绍中广新闻网情况

图 17 冯小龙（右）参观云南广播博物馆

出现的时候，它的高保真效果的确吸引了不少受众，也令广播人振奋。但处在 AM 电台的采编播人员就有了一种悲凉的感觉，好像被边缘化了，所以都争着要上 FM。我在美国、法国专门收听了几十家 AM 电台。其实，这些国家的 AM 与 FM 的效果是一样的，音质都很好。为此事我专门与技术人员探讨过。虽然受众有时候习惯了某一样事物，但我们要去引导，自身也要坚守。我们现在的新闻广播是 AM 和 FM 同步播出，频率资源本身很稀缺，应该拿出一个频率来，重新办一套节目。当然这有一个认识的问题，要统一思想。因为受众的习惯已经形成了，有的同行担心影响收听率。

冯：我们以前做类型化电台在观念上也是模糊的，也搞不清楚听众是什么人，广告也很难做。广告商一听你是 AM，一点兴趣都没有。但坚持下来后，听众群形成了，收听率不断增加，现在的广告营销完全没有问题，没有人说你是 AM 还是 FM 了。汽车广告、房地产广告都来了。

覃：这是一种知难而行的态度。而对困难，要去克服，去解决，而不是绕道走。频率资源稀缺，申请不到更多的 FM，就要在 AM 上做文章，做够文章，这也是一个途径。

冯：其实，如果你不做类型化电台也就算了。如果要搞类型化，就要清楚地认识到，类型化对全体人员来讲是一个必须遵循的规则。也就是说，任何一样不符合类型化的东西都是负面的，这样，评鉴标准就要频率化。

覃：也就是以整个频率而不以栏目为评价标准。

冯：实践中，我们经历过一些争论：这个内容不错，这个内容很好。但是做类型化，一定要有一个认知，就是其他节目与类型化节目不相匹配的话，就必须割舍，这样才能使竞争力保证优化。但是，说起来容易做起来难，必须下很大的决心才能让那些不协调的内容舍弃。这个方面，不是一天两天就能说到做到。如果将不符合定位、不协调的东西硬拉在一起，就会变成挂羊头卖狗肉。所以，办类型化电台要把类型化作为最高标准。当你没有办法贯彻执行的时候，电台就沦为综合性的电台了。

七、全新闻电台对记者的基本要求

冯：我在广播行业已经工作了 30 多年时间，从做记者开始，在老前辈的指导下，按照传统模式做了 10 年。大概从 1990 年开始，因为想到改革，就去接触了世界广播的一些前沿理念，了解了一些先进电台的发展变化。从中我发现在办台理念上中西方差异很大。这时，我开始思考，收集了一些文献资料，慢慢酝酿出了改革的方案，花了一两年时间。从 1990 年开始就慢慢改，真正实施是 2000 年前后，中间经过了 10 年时间。这 10 年时间主要花在交流、沟通方面，也就是观念的改变上。您是从什么时候开始，为什么要想进行类型化的改版改革？

覃：我是 1995 年 8 月到云南人民广播电台工作的，之前在一家报社工作，当了很长时间的编辑记者。说真话，那时对广播不是很了解，尽管中央台、云南电台都编发过我采写的一些新闻报道。当时广播处于低潮，电台房屋破旧，办公条件很差。我第一次与全台干部员工见面是在 400 平方米演播厅，那里没有排凳，是临时安排的折叠椅，许多已经破旧。台长讲话时下面的干部员工有的打呵欠，有的大声喧哗，比较乱，这个印象太深刻了。当时全国广播界掀起了开办“系列台”的热潮，云南电台也一样。但那时我想，如果我们不把眼光投向世界，可以说，像我们这样

图 18 冯小龙向作者（中）介绍中广新闻网

处在经济欠发达的西部的一个省级电台，也许永远都处于落后地位。于是，我开始了解世界广播的情况，并用出差机会实地收听，从中受到许多启发，也借鉴一些先进经验对台内的节目进行了一些改进。我喜欢在工作中学习，在学习中工作；在工作中研究，在研究中工作。所以，学习的东西，研究的东西都用在工作上了。和您一样，我长期当记者，是从记者岗位走上台长岗位的。当了台长，也没有忘记采写新闻。所以，我觉得创办全新闻电台，还不能不涉及记者的工作。那我们就来看看对记者要有哪些要求。

冯：广播新闻有一个关键特性，是必须列为第一优先的，我们可以称之为广播新闻的核心价值。如果它是一个核心价值的话，类型化是我们前面谈到的核心价值，接下来的就是即时和速度。理论上讲，广播有先天的条件可以做到，但是在实际中一不小心就被糟蹋了，所以说这个最关键，对记者的要求就是要能够以这个核心价值来运行，这是第一。

覃：也就是全新闻电台的记者要随时以这个关键特性来衡量，并坚定不移地坚持下去。

冯：您刚才提到记者，我们做广播新闻的不外乎就是记者、编辑、主持人，基本上记者都有一个制作的过程，这个制作过程包括撰稿、传回稿件，然后进行流程上的处理，但不是一成不变。新闻有重要和相对重要的内容。我们现在的记者作息都不一样，以前是早上开会，中午回来就完了。现在的记者，我有时一年都见不到他们，我们采取的是目标管理。电台会对他有一个要求，对记者来说，如果他在外面掌握了新闻重要的内容，要先汇报，汇报之后立即处理。广播的好处是一通电话就可以解决所有的事情，立刻汇报、立刻传回，立刻就可以播出，这样马上就有效果。

图 19　作者在台湾中广新闻网考察

覃：这种做法，我在兼任新闻总监的时候尝试过。1999 年，世界园艺博览会在昆明召开，各国首脑云集世博园，我要求记者要发回刚刚发生的新闻——1 分钟前发生的新闻、5 分钟前发生的新闻。记者分兵几路，报道了即时事态，新闻非常鲜活，令人兴奋，记者也很激动。但是，长期这样抓，还做得不够。

冯：第二是记者一定要有现场口说表达能力，就是你不在现场写稿的话，要在现场掌握重点，然后用简短的时间把重点新闻报回来。我想很多人只要训练就可以做到。当然有的人也不行，他说一定要写稿，我说写稿跟你回来后有什么两样？

覃：我 20 岁出头的时候，是一家报社的记者。那时云南交通不便，到边远的县、乡采访寄稿回报社，快的需三四天，发到北京就更需要时间了，当地又没有传真，我就用电话口说新闻，报社值班编辑记下后第二天就见报了。开始我是照稿念，后来我不写稿了，默记新闻的要素，在脑海里排一下序，拿起电话就说，来得很快，用了不少稿件。而且我还总结了一条经验，这样的口说新闻，一定要短。因为长了，被编辑大段大段删掉的话，要浪费电话费。

冯：第三点就是新闻要随时更新，以新代旧。以前我们早上开会的时候，是慢慢来，中午新闻 12:00 最重要，然后汇总发稿。其实，这样做是不对的，这种观念要改变。我们现在是发一个，更新以后马上又发回来。同样一件事情，不断地更新，记者一天发三个、四个都是可能的。

覃：我看你们的记者一天有发 8 条新闻稿件的记录。而美国 1010 电台的记者一天要发 20 ~ 30 条新闻稿，每条新闻要有 6 个版本，6 个版本是 6 种不同的声音。我们的新闻总监担心办全新闻电台没有稿源，其实这就是稿源。这样做，广播的特点也出来了，报纸、电视、网络无法竞争。而现在，我们把精力都集中在了早上 7:00 ~ 8:00。那是举全频率之力，重兵把守。历史以来，受众听广播早间新闻的多，养成了习惯，但听众是可以引导的，而根本在于我们的办台观念，一定要把从天黑到天亮都看成重点时段，调整过来。

图 20 中广新闻网编辑室

图 21 作者（左）与冯小龙在丽江

冯：第四，短稿多发。广播是不适合长篇大论的。所以对我们来讲，与其发一个很完整的稿，不如发很多的短稿。新闻有很多切点，可以切很多个，发一个，又发一个，第一个稿子简洁明快，第二个也不可能长长地播下去，我现在播这条是讲这件事情，等一会讲同样的事情但要不一样。所以要规定记者发短稿、多发稿。

覃：新闻事件完全可以多角度呈现。一篇稿件也可以切成若干点，这需要记者的深入思考和判断，这种思考和判断表现的是一种新闻力，所以当记者从一开始就要养成发短稿的习惯。

冯：第五，深耕式的采访。报社和电视台比电台的人手要多，他们的深度、广度也够。但电视新闻一般都是采访表面的东西。为什么报纸有存在的空间？一个因素就是电视是表面的。从海外媒体来讲，明明电视比较快，可是它在抄报纸。所以很多新闻它没有，只能去采集一些简单的新闻。我们要吸取报纸的深度和电视的及时，或者是发挥广播的即时，就可以挖掘很多电视没有的东西，所以深耕式采访要求全新闻电台去布线经营。

覃：对于全新闻电台来说，深耕式采访不是要长篇大论。深度在于提炼，有时几句话就说到位了。

冯：第六，要开发新的后续角度。新闻强调的是新，快是表达新闻的方式，但是再怎么快，你有的，别人也有。我们要懂得去找新的角度，其实很多新闻事件都在延续发展，新闻报道都是即时性的，新闻都有后续的发展，有很多延伸性的内容。记者采访的时候，我每天都会给他们一个题目。我并不是给一个设定，一定要填跟我预期一样的答案，而是让记者不断地去发现问题，在不断的追寻过程中找到答案。

覃：一个中心概念就是核心价值，为什么要短要快要更新，因为全新闻电台的核心价值必须要这样做，这把记者端的事项谈透了。

图 22 中广新闻网编辑室

八、创办全新闻电台要下决心破除三种观念

冯：刚才谈到记者端，现在谈谈编辑端。编跟播分开有分开的好处，编辑是新闻专业，这边编那边播，好像很自然。但是编跟播合在一起，就会产生一些矛盾。另外，当你注重即时性时，基本上以你提供的内容为主，不可能有太多自己的思想，有太多主观性的东西。我们许多编播的人对新闻有了解。我去美国考察时，发现美国全新闻电

台有一个很大的不同：完全是一个主播制。他们的主播是一个非常资深的人士。到底编播是分还是合？我们采取了播报的人员往新闻方面靠拢，增加新闻素养；做新闻的人选择适当的条件提高播报能力。

覃：这样做比较符合实际，云南电台也完全可以这样做。

冯：第二个，编播与主播的差异。美国的媒体是一个大主播，大主播的薪水是记者的 5 倍、10 倍，这个主播是非常有权威的，但外国的这个月亮在我们新闻台画不出来，我们没有办法找这么“大”的主播。怎么办？我们搞了一个编播，就是找了一个编播的人，但是还没有构成大主播的概念。所以，我们的制作部分不是用一个制作人，所有的新闻传回来以后，我们把所有资深的人聚集在中间，中间有一个编导群，在实际新闻的作业上，他们是一个重要的审稿关，所有的稿子进来该要的不该要的，还有应注意什么，该做什么样的提醒，梳理完后，再去做后端的编辑。后端的编辑没有大主播的能力，前端非常资深的人做好必要的安排，然后他们再去做后端的细微的编辑，这个是我们与美国全新闻电台不一样的做法。

覃：我曾经也思考采取大主播制。但新闻采编人员播音不行，播音员新闻素养不够，这看来不是一年两年能做到的。

冯：我们传统的观念往往是新闻要追求完整，而基于完整就必须要等待。在这样的运作体制之下，常常会有人说，完整性是来自时间的累积，而不是即时的新闻，这就产生了观念的碰撞。

覃：那我们也不回避，看看创办全新闻电台要破除哪些观念。

冯：一要破除整点新闻与总结新闻的观念。说得重一点，这是广播新闻做不好的关键原因。新闻都是整点新闻，新闻事件已经发生了，你不播报，这不抑制了广播新闻的特性？我们以前更错误的观念是总结式新闻，后来发现这是一厢情愿的东西。当主观认为中午 12:00 是很重要的时候，所有的新闻资源都以 12:00 为目标，可是到 12:00 听众并不多。受众才不管你那些，不管你是总结新闻还是整点新闻。因此，当你重视总结新闻的时候，电台所有人的观念都是这个。我刚才讲从早上到天黑都是重点时段，9:30 有新闻 9:30 就送来，这就有了新的新闻。我以前当记者，到了中午才送新闻稿，忙了半天没有人收听到，这真是很痛苦。你不重视时间，听众也不重视你。

覃：看来，创办全新闻电台首先要破除或放弃的是整点新闻、半点信息的观念。当然，这是指全新闻电台，而不是指综合性的新闻台。您刚才说的总结新闻有些像成就报道，没有时间概念，今天用可以，一年后再用也可以。根据我的了解，这类新闻没有多少听众愿听。

冯：以往，我们广播的新闻永远是以一天为单位，我以前也是这样认为，我们广播的作业也是以一天为单位。其实，听众不是这样认为的，如果听众要听现在的新闻，早就不是现在的新闻了，其实你知道他也知道。最主要的是我们忽略了广播新闻的寿命跟报纸和电视是不一样的，广播新闻是以小时来计算的，如果这个新闻没有新的变化，随着时间的推移，就会不断地打真空。所以第二个方面就是新闻的寿命观念要改变，如果不改变，会严重影响到编辑处理的观念或做法，必须做调整。

覃：确立广播新闻的寿命以小时来计算，这个难度很大，但它是极致目标。其实，一个时钟以三个单元或四个单元来播报新闻，就已经不是以小时来计算了，这是我们广播人应奋斗的目标。您想，广播新闻如果在报纸、电视之后播出，还有什么新意，那不是新闻垃圾吗？广播制造垃圾，那不是可悲的事吗？广播人应该直面这个现实。前面我谈到，1010WINS 全天 24 小时播出的都是新闻，一天 24 小时按每小时三个单元区分，有 72 小时 20 分钟的新闻，每个单元即 20 分钟有 13 条左右的新闻，全天 24 小时有 960 ~ 1000 条左右的新闻，全年 365 天有 350400 ~ 365000 条新闻，每 20 分钟滚动播出最重要的新闻，每 40 分钟滚动播出次要的新闻，每小时滚动播出零散的新闻，而且明白无误地告诉受众，这些新闻是来自世界的新闻：“您给我 20 分钟，我告诉您整个世界”。这是约定，是标准，是对受众负责。一天要报 1000 条左右的新闻，如果新闻的寿命像报纸那样为 24 小时，显然不行。1010WINS 把广播新闻的寿命界定为 4 ~ 5 个小时，这完全

图 23 冯小龙与作者（右）交谈

是从广播新闻的特性来考虑的。

冯：我们的时钟设计是一个小时两个单元，半小时播一个单元。我们硬性规定，播 10:00 的新闻，9:30 之前不可以作业。因为你在 9:30 的时候，前一节新闻还没有播完，怎么可以 9:10 就出来？每一个环节都会耽误时间，每个环节因为观念不同，一耽误就到中午了，该播的没有了。我要求他们，绝对不可以提前播，你 9:30 开始作业，9:40 开始编新闻，当 10:30 的时候，必须要看有什么新的稿子进来，把新的放入，旧的剔除。我们每一节新闻都不是一个人作业，每条新闻都是合作作业，甚至于一个人进去播一个小时，第二节新闻在播之前是没有看过的，在 10:30 播新闻的时候，10:29 分还在编新闻。为什么这样做，我们也知道有风险，但必须要做取舍。也许会付出一些代价，但是最重要的价值会被掌握。

覃：这是抢时间、抢新闻。全新闻电台的整体形象、竞争力、广播独有特性就是这样抢出来的。看来，创办全新闻电台要破除的第二个观念

图 24 冯小龙在云南人民广播电台演讲

是以一天为寿命的观念，可以把广播新闻的寿命界定为 4 ～ 5 个小时。

冯：还有一个是改写。广播新闻要赋予新的生命，有时要适度地改写。我到美国一些电台参观，发现他们有专人负责新闻的改写，这种人是新闻资深人士，一天可以改写 70 ～ 80 条。改写新闻，要抓住重点，没有硬功夫是写不了的，我们电台根本做不到。所以我们强调，编播要注意改写。新闻滚动播出有一个大问题，就是有时会重复。有些新闻在前面审稿的时候，我们设定这条新闻几个小时之内不得重复播出。有的可以重复播出，但要改写。这个改写必须由编辑、播报人员去做，这个改写能够让新闻面貌焕然一新，听众听起来感觉也很好。

覃：广播新闻要不停地滚动，不断地改写。改写或加长，或减短，这要根据新闻事件的变化而作判断，这是变动的。但不变的是：新鲜。我看许多电视新闻，滚动字幕多次重复无变化，观众很讨厌。如果广播新闻编辑以后，一次又一次重播，也无变化，听众同样会讨厌。看来，创办全新闻电台，编稿一定终身的观念也应破除。

九、全新闻电台的组织架构和作业流程

覃：我对美国、英国、法国的广播体制、运行机制，也认真进行了研究，但谈那方面题目太大。世界上的全新闻电台，大多数是复制了 1010WINS，只是运行格式有所不同，有 60 分钟、30 分钟、20 分钟、15 分钟四种，组织架构与作业流程也大同小异。我们还是以你们全新闻电台为例，对组织架构和作业流程作一些分析。

冯：那接下来我就谈谈我们的组织架构。这是我们的编制表（图 25）。除了经理，行政只有两人，接下来只有两个所谓的主管，一个是总编导，一个是采访主任。他们在管理上一个管采、一个管编，但是在新闻作业时共同构成了编导群，其他就没有什么“官”了。所有的人都要进入新闻的实际作业，因为我们基于成本的考虑必须这样做。

覃：走进新闻界，首先要考虑的是深钻新闻业务，做新闻方面的行家里手。但这要提供一种环境，环境

中廣新聞部編制簡表

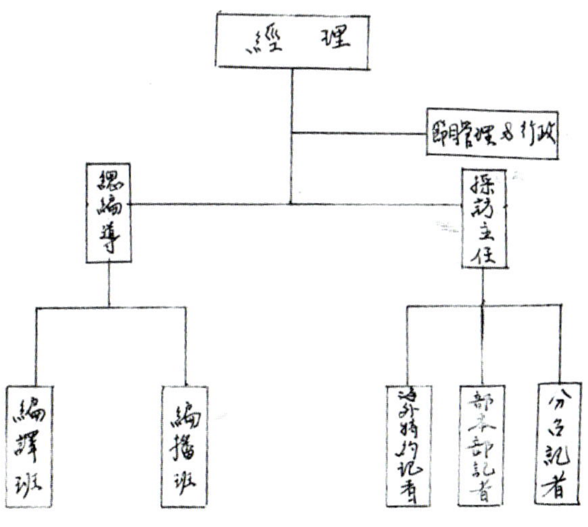

图 25 中广新闻部编制简表

此之间的沟通，本来新闻作业就是群体性的作业。

其次是流畅之动线。以前我们的观念是办公区放一边，播音室放一边，因为没有电脑作业。但现在要合在一起，是为了人员的方便。在国外，我看到澳洲一家电台，连门都没有做，通过一个旋转的吸引棉就把声音吸掉了。我们新闻网播路况的，就在办公室里面，不设在隔音的地方。

覃：我到电台工作以来，对全国多数省市电台的播控区、发稿区都考察过，这些播控区、发稿区基本上是分离的，这不利于广播的快速机动。我思考了很长一段时间，决心将播音室、发稿室集中在一起，设置了10多项功能，可以称之为多媒体编辑部或大编辑部、新闻滚动编辑部。这样，从生产线方面解决了新闻的快速机动。美国的1010WINS有3个播音室、3个制作室，与编稿室合在一大间办公室，而且播音室与编稿的地方紧挨着，这便于候播、切换，遇有重大新闻事件，非常方便。

冯：第三是眼观四面，耳听八方的监控资讯观。这个对广播媒体来讲是重要的。如果你认为有用，如CNN，都可以把终端挂在那里，有什么新闻事件就可以发现。我到美国全新闻电台新闻部经理那里去交流，听到的都是哇啦哇啦的声音，我说是什么东西，他告诉我是消防队员的信息。后来我们也做，警用的、消防的，采取监听掌握即时性的信息。主播那里为什么要放电视，举个例子，像“9·11”事件发生的时候，基本上要靠外电，我们要求必须看CNN，只要看一句字幕，就可以播出新闻，播着播着看到世贸大厦倒下来了，马上就报出来，听起来效果就很不错了。

覃：我们也设置了电视墙。电视墙的作用在于捕捉世界上最重大的新闻事件，然后做片段切割。但电视墙多数时间是用不上的，因为观看电视很痛苦，要么很呆板，要么娱乐过了头。大陆看电视的人，沙发土豆不少，文化素质低。文化素质高的人，看新闻联播的多。我现在的思考是，想做一块网站墙。

冯：另外就是创造审稿与编辑作业群组的作业环境。新闻少，事物比较单纯；新闻越多，问题就越复杂。如果一边新闻在不断更新，一边我们还用传统的作业模式，那就不知道该怎么办。而且到底这个新闻应该隔多长时间播出，每个人

图28 作者（左1）向冯小龙介绍云南人民广播电台“金色热线”栏目

是以自我为考量，这也重要，那也重要，听众就烦了。所以我们采取系统管理。什么叫作群组作业环境？举例来讲，审稿集中在特定的人身上，稿件多的话，排队的就越来越多，就像一条新闻2分钟审完，后面还有30条，就会耽误听众一个小时。这就需要从头到尾把所有的环节都打通，急稿要很快编辑，很快传送。而你审稿要一个小时，记者的稿件能快发吗？所以要想办法创造一个没有障碍的审稿环境。我们是一个审稿群，可以有秩序地处理，大家知道谁在处理哪个稿，但是我要让它及早通过。今天我们有很多的人力，可是会出现一个问题，当我播10:00新闻的时候，我很忙，你又要我去编排，还要写提要，我忙的不行，其他人又帮不上忙。从管理的角度讲，我有这么多人，但每个时间工作的只是一个或两个人，其他的人力就被浪费了。我们要让这些人发挥效率，就要想办法创造一个群组作业的环境。我们现在一个小时两节新闻，这节是一个小组在做，下节是一个小组去播；下面一组又是半个小时，大家都感觉不累。然后我们要做适当的时钟规划，提供新闻播出的无障碍空间。为什么要办全新闻电台，全新闻电台就是随时都是新闻，随时的新闻都是新的。所以做一个时钟规划就是1个小时做一个规划，新闻随时都在播出，听众要听就能听到新闻。全新闻电台都是新闻，时钟设计就是播出规则。再一个是无障碍空间。如果只播整点新闻，而发稿、审稿的速度很快，但是没有播出的机会，等上30分钟才能播出，这个播出的环境就是一个障碍。就像宾馆的旋转门一样，人是川流不息的，但是无障碍。我们的时钟规划就是这样的旋转门，它在不断地滚动。

然后是采译编播流程的设计。总之，生产线要简单流畅。

覃：创办全新闻电台，生产线也面临一场革命。

十一、创办全新闻电台其他需要完成的结构性调整

覃：您有20多年创办全新闻电台的经历，我想还可能有很多体会。

冯：还做过一些其他的调整。第一个是新闻源，你的记者人数可能比较多，也可能有其他的新闻来源，像合作、交换方面，比如我们与香港合作，他们直接向我们记者送稿；新闻源还有外电。但外电要经过处理，每个人一个系统，拿过来后印出来要重新改写，所以我们必须要做到一件事

图29 2006年作者参加海峡两岸广播事业交流研讨会

情，就是所有的新闻来源要汇总到同一个平台。对于全新闻电台来讲，审稿人坐在那里不动，记者、编译的该进来的全部进来，一进来就知道是谁的，系统越单一越好。

覃：这个平台太重要了，它是“一次生成”的关键，设置好了，大家都能运用，这是广播新闻的一次革命，它将大大提升新闻的生产能力。但任何事物都有两个方面，对于综合性的电台来讲，要转向全新闻电台，年龄大的采编播人员可能不适应，就得有分流，这个难度很大。云南电台在现行体制下，用了五年时间才完成这项工作。

冯：第二个就是财经即时指数、交通路况、体育赛况等资讯源的整合。像我们当初为了交通路况，专门去找台湾的一个资讯研究机构帮我们开发路况系统。还好，台湾有一些巴士有定位器，通过这个定位器就知道车速，就会根据时速去判断路况怎么样。这就是说，我们不要什么程序都让专门的人去做，要通过系统去加以调整，用系统去调整，就节省了人力。

覃：中国大陆已经走进了三网融合、三屏融合的新时代。这个时代，广播也将是受益者之一。比如，我们正向新媒体进军，计划办云广手机台、网络电台、富媒体 / 可视化广播，节目还想上 ipad。如果新闻资讯每个部门都设专门的人做，那将增大成本。在一个系统作业，新闻资讯一次生成、多次发布，这个问题就完全可以解决好。但系统的建设，需要做过细的工作，广播离不开新技术，新技术要为新闻内容服务。

冯：还有人员及薪资结构调整。我们以前推动编播合一时，发现一个问题：大家都觉得记者很辛苦，所以薪水比较高；编播人员在办公室，不辛苦，薪水比较低。但最后我们发现，所有回来编播的人都没有实际经验。我发现美国的主播是记者薪水的 10 倍，这就说明内部播报的重要性。从实际出发，我们开始慢慢调整，当初有很多包袱，有些是播音员出身的，有些是做编辑工作的，既然你做了全新闻电台，不让他们做新闻训练的话，新闻素养很难提高，业务很难拓展。后来我们想了一个办法：让记者和编播人员薪资拉近，让编辑和播音员出去跑新闻。我认为，一个新闻人，如果不知道新闻怎么采访、怎么处理，你播出的新闻一定是肤浅的。

覃：我们叫轮岗锻炼。在向新媒体进军、延伸的过程中，我们进行全能记者的培训。播音员、主持人要学习写稿、照相、摄影，记者也要学习主持节目、摄影、摄像。但是，一专多能可以做到，样样都专则比较难，有主有次，合理搭配，这也是管理者要把握的问题。

图 30 作者（左）与冯小龙

冯：还有一个编组，我们以时间编组取代了功能编组。全新闻电台既然是一个强调时间的媒体，那就不能像传统的报纸。报纸编译就是编译，编辑就是编辑，我们也有编译、编辑，假设我们一个编译组长，上班 8 个小时，剩下的 14 个小时怎么办？所以我们就是时间编组，一个编组里面含有编译、编播、编导，中间每一个班都有一个带头人，那是总编导，用时间编组就是指挥机制跟记者相互搭配，能较好完成任务。

覃：以时间编组强调了时间，强调时间抓住了广播的关键特性，抓住了关键特性就是广播的胜利。这虽然是细节，但抓得很好。

冯：然后是效率化作业平台的设置。这个作业平台如果设计得好的话，可以产生非常好的效果。我们原来不是商业电台，开始人数最多的时候有 100 多人，还有分台的 30 多人。后来我们演变成商业化电台后，人越减越少，现在本部加上分台不到 60 人。我们之所以人减少了，还能够坚持下去，收听率也不错，很重要的原因，就是通过系统节省了很多人力。

覃：这个系统的建设有意思。我们走全媒体建设之路，与软件商多次洽谈过，但他们不熟悉新闻流程，提供给我们的系统满足不了各个频率的需要，我们就想专门设计这样的平台。

我看到您对作业系统平台非常满意，您能介绍一下它有哪些效益吗？

冯：作业系统平台的效益，第一是低阶人力大幅缩减，因为它可以自动判别、自动处理。第二是分享资料。我们从事广播新闻工作的有很多东西是需要分享的。既然有了一个平台，当然就要去分享。所有的专家学者都有资料，我们要找一个问题，就可以马上到里面去找：这个人的电话、口才，人怎么样、习惯如何等。每天早上开会，传统的方式是我交待下去，第一个只有我知道，其他记者不知道。创造了一个平台，我开会的时候，所有的记者和编播人员都知道了有什么精神。资料的分享对我们来讲是非常重要的，所有的东西都分享，编译、采访、编导都是靠这个，比如我们有一个讲闽南语的频率，他只做最后一端就可以了。

图 31 冯小龙与作者（右）交谈

还有稿台关系。大量的资讯、信息什么时候

进来，什么时间出去，哪个应该播，哪个不应该播，没有平台，出现的状况是各人一把号。有了平台，系统就可以帮助你解决这个问题。

覃：稿台关系，是管理的一部分，有管理问题，更有观念问题。做新闻的，不能不研究管理。管理抓好了，生产线流畅了，新闻就能快进快出。新闻系统，是新闻的大脑，应围绕新闻储存很多很多的内容，供做新闻时选择。对这个系统的设置，新闻广播的人都应该思考，而不能只交给软件商。从 2004 年开始，我与软件商谈过几次，他们像听天书。

冯：内外、早晚之间，有了无障碍的沟通平台，就可以去沟通了。

覃：中国大陆现在已开始三网融合，云南电台与电信部门有很多合作，这实质上涉及新闻的增值业务，你们在这方面的工作怎样？

冯：关于新闻增值业务，传统的做法就是创造收听率，为广告营销带来机会，然后通过广告营销支撑广告运作。但慢慢地我们发现，新闻本身有价值，新闻产品是可以卖的，这样，新闻变成了一种商品。现在在台湾门户网站有 6 家，都向我们买新闻产品，甚至有的报纸也向我们买新闻产品。我们发现，其实新闻可以有价化，只要你有一个很好的平台，可以在没有成本的情况下，替你产生经济效益。换句话说，我们投入的人力都是为了传统广播，但是在运作过程中模组化，就像工厂的生产流程，每个流程设计标准是什么，然后每个环节可以变成产品，到成熟阶段的时候，可以传送出去。比如我们有一个音乐网，它也需要新闻，我在新闻网播两分钟的内容，同时也可以提供给音乐网。我做完之后，文字马上就传过去了。这个就是我们的产品，然后这个产品做完 5 分钟之后，又传到手机平台去了。手机可以上网，我们每小时分发 8 条左右的新闻，每个小时都给它更新，前面是我们电台使用，后面是跨媒体使用，这就产生了增值的作用。而实际上，我们没有舍弃本业，但是无形中通过数字化系统的分享，达到了加值的效果。我们的新闻，从 10:00 播到 10:30，到 10:05 的时候新闻已经播出去了，这时就跨媒体提供新闻。为什么有人向我们买新闻产品？台湾的新闻媒体很多，我们的合作对象有 40 多个，我们的人比报社的人少多了，但是他们为

图 32 作者（左 5）与冯小龙（左 3）在云南广播博物馆合影

什么还买我们的产品？因为全新闻电台的内容不一样，其实是为了广播的生存去做的新闻，但是我们在产出的过程中，除了提供声音以外，还提供文字。我们台湾最大的门户网站是 YAHOO，它的市场占有率达到 80% 以上，YAHOO 网站上的新闻比通讯社的新闻还多，一个因素就是用了我们全新闻电台的新闻。我们的作业系统可以替我们产生另类的效果，虽然收入不是很多，大约 5% 左右，如果从纯利的角度来看，基本上是一个零成本指数，在我们的纯利当中的比例已经达到 12%。我很羡慕大陆的条件，数字化最大的条件就是无限的复制，我再怎么复制在台湾门户网站只有 6 家，我卖 1 家和 6 家是完全一样的。可是在大陆市场，假设可以卖到 300 家，那创造的利益是非常可观的，而这个只是衍生出来的产品。

覃：这叫一次生成，多次发布；一家制作，多家分享；一个媒体拥有，跨媒体都享用。不但系统内的媒体可以分享，新媒体也可以分享。未来新媒体肯定会不断涌现，如果采取这种一次生成、多次发布的方式，将大大解放生产力。2010 年 6 月，我在云广传媒集团揭牌仪式上曾说，三网融合、三屏融合，经济不是问题，技术不是问题，渠道的革命已经兴起，关键是内容的多样化提供，建设这么一个平台，就可以丰富传统媒体和新媒体的内容。

那我们就谈到这里，谢谢！

（原载《中国广播电视学刊》2011年第6期）

07

新闻，新闻，我们报道受众有用的新闻

——关于美国 CBS 880WCBS–AM 全新闻电台的对话

News, news, we report news useful for audience
—A Sino–US dialog on the American CBS 880WCBS–AM all– news radio

图 1 作者（右）与爱德华·沃尔什（Edward walsh）

爱德华·沃尔什（Edward walsh）先生（图 2）是美国著名的广播新闻主播。他从少年时代开始就热爱广播，曾是中学校园电台的主持人。爱德华·沃尔什从美国马萨诸塞州圣十字学院经济学本科毕业后，参加了海军和越南战争。从部队复员后，沃尔什进入波士顿的 WRKO-AM 电台工作，开始他真正的广播生涯。在 WRKO-AM 电台，沃尔什从一名新闻播音员成长为一名新闻总监，组织创新 WRKO-AM 电台，使 WRKO-AM 电台转型为谈话电台，并使 WRKO-AM 电台成为全美十大谈话电台。

沃尔什喜欢流动。在 WRKO-AM 电台工作 8 年后，他先后就职于亚利桑那州凤凰城的 KFY1-Am 电台，纽约市 710WOR-AM 新闻 / 谈话电台、880WCBS-AM 全新闻电台（图 3）、1010WINS-AM 全新闻电台，先后担任 710WOR-AM 新闻 / 谈话电台的新闻总监和早间节目主持人、880WCBS-AM 全新闻电台的新闻主播、1010WINS-AM 全新闻电台的主播、波士顿 WBZ-AM 电台新闻主播。沃尔什有一副好嗓子，在近 40 年时间里，数百万美国人每天清晨醒来最早听到的声音就是来自爱德华·沃尔什。

2013 年 11 月 19 日至 24 日，爱德华·沃尔什先生到中国·云南广播电视台广播传媒访问，做学术交流，我与他就美国哥伦比亚广播公司（CBS）旗下的 880WCBS-AM 全新闻电台（以下用简称）作了全方面对话，也可以说是深度访谈。他离开云南省昆明市后，我于 2014 年 5 月 26 日通过电子邮件与他又作了进一步探讨。下面是关于地处美国纽约市的 880 全新闻电台新闻运作的主要内容。

图 2 爱德华·沃尔什在做演讲

图 3 880WCBS-AM 全新闻电台

图 4 作者（左）与爱德华·沃尔什在云南台《金色热线》栏目

一、精准定位，明显区隔：880 全新闻电台主打国际国内新闻

爱德华·沃尔什（以下简称沃尔什）：覃台长，我的好朋友——1010 全新闻电台的新闻主播李·哈里斯向我推介了您。您当过新闻总监，我也当过新闻总监，我们完全可以就全新闻电台的新闻报道作全方位的学术交流。

覃信刚（以下简称覃）：您参过军，我也参过军，转业后都进了电台，都从事广播新闻工作，而且非常热爱广播，痴迷广播工作，现在又共同研讨广播，应该是一件很有意义的事。（图 4）

沃尔什：我可能没有您那么站得高，到电台当了台长，而我当新闻主播的时间比较长。

图 5 爱德华·沃尔什在主持节目

图 6 880WCBS 全新闻电台新闻室

覃：您当了新闻主播又当了新闻总监，当新闻主播是明星，每到一地都家喻户晓；而我，做的是幕后工作。您在中学时就热爱广播，我在中学时也热爱广播，我们会有许多共同语言。还有一个问题，您转业时是政府分配的工作，还是自己找的工作？

沃尔什：是自己应聘的。

覃：我是政府部门分配的，而且是平职安排。这一条，中国与美国政府不同。您在 880 全新闻电台是当新闻主播？

沃尔什：是的。（图 5，6）

覃：880 全新闻电台属于哥伦比亚广播公司，而哥伦比亚广播公司在历史上曾出色报道了不少国际国内的重大突发事件，出现了一些媒体超人，我与李·哈里斯作过深入探讨。我不但研究哥伦比亚广播公司，还实地收听过哥伦比亚广播公司许多电台的节目，并到有关的电台进行田野调查和深度访谈。我从 880 全新闻电台新闻室出来，想到了一个题目："新闻，新闻，我们报道受众有用的新闻。"这是站在 880 全新闻电台的角度思考的，因为 880 全新闻电台是一家专门生产广播新闻、生产受众有用的新闻的电台。要不，我们的学术对话就使用这个题目？在这个题目下，我们也可以放开一些，作两国广播新闻的比较。

沃尔什：很好。您去 880 全新闻电台，是老地方还是新台址？

覃：搬迁之前和搬迁之后都去过。我常常想，880 全新闻电台置身于一个新闻竞争十分惨烈的市场。注意，我用了一个词："惨烈"，而不是一般的竞争。在纽约市，纸媒方面就有《纽约时报》、《华尔街日报》吸引了不少读者；在电视媒体方面，哥伦比亚广播公司的《晚间新闻》、《60 分钟》，全国广播公司的《今日》、《夜间新闻》，美国广播公司的《早安，美国》，以及美国公共电视台的滚动新闻、CNN 的头条新闻，也吸引了大量的观众；广播媒介，880 全新闻电台还要与美国国家公共广播电台、清晰频道的新闻 / 谈话电台以及同属一个广播公司的 1010 全新闻电台竞争。在这样的生态环境下，880 全新闻电台怎样制胜？ 880 全新闻电台与 1010 全新闻电台原先是竞争对手，争得死去活来，后来变成了一家公司，成了一家人，同在一地，同在一幢楼办公，两个电台怎么定位，怎么区隔？

沃尔什：有精准的定位，明显的区隔。您知道，880 全新闻电台是美国创办得最早的全新闻电台之一，但不是第一家，第一家是 1010 全新闻电台。在 1010 全新闻电台出现后人们发现，它的新闻非常短，好像播出的全是新闻提要，这种运行方式也吸引了不少听众，但还有许多高端的经济界人士更喜欢听更加丰富、更加详实的新闻，这种新闻希望是财经新闻多一些，同时又要有一部分是涉及社会新闻包括犯罪新闻。电台在实践探索中发现应该有另外一种类型出现，于是880全新闻电台应运而生。880全新闻电台针对的是纽约市的郊区，那里的郊区都是别墅，是高端的经济界人士居住的地方；1010全新闻电台针对的是市区，市区多数是办公区，公务员居多。880全新闻电台主要关注国际国内重大新闻和深度报道，1010全新闻电台主要关注的是本地重大新闻，消息比较简短，这是主要的区隔。880全新闻电台也播出少量本地新闻，1010全新闻电台也播少量国际国内新闻，但主要目标不同，在其他方面，也有不同。

二、“作战机制”：重心下移，好钢用在刀刃上，主力放在最前沿

覃：对于1010全新闻电台，在中国广播界可以说耳熟能详，感觉它好像就是美国全新闻电台的代表。而对于880全新闻电台，了解的人还不太多，有关的资料也少见。接下来，我们就对880全新闻电台作案例分析。

沃尔什：好。880全新闻电台是哥伦比亚广播公司广播网的旗舰电台，地处总部所在地——纽约市。在全美，它的受众数量是最多的，员工也是全新闻电台最多的，有80人，薪酬也是非常高的。当然，与此同时，它对员工的要求也非常严。换句话说，在880全新闻电台工作，你必须有很强的新闻采集、改写和播音能力。

覃：我在与李·哈里斯对1010全新闻电台进行案例剖析时，首先从1010全新闻电台的诞生开始，然后是组织管理。您刚才谈到，880全新闻电台晚于1010全新闻电台诞生，那我们就先探讨管理吧。台湾政大广播电视教授关尚仁曾和我谈到，美国的全新闻电台采取的是一种“作战机制”。

沃尔什：在纽约市，哥伦比亚广播公司旗下有6家电台，公司派一位总经理管理。这6家电台分别是880全新闻电台、1010全新闻电台、660全体育谈话台、FM92.3流行音乐电台、FM102.7新鲜音乐台、FM101.1经典音乐台（图7）。过去，这6家电台分别有自己的总监，但是最近几年，公司把6家电台整合在一起，由一位总经理来管理。880全新闻电台和1010全新闻电台还有一位总监，也由这位总经理管理。

图7 哥伦比亚广播公司旗下的6家电台

图 8 原云南人民广播电台领导班子成员

图 9 哥伦比亚公司纽约分公司的四个部门

图 10 880WCBS 全新闻电台记者

覃：李・哈里斯在纽约市和昆明市分别向我介绍过。这位总经理相当于我国省市电台的台长，但我们还有副台长、副总编辑（图 8）。哥伦比亚广播公司是按广播市场的大小来设置组织架构，我们是按行政区划来设置。我们现在各个频率都有总监，还有副总监，与你们过去一样。哥伦比亚广播公司管理层级简约，这便于指挥，也便于竞争。

沃尔什：哥伦比亚公司纽约分公司总经理下面，有四个部门（图 9）。一是新闻部，二是市场部，三是人力资源部，四是技术部。每个部门都有自己的经理，在总经理领导下工作。6 家电台的工作都与四个部门有关联。

以 880 全新闻电台为例，新闻部是电台最大的一个部门，新闻部的主管要管理所有从事新闻报道的员工。他有一个助理协助他工作，有一位协调员帮助他协调各方面的事务，比如说新闻的采访、新闻的改写等等，他们配合得很好。还有一位创意员，负责特别节目的推广和广告方面的联络。880 全新闻电台一周 7 天，一天 24 小时播出，需要人管理电台的整个运营，这个人就是制作人。每个制作人一天会负责 4 ~ 5 小时所有新闻的播报。主播、记者、写手（改写员）和前台助理都需要对制作人负责。

覃：在电台下面，我们称为职能部门或综合部门，有办公室、人力资源部、财务部、总编室、发展研究部、广告管理部；技术部门有播出部、传发部。我们与 CBS 整个管理架构相比，多了办公室、财务部、总编室、发展研究部、广告管理部，还多了一个技术部门。这是国情不同、省情不同、体制不同。但事业编制有长处也有弊端，弊端就是机构臃肿、庞大；私营广播也有弊端：注重利润，而忽略了员工的生存压力。

880 全新闻电台有多少人，其中有多少记者、主播、新闻改写员、制作人、技术人员？由于习惯不同，我把您说的“写手”翻译为“新闻改写员”。

沃尔什：880 全新闻电台有 80 人。首先是播音团队，共有 40 人，35 人在职，5 人兼职。11 名记者由主持人兼任。还有制作人和新闻改写员 10 人，另外 30 人是营销团队加行政人员。主力是 40 人的播音团队和制作人团队。技术方面是 6 个台共用。11 名记者对美国广播来说，是很大的数字了。纽约市是美国最大的城市，大约有 800 万人口，但 880 全新闻电台覆盖不只纽约市还包括毗连的康涅狄格州和新泽西州一些地区，加起来大约有 5000 万受众。

覃：我们新闻广播是卫星传送，从理论上讲可以覆盖 42 个国家和地区。但有效覆盖主要是云南省和周边一些地区，人口约 4600 万左右，忠实听众、潜在听众为 3200 万，而新闻广播的干部员工是 58 人，记者有 19 人。

沃尔什：880 全新闻电台的记者中有 7 人是做综合报道的记者（图 10），他们每天承担比较重要的新闻报道任务，有 3 名分布在周边地区，1 名在长岛，1 名在新泽西州，1 名在康涅狄格州，负责这几个州市的报道；还有一名特殊的记者，每天坐在纽约市政厅，专门报道政治新闻。另外，11 名中有一名机动的特派记者，长期在联邦和州的法庭里报道重要的法律案件（图 11）。

覃：云南台新闻广播的记者有一个时政组，专门报道时政新闻，主要是省里的重大举措、重大决策、重大活动、重要会议；在公安、检察院、法院没有专职记者。应该说，公安方面的新闻事件还是比较多的；原来州市设有 10 余个记者站，是副处级机构，2006 年被省编办撤销了，真可惜。

沃尔什：880 全新闻电台的记者长期在社区采访，您看这几张照片，这是记者采访警察（图 12），这是记者在居民家中采访（图 13），这是在长岛采访。全新闻电台必须有移动报道设备，也就是要有采访车。这是 880 全新闻电台的记者驾车在街道上巡逻采访。通常情况下，如果没有重大突发新闻，每个记者采写的稿件平均是 4 条，同时，他们还要为网站写出不同版本的稿件，要做社交媒体的互动，工作量是很大的。

覃：原云南人民广播电台也有大型采访车和野外采访车，在大型活动和重大突发事件时采访。我们的记者也有工作量，也抢“工分”，但不是全新闻电台，稿件长短不一，很难统一规定发多少条稿件。

沃尔什：我谈的是周一至周五的情况。而在周末又有不同，或是专门的团队在工作，或并非是全职人员。在 24 小时中，有的专门上夜班，有的专门上白班，专门有这样的安排。880 全新闻电台还灵活使用现代科技，包括手机的网络信号，可以在场外录制新闻节目，录制的效果有时候和播音室的效果类似。

覃：这是科技的力量，原云南人民广播电台也在使用，但没有大规模使用。我们刚才谈的是记者，接下来分析一下主播。

沃尔什：880 全新闻电台有各种各样的主播，我这里谈谈主要的主播：早间新闻播出有两位主播，中午有一位主播，下午有两位主播，所有的主播都是经验丰富的记者，他们是受众心目中的明星。

覃：主播是呈现新闻产品的最后一人，也是关键性的一人，主播有影响力，这个电台就有影响力。880 全新闻电台有许多明星主播，这是长期有影响力的保障。请您谈

WCBS NEWSRADIO 880

* 11 REPORTERS
  * 7 GENERAL ASSIGNMENT
  * 3 BUREAUS (LONG ISLAND, NEW JERSEY CONNECTICUT)
  * NEW YORK CITY HALL (POLITICS)
  * FEDERAL AND STATE COURTS

图 11 880WCBS 全新闻电台的记者分工

图 12 880WCBS 全新闻电台记者采访警察

图 13 880WCBS 全新闻电台记者在居民家中采访

图 14 主播布里哲特·科温和斯考特

图 15 娱乐新闻主播卡斯

图 16 880WCBS 全新闻电台的主播琳达

谈主播的具体情况。

沃尔什：这两个是下午时段的主播，这个是著名的主播布里哲特·科温，这个是斯考特（图 14）。这两位主播都盯着屏幕，因为文字稿会出现在屏幕上。一名主播在读稿，他念时不断向上滚动，这样下一位主播就知道什么时候开始念了。其实，就是这样念滚动条，也需要丰富的实践经验，看起来容易做起来难，在你看来念滚动条是比较容易的，但事实上并不简单。

覃：在美国，比较注重广播新闻的愉悦。我说的愉悦，不是低俗化。低俗化，在中国不受欢迎，在美国也不受欢迎。880 全新闻电台有专门的娱乐新闻主播吗？

沃尔什：这位就是 880 全新闻电台的娱乐新闻主播。她的节目涉及纽约市新的电影首映、新的演唱会、新的话剧等，也就是我们现在看到的卡斯（图 15），她一个人坐在那里，只要通过左边的大屏幕控制系统，就可以控制内容的播出。您也许知道歌唱家詹妮弗·洛佩兹，她很漂亮，同样她的妹妹琳达也很漂亮，而琳达就是 880 全新闻电台的主播（图 16、17）。

覃：漂亮不漂亮我并不太关注，我关注的是组织架构。880 全新闻电台的组织架构正如关尚仁教授说的，是一种“作战机制”。这种作战机制就是把“尖刀排”“尖刀班”放在了战斗的最前沿，把好钢用在了刀刃上，而且每周 7 天，一年 365 天都保持了这种态势。这种态势就是竞争的态势，确定打大仗、打恶仗、打胜仗的态势。

这种组织架构最大的特点：一是减少了管理人员；二是减少了职能部门；三是强化了一线人员，也就是最活跃、最具生产力的人员。这种架构以生产新闻精品为导向，在生产时，以组群作业，为了把新闻产品做得更新鲜、更有竞争力、更符合受众的需求，群组人员分工同步，要求改写，立即改写；要求连线，立即连线；要求播音员放慢速度，立即放慢速度；这种从环境时空最佳的“当下”出发来制作新闻产品，会使广播新闻更真实、更新鲜、更愉悦。

而中国大陆新闻广播的组织架构，基本上是“垂直型”“导向型”的：一位总监或副总监率领一个群组作业，它的长处是把握了正确的舆论导向和品质，不足是总监副总监不能全天把关，其余群组职级低一级，在调度上不太顺畅，而且会依赖于总监、副总监已审定的稿件，改写、连线、播音按部就班，新闻重复的多，新鲜的少，广播新闻快进快出的特殊功能没有能够充分发挥。

880 全新闻电台非常重视播音团队、制作人团队，并让他们占主导，生产优良的新闻产品，这也是一条有益的经验。我在 1997 年兼任新闻总监时，传统的做法还是重视采访的记者，因为除了使用通讯社稿件改写少量报纸的稿件，我们主要用的是记者的稿件，记者是新闻广播最主要的新闻供应者，所以常常派一流人才做记者，二流人才当编辑，记者的薪酬也是最高的。但播音员很有意见，认为记者的稿件写得再好，如果没有优秀播音员的二度创作，受众也不喜欢听。后来，我们提高了播音员的待遇，并让他们也多岗位锻炼：做编辑或当记者。

880 全新闻电台在组织架构上，高度重视播音团队、制作人团队，一些优秀主播的薪酬甚至超过总监，这是以产品为导向，让员工把精力放在业务建设上，这是竞争制胜的法宝。

图 17 主播琳达和詹妮弗・洛佩兹

三、新闻室、演播室融为一体：“输入”、“输出”流畅自如

覃：我比较重视新闻室、演播室的建设，在国内第一家把发稿、编辑、访谈、播出全集中在一个地方，这样便于新闻的快进快出。我还实地调研了 880 全新闻电台、1010 全新闻电台、澳洲新闻广播网、台湾中广新闻网的演播室，又加以改进，建成了新闻广播《金色热线》演播室，并安装了摄像设备。《金色热线》演播室的设备是从四个国家招标采购的。

沃尔什：摄像机用上了吗?

覃：从今年开始，《金色热线》栏目朝报纸、电视、网络延伸，变成了四位一体，已经用上了。以前，主持人不必化妆，现在要在电视上露面，需要化妆了。这又是一个变化，说明超前谋划做对了。（图 18）

沃尔什：哥伦比亚广播公司非常重视演播室的建设。因为常常是前一个主播刚刚结束工作，后一个主播马上就来播报新闻，而且是当天的新闻头条，不能有丝毫的马虎。所以，880 全新闻电台的演播室可以让多个主播同时工作。我们从视频中看到，通过隔音玻璃可以看到外面的新闻室，新闻室也可以看到演播室。唯一比较远的，是咖啡机和洗手间。

图 18 作者（左）和沃尔什在云南台《金色热线》栏目演播室

覃：研究广播的发展会感到非常有趣。世界上的广播演播室，最早是在地下，因为在地下可以隔音。后来改在办公区，全部是闭封的。现在，使用了玻璃墙。我设计的演播室三面都是玻璃，目的是让主播能看清外面的天气

图 19 作者（右 1）和沃尔什（左 1）一行在新闻演播室

图 20 880WCBS 全新闻电台新的新闻室

变化，让外面来来往往的人能看清演播室的主持人。在演播室的上方，挂满了电视机，可以收看不同国家或一个国家不同的电视台，让主播掌控世界的新闻。重大事件发生时，主播就可以马上播报新的新闻，但这还需要实践。（图 19）

沃尔什：这张照片显示的 880 全新闻电台新的新闻室（图 20），准确地说，其实是两个大的新闻室，只不过是连在一起的，演播室就在里面，它允许两个播报不同新闻时段的主播坐在一起，同时还可以容纳两位记者坐下来。这张照片是在演播室外的新闻室拍摄的，新闻制片人一般站在演播室之外，通过隔墙玻璃与演播室的主播交流。这种交流不能说话，是通过手势来理解。演播室里，电脑屏幕上有一些新的科学技术。比如，主播所使用的软件是非常新的，首先有触屏的设计，与播报采编是连在一起的。演播室上面有几个电视大屏，880 全新闻电台的软件可以下载哥伦比亚广播公司广播和电视所有资源的音频，需要时直接下载下来，就可以运用到播报之中。这些音频不管是在世界上哪个角落录制的，只要进入这个库，都可以下载。所以，我为什么说 880 全新闻电台是 CBS 的旗舰台。

覃：广播是一种高科技媒介，它不同于报纸。当年，电视特别是彩色电视出现后，有专家预言广播将消亡。互联网出现后，有专家预言广播的铁塔天线将消失。但到现在，广播不但没有消亡，还在持续发展。这是什么原因？也许有很多因素，但其中有一条，就是广播与高科技高度契合，每一次新技术的发展，都推动了广播的发展。

沃尔什：我给您看两段视频，就是主播交接工作的情景。你看，这个主播刚刚结束自己的播报内容，把工作交给下一个时段的主播。男主播播报的是简短的头条新闻，也就是下午 2:00 的新闻头条；女主播播报的是纽约各个地区的天气状况。第二段视频是，早间新闻主播和下午新闻主播在演播室交接工作。早间新闻一般是凌晨 5:00 ~ 10:00，下午新闻一般是 3:00 ~ 7:00。

覃：880 全新闻电台也包括 1010 全新闻电台的新闻室、演播室设计得都比较好。它好像人的心脏，也好像人的神经中枢，是全新闻电台的关键部位。

880 全新闻电台的新闻室与演播室我曾总结过几个特点：宽敞，能满足全台人员新闻操作的不同需求；明亮，内部外部一目了然；系统，内容管理系统将各种新闻资讯一网打尽；有序，无杂乱、阻碍之感；简便，能方便主播、新闻改写员、制作人、记者工作。

我们的办公大楼是 20 世纪 80 年代修建的。1997 年，我任新闻广播总监时，发稿室在4楼，录音室在2楼，播音室在3楼。改建新闻室、播音室，我考虑了这么几个条件：发稿室、录音室、演播室全整合在一起，有供新闻广播采编播人员共同作业的开阔空间；至少两面有明亮的大玻璃，能观察外部动态，观看内部情景；调稿、编稿、审稿、连线、访谈、播音流畅而又简便，演播室与新闻室紧密相连。根据原有条件改进后，加上技术的升级，条件大为改观。

四、新闻来源海量：反复筛选，优中选优，多元化表达

覃：“新闻史就是人类长期以来为了传播而进行斗争，即发掘和解释新闻并在观点的市场上提出明智的见解和引人入胜的思想的历史”，这是美国新闻史专家迈克尔·埃默里在《美国新闻史——大众传播媒介解释史》（图21）开篇说的一段话。我对世界新闻史最感兴趣的是著名的新闻人物以及重大的媒介事件。威廉·S. 佩利（william S.paley）主管哥伦比亚广播公司长达54年，1929年，是他把家族控制的联合独立广播业者公司的广播网取名为CBS，在1934年，哥伦比亚广播公司就有了94家电台。我在研究美国广播史中发现，哥伦比亚广播公司有许多经典的案例，其中有一个案例就是报纸和电台之战：这是1933年，合众社和国际新闻社根据报社及其订户的强烈要求，停止向电台提供新闻，哥伦比亚广播公司开始建立了主导性的广播网新闻服务机构，建立了自己的记者队伍。今天，信息高度发达，作为旗舰电台，880全新闻电台要报道好新闻，如何解决好稿源问题？因为，只靠11名记者，肯定难以支撑全天的新闻节目。

沃尔什：880全新闻台是一周7天，每天24小时向受众播报新闻，对于新鲜新闻、受众有用的新闻的胃口无穷无尽。每天的新闻永远是从制作人开始的，制作人有点与你们的编辑相似，但又有不同。一个制作人的工作包括从新闻资料库里选择新闻，决定现在发生的新闻中哪个是需要进行报道、采访和写作的，然后就给新闻改写员、主播和记者分配任务，让他们合作完成这个报道。制作人每天可以从自己的屏幕上调出新闻稿进行修改，或做事实校对的工作。每条新闻播报之前制作人都需要审查。880全新闻电台所用的新闻软件使得制作人和主播都可以非常轻易地修改、编辑内容。所有新闻的脚本都会保存在电脑系统

图21《美国新闻史——大众传播媒介解释史》

五、改写，改写，不停地改写：让新闻资讯鲜活呈现

图 28 早间新闻制作人在深夜 12:00 开始工作

图 29 前台助理、新闻改写员以及主播在凌晨 3:00 前开始工作

覃：中国大陆的新闻广播，早间时段收听率是最高的，电台往往举全台之力在早间时段下工夫。但也有专家认为，全新闻电台全天 24 小时都应该是黄金时段，880 全新闻电台是怎样做的呢？

沃尔什：在美国一个铁的事实是，早间新闻的听众比其他时段要多，所以 880 全新闻电台的早间新闻从凌晨 5:00 就开始播报了。制作人往往在深夜 12:00 就开始早间新闻的工作了（图 28）。凌晨 3:00 以前，其他的员工都必须到位，包括前台助理、新闻改写员以及主播（图 29）。主播只要坐进演播室开始直播，就再没有办法改写当时的新闻了，所以他们每天必须在第一个小时撰写新闻。自己撰写新闻，有利于自己播报。6:00 以后，主播就已经坐进演播室开始直播。新闻改写员也会准时或提前到达新闻室，但是他们负责的主要内容是从 6:00 到 10:00。在 7:00，新闻改写员会更新主播在 5:00 至 6:00 时段里所播报的新闻，让这些新闻在 7:00 这个时段听起来是新鲜的事件，而不是旧调重弹。他们会改变一些具体的用词，然后增加一些更加重要的新闻元素，删除一些在一天中不重要的新闻细节。而同一位新闻改写员还需重新撰写自己刚刚所写的 6:00 的新闻，同样也是改变词语、更新内容，然后在 8:00 档重新播报 6:00 档的新闻；接下来，新闻改写员还需要改写 9:00 ~ 9:30 的内容。记者基本不在办公室，他们每天到现场采访，会有很多笔记。其实，一些重要事件的内容基本上是一些比较散乱的笔记，他们通过内容管理系统发送给新闻改写员，新闻改写员负责把这些内容编辑在一起，撰写成完整的文字稿交给主播播报。所以 880 全新闻台的新闻改写员是非常辛苦的，也是非常有能力的，没有办法啊，880 全新闻电台的新闻运营形式首先取决于电台的特性，电台全天 24 小时全是新闻，对新闻资讯的需求非常大，而且是源源不断的、新鲜的。但是，主播只要坐进直播室，就再也没有办法写作了，只能一直播报节目，而记者 24 小时都在跑现场，及时记录方方面面的事态并录音。他们能使稿件快起来的唯一办法，就是不断给新闻室发送最新取得的信息。而新闻改写员则必须以不断更新的方式写出优质新闻，他们要整合素材、笔记，这是广播新闻一个非常职业化的工作。

同时还有制作人，要保证新闻改写员写出的稿件是符合新闻原创的。全新闻电台需要新鲜的源源不断的内容，这就造就了新闻改写员这一职业，这是一种特殊的不可取代的职业。所以，新闻改写员对全新闻电台的贡献也是最大的。9:30 至 10:00 的新闻，有一个栏目叫《开市报告》，主要是经济新闻和消费者新闻，这个时段要符合纽交所的开市时间，在这个时间里主要报道华尔街的消息。

覃：改写，改写，不断地改写，让新闻焕然一新。看来，在全新闻电台设置新闻改写员这一职位，非常契合广播新闻的特殊需求，这一做法非常重要。我常常说，广播第一次播出的是新闻，第二次、第三次重播还算新闻，第四次、第五次再播恐怕就是新闻垃圾了。要办好全新闻电台，包括所有的新闻电台要抓住广播的关键特性，不能没有新闻改写员队伍。我们的总监应高度重视改写员的工作。

新闻改写员（writer）的配置，1010 全新闻电台也高度重视，在这一点上，与我们的新闻广播有很大不同。积 20 年广播新闻的经历，我觉得在广播新闻的特殊需求上，我们在新闻生产中还没有把握住全天都生产鲜活的新闻产品，每时每刻都改写出鲜活的新闻产品。新闻广播的容量大，需要大量的新闻资讯，而这样的新闻资讯必须是鲜活的，鲜活是其生命。广播新闻以鲜活取胜，原有产品就要不断更新，而更新的任务，非新闻改写员莫属。广播新闻的速度快，一条新闻几个版本，写作难度大，新闻改写员（图 30）应有广博的知识，深厚的新闻素养，快速发稿的能力，甘做无名英雄的人品，人才难寻。但全新闻电台必须要有这样的人才队伍。这一条，是值得我们注意的。

图 30　早间新闻制作人在深夜 12:00 开始工作

沃尔什：880 全新闻电台的受众在社会领域中比较高端，很多人是商业奇才，或在经济领域工作，他们乐于听财经新闻。880 全新闻电台每两个小时就会播报经济新闻。

覃：这是受众有用的新闻资讯，也是满足受众的需求。

沃尔什：接下来，10:00 之后就是午间新闻，这时只有一位主播（图 31），他会在 7:00 到达办公室准备新闻节目。880 全新闻电台有一些特别节目，其中之一就是下午回顾总结一天的节目，这个节目比较长，而且有深度报道。因为，在白天受众可能会上网，会去浏览简短的新闻。所以，880 全新闻电台会为他们提供一些额外的内容或更深入的报道，期盼他们能长时间收听 880 全新闻电台的节目。在 6:30，880 全新闻电台和 CBS 电视台新闻联播同步播放，只不过播放的是音频。在周末，880 全新闻电台还会同步播放电视台重要的深度报道，其中一档是面向全国的，另一档是 60 分钟的深度报道。

图 31　前台助理、新闻改写员以及主播在凌晨 3:00 前开始工作

覃：现在上班族一般都在上班时间浏览新闻，办一档回顾性的栏目也有必要。过去，云南人民广播电台新闻广播也办有一档回顾性的栏目。广播同步播出电视的重要新闻节目，一是节省经费，二是还可以使广播节目多元化呈现。

六、时钟式框架：精确制作和播出新闻，旋转门式滚动

沃尔什：从每个小时的第一秒开始，880 全新闻电台报道 CBS 新闻头条，这些头条都是从哥伦比亚广播公司广播网里调出来的。4 分钟的时候，主播开始报道地方新闻。7 分钟之后会有一个广告点，8 分钟是准时交通的信息和天气预报，11 分钟简短介绍地方新闻，13 分钟又是 2 分钟的广告。16 分钟时会有一个很短的节目推广介绍，会开一些新闻内容的玩笑或做一些简短的推广，然后简要介绍天气，之后播报体育新闻。在 17 分钟有一个广告点，18 分钟有准时的交通和天气报道。20 分钟又是一个广告点，然后是推广的内容。22 分钟时还会回到地方新闻，然后进行特别报道，有时是关于艺术的，有时是旅行的，任何行业的都可以，只要受众有用。第 24 分钟是广告，第 25 分钟开始播报经济新闻。26 分钟再播报一段广告，之后播报地方新闻；28 分钟是准时的交通和天气信息。接下来半个小时基本相同，除非发生重大新闻事件，前半个小时和后半个小时的时间框架是一致的。（图 32）

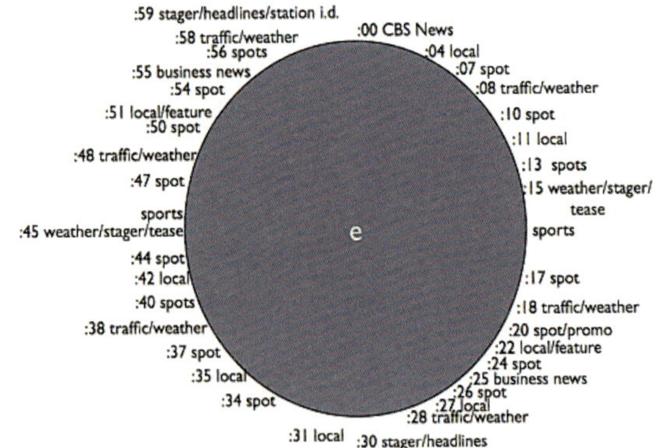

图 32　时钟式框架

覃：1010 全新闻电台 20 分钟一个单元，880 全新闻电台 30 分钟一个单元，这种新闻播出的框架要求新闻资讯的快速流动和新鲜出炉，播报的内容显然不会同质化。时间不同，带来的生产方式，包括新闻产品的形式，以及管理、经营都会有所不同。但有些基本规律、基本要求应该是相同的。

图 33　沃尔什在云南广播博物馆

沃尔什：880 全新闻电台要求所有的员工都遵循时钟式节目表，每个人都必须遵守纪律，不仅是制作人要遵守，主播、新闻改写员，包括专门报道天气和交通状况的播音员都必须严格执行，而且必须准时。不仅在每小时的一开始立刻报道全国广播网的新闻，这段新闻是自动播放的，所以必须保证在每个小时的一开始就播报 4 分钟的新闻。之后介绍电台标志的播报也会自动出现，所以每个记者和主播都必须保证非常准时。这个形式是非常成功的形式，880 全新闻电台依靠这个形式每周都可以吸引上百万的受

众。因为 CBS 旗下有很多电台，过去是竞争对手，但今天已经不是了，他们一起工作、一起采访，在报道时也相互合作，分享成果，但产品不会一模一样。之所以能这么友好，其中一个重要的原因就是同属哥伦比亚广播公司。现在 6 个电台由一个总经理来管理，就像云南广播电视台由您来管理一样，当所有的电台只有一位老总的时候，老总说合作，那么下面就很容易合作起来。

覃：事情还不是那么简单。这中间有观念的问题，有文化背景的问题，还有经济利益。云南人民广播电台和云南电视台合并为云南广播电视台后，台班子做出了朝全媒体转型的战略决策，也就是要实施媒介融合。但媒介融合有的能融合，有的不能融合，而不是拍脑袋乱融合，那样会走弯路。所以，我的思考是，先从简单的开始，然后做复杂的，先调研，做方案，然后做试验，全面推动。

facebook

图 34 社交媒体 Facebook 和 twitter

七、一体化融合发展：把广播新闻做得更好

覃：现在，在世界范围内，台网融合、台网互动已成为一大趋势，880 全新闻电台是如何谋划发展的呢？

沃尔什：880 全新闻电台非常积极地用社交媒体来推广新闻内容，希望接触更多的受众。经常用的社交媒体有两个：Facebook 和 twitter。（图 34）现在，很多受众都依赖社交媒体来获取新闻资源，而 880 全新闻电台希望能够利用这个趋势来推广所有的新闻。在纽约市这样比较大的广播市场，哥伦比亚广播公司建立了一个专门的网站，包括 WCBS 电视新闻以及 880 全新闻电台、1010 全新闻电台、Wfan 体育台，这四个台共享一个网站（图 35），这个网站不仅有音频、视频，还把文本放到网上，让受众看到不同媒介的新闻，而每个频率、频道都会向这个网站上传内容。

图 35 四个台共享一个网站

覃：这也是融合，880 全新闻电台的网站隶属于哥伦比亚广播公司的官网，但有自身的特色（图 36）。举几个例子，在 12 个版块中，《新闻热点》（Latest News）的简短资讯通过轮显屏呈现，而且点击新闻图片或者小标题可以看到比较详细的新闻报道，既有文字，又有图片，在每段文字报道下方还配有音频，可以在线收听，这拓展了广播的发展空间，因为它来源于广播，又超越了广播。《880 全新闻电台实时在线收听》版块，点击以后一边可以在线

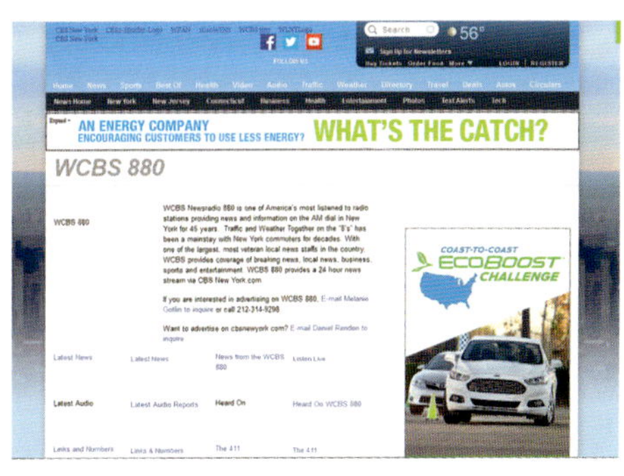

图 36 880WCBS 全新闻电台的网站
来源：http://newyork.cbslocal.com/station/wcbs-880/

收听，一边可以看画面，而且下方显示视频广告，广告结束之后，界面又发生了变化，右半部分显现出最新资讯的新闻图片，弥补了广播在视觉方面的不足；《the 411》版块，可以在线收听 880 全新闻电台每天下午 4:11 最新的头条新闻以及记者所做的全面、深度的分析报道，并了解记者所挖掘的头条新闻背后的故事，这也是创新，是媒介融合，是一体化发展。在中国大陆，现在传统媒体的网站都还在烧钱，盈利模式还没有很好解决。如何节约成本，少花钱，880 全新闻电台采取了哪些举措?

沃尔什：这个网站只雇佣了少部分员工，主要负责编辑，一天中主要编辑四个媒体的新闻内容，把合适的放到网上。对于 CBS 来说，这个网站也是很好的收入来源，因为在网站上可以销售横幅广告和各式各样的广告。对 880 全新闻电台是非常好的事情，首先不需要投入任何的人力物力来管理和经营这个网站。与此同时，这个网站对他们也是很好的推广机会，如果有的受众在网站上看到了新闻，对这些新闻产生了兴趣，他们很可能会打开收音机听电台的故事。这里，有一批非常优秀的职业记者、播音员做大量的工作，使这些新闻产品不仅会在广播中播报，还会在网站上呈现。

覃：这些播音员、记者的敬业精神真值得敬佩。

沃尔什：但对 880 全新闻电台来说，最重要的产品永远是广播的新闻产品，每到第 59 分钟的时候，就要清楚在下一分钟开启新一个小时的篇章，在这个篇章，880 全新闻电台又要为受众提供一整个小时的受众有用的新闻产品。

覃：谢谢您。下次我们再作进一步交流。

（原载《中国广播报》2014年6月17日总第347期）

图 37 作者（右）与沃尔什（左）在云南台广播高级研修班上

08

传统广播与网络融合发展之道

——CBS1010WINS、880WCBS 全新闻电台网站分析

The approaches and strategies of the convergence of traditional broadcasting and Web

——An analysis of the radio websites of all- news radio CBS1010WINS and 880WCBS

图 1 《赫芬顿邮报》网页
来源：http://www.huffingtonpost.com/

图 2 CBSNEWS 网页
来源：http://www.cbsnews.com/

图 3 CBSNEWS 网页
来源：http://www.cbsnews.com/

图 4 CBS LOCAL 页面
来源：http://www.cbsnews.com/local

1010WINS 全新闻电台、880WCBS 全新闻电台是美国哥伦比亚广播公司（CBS）的全新闻旗舰电台。在互联网时代，CBS 固守传统广播，融合新兴媒体，正在走传统广播与网络融合的发展之路。本文旨在通过对两家电台网站的模式分析，为国内广播网站的发展提供点滴参考。

一、依托于母网，聚合海量资讯

进入 2014 年，网络时代逐渐成熟，美国的网络媒体《赫芬顿邮报》（图 1）、潘多拉网络电台都有一定的知名度。《气候内幕新闻》《德黑兰新闻社》《叙利亚深度报道》这样一些利基网站也走出了自己独特的发展之路。作为美国的老牌领军电台 1010WINS 全新闻电台、880WCBS 全新闻电台有丰富的广播新闻资源，为什么没有另立门户，设立独立的新闻网站？笔者两次到 1010WINS 全新闻电台、880WCBS 全新闻电台做田野调查，也多次与前来原云南人民广播电台、云南广播电视台广播传媒做交流的哥伦比亚广播公司副总裁、总监和主播交流，发现哥伦比亚广播公司在网络发展上比较谨慎。在当前，他们仍然坚持电台依托于母网，设立子网，不单独设立网站。李·哈里斯认为："如果 1010WINS 全新闻电台设立网站当然好，但目前 CBS 还没有这样的计划"。

CBS 的官网 www.cbs.com，把新闻 NEWS 作为一个大版块，点击首页上方的"NEWS 新闻"后，便可进入到 CBSNEWS 网页（图 2）。在页面的最下端，提供了与新闻有关的链接（图 3）。最下方 CBS LOCAL 是本地新闻，CBS 把全美 23 个主要城市进行了新闻分类，进入到纽约本地新闻的页面后，可以看到多个链接，其中就有 1010WINS 全新闻电台、880WCBS 全新闻电台的子页面链接。1010WINS 全新闻电台、880WCBS 全新闻电台地处纽约市，报道的内容虽然有明显的区隔，但都与纽约"本土化"有关。

在 CBS LOCAL 页面（图 4）中点击 1010WINS 全新闻电台、880WCBS 链接后，正式进入两家电台的官网。1010WINS 全新闻电台、880WCBS 全新闻电台没有独立的官网，也没有独立的域名，用户通常需要通过 CBS 官网逐层链接到两家电台的官网，而不能简单地输入一个品牌域名直接登录网站。这样做，对整个哥伦比亚广播公司是有利的。同时，两家电台也可以减少人力、财力，并可利用公司海量资讯。

二、一体化融合发展，巩固传统广播，壮大新闻网站

1010WINS 全新闻电台、880WCBS 全新闻电台与其网站在内容上你中有我，我中有你，一体化融合，资源共享，但特点不同。

（一）推介 1010WINS 全新闻电台（图 5）、**880WCBS 全新闻电台**（图 6）

1010 WINS

图 5 网站推介 1010WINS 全新闻电台
来源：http//newyork.cbslocal.com/station/1010wins/

WCBS 880

图 6 网站推介 WCBS880 全新闻电台
来源：http//newyork.cbslocal.com/station/wcbs-880/

这是网站推介 1010WINS 全新闻电台，也是 1010WINS 全新闻电台的办台宗旨、理念和承诺。看了这样的推介，受众对 1010WINS 全新闻电台有了一个清晰的了解。

网站对 880WCBS 全新闻电台的推介要简短得多，但说清了 880WCBS 全新闻电台。

两个子网对传统电台的推广都很有力，每天约有 50 万人的访问量。这样做，扩大了电台的影响力。

（二）推介著名新闻主播、主持人、合作者以及前方记者

1010WINS 全新闻电台、880WCBS 全新闻电台网站都开设了推介著名新闻主播、主持人、合作者以及前方记者的版块。以下是 880WCBS 全新闻电台网站的各个版块。

1. ANCHOR 版块。这个版块展示了 880 全新闻电台的众多新闻主播（图 7）

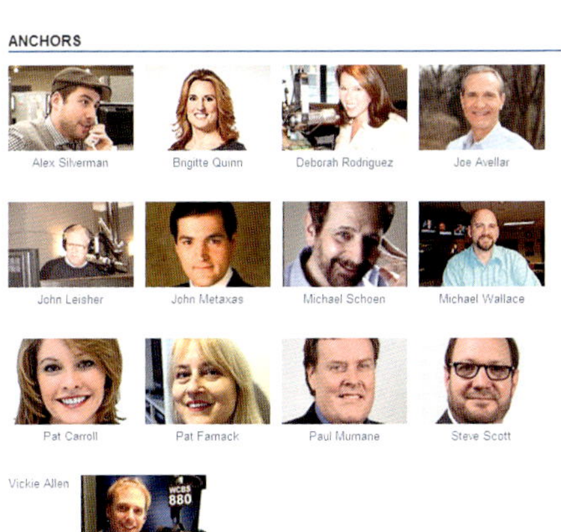

图 7 WCBS880 全新闻电台新闻主播
来源：http：// newyork.cbslocal.com/ station/wcbs--880/

ALEX SILVERMAN

At least once a week, I'm asked why I decided to get into radio. Don't I want to be on TV? Here's the simple answer: radio news is storytelling reduced to its basest elements. It doesn't have to be flashy, but it does have to be clear, concise, and personal. When it comes down to it, it's still just "hit the sounder, open the mic, and tell the world." That's what I love.

I was twelve years old when I decided I wanted to work at WCBS 880. As a kid growing up in Bridgewater, New Jersey, I wouldn't have believed you if you told me it would actually happen.

As a junior at Syracuse University in 2008, I got my first professional radio job as a weekend anchor and reporter at the local news/talk station, WSYR. The following spring, I was named morning drive anchor, and spent the year as my senior class's earliest riser.

After graduation in 2010, I moved west to become a reporter and anchor at Seattle's KIRO-FM, where I won a regional Edward R. Murrow award for breaking news coverage.

While a year on the other coast was in many ways enlightening, it wasn't home. In April 2011, I joined the country's premier radio news team here at WCBS 880. It is an honor and an unparalleled privilege to spend each and every day working alongside the names, voices, and personalities I grew up admiring.

I usually anchor the news Saturday and Sunday afternoons; otherwise I'm out on the streets tracking down what's happening.

Have a story idea? Email me at asilverman@wcbs880.com, and follow me on Twitter @AlexSilverman

Cooper Union Considers Charging Tuition

Cooper Union is considering charging undergraduate students tuition for the first time since its founding in 1859.

2011/11/01

图 8 WCBS880 全新闻电台新闻主播 来源：http：//newyork.cbslocal.com/station/wcbs-880/

BUSINESS

Jen Ursillo

Joe Connolly

Ray Hoffman

图 9 WCBS880 全新闻电台财经节目主播 来源：http：//newyork.cbslocal.com/station/wcbs-880/

CONTRIBUTORS

Bob Lape

Charles Osgood

Dave Ross

Dr. Elizabette Cohen

Jeffrey Lyons

Kim Komando

Steve Greenberg

Steve Kussin

The Money Pit

图 10 WCBS880 全新闻电台“贡献者” 来源：http：//newyork.cbslocal.com/station/wcbs-880/

点击以后，受众可以看到每个主播形象、生平简介和主持风格、主持特色等内容。在主播简介后面还附有节目收听链接（图 8）。这样做，拉近了受众与主播的距离。

2. BUSINESS 版块

这个版块展示了 880WCBS 全新闻电台财经节目主播。（图 9）

3. CONTRIBUTOR 版块（图 10）

这个版块介绍了 880WCBS 全新闻电台的合作嘉宾，这些嘉宾是各行各业的专家，他们长期与电台合作制作节目，解疑释惑。他们的专业知识和经验分享满足了受众的需求。880WCBS 全新闻电台称这些嘉宾为“贡献者”。

下图这个“贡献者”是一名兽医博士。网站大量讲述了她的故事，包括她是如何成为一名兽医的有趣经历。通过讲故事，使电台和网站更具人性化，打破了广播与用户之间的界限，这是一种互联网思维。

这个兽医博士长期与电台合作，录制了一系列与宠物话题有关的音频节目，这些节目在每天清晨 7:23，中午 1:23，下午 5:23 和凌晨 2:23 播出。网站还公布了她的办公电话。如果听众想咨询宠物喂养方面的知识，就可以打电话找到博士。（图 11）

4. REPORTERS 版块

这个版块展示了 880WCBS 全新闻电台的主要记者。（图 12）

5. SPORTS 版块、TRAFFI 版块、WEATHER 版块

这三个版块分别展示了 880WCBS 全新闻电台的体育、

DR. ELIZABETTE COHEN

Dr. Elizabette Cohen was born, raised and schooled in New York City. She grew up in Forest Hills and received her B.A. Degree from Columbia University in 1983.

When she was three years old, Elizabette saw her dog hit by a car. He later returned home with a cast on his leg, and it was then that she decided to become a veterinarian.

Elizabette has been practicing high quality veterinary medicine and surgery in New York since 1988 when she received her D.V.M. from Cornell Veterinary School.

Outside of her work with animals, Elizabette is proud of running the 2002 New York City Marathon!

Dr. Cohen is the author of Most of My Patients Wear Fur: Tales of Small Animals and Their Big City Vet. S he became an Associate Professor of Veterinary Technology in 2010. Elizabette gives regular library lectures for the public. She gives more technical lectures at conferences, veterinary technology and veterinary schools.

Elizabette has her own house call practice and travels all over New York. She is happy to answer any of your pet questions. You can contact her through her website YourHealthyandHappyPet.com or call her office @ 631-920-2785. Elizabette lives on Long Island with her family; which includes the family dog!

You can hear Dr. Cohen's unique approach to a "Healthy and Happy Pet" on WCBS Newsradio 880 every Saturday and Sunday at: 7:23a, 1:23p, 5:23p, 2:23a.

图 11 兽医博士及其简介 来源：http：//newyork.cbslocal.com/station/wcbs-880/

交通和天气节目主播。（图 13）

（三）WINS 全新闻电台、880WCBS 全新闻电台实时在线收听版块

网络实时在线收听传统广播的节目，可以吸引和累积广播听众，扩大影响力。但现实情况是，年龄稍大的受众不太喜欢在网络上收听电台节目，为此，CBS 提供了手机板软件，听众通过移动终端也能实时收听 1010WINS 全新闻电台（图 14）、880WCBS 全新闻电台的节目。这是从细微入手，给客户想要的一切，营造不同的客户体验。

这个版块播放器控制条右边有一个按钮，上面写着 CHANGE STATION，意思是听众可以点击这个按钮，右边菜单就显示出相应的 CBS 旗下各家新闻电台的名称，有音乐电台、新闻 / 谈话电台、体育电台等，用户可以根据自己的需求来选择喜欢的电台实时在线收听。（图 15）

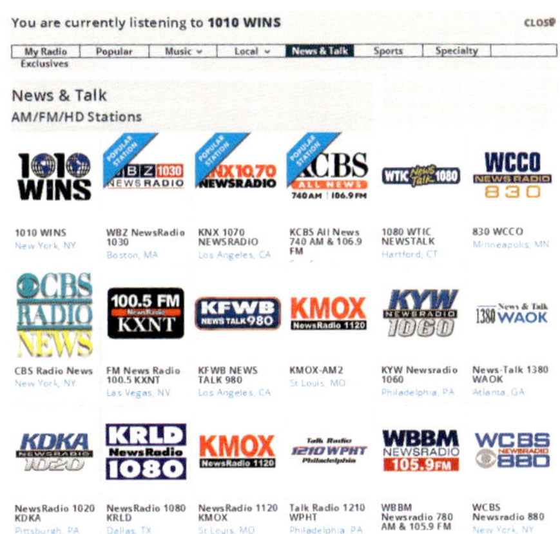

图 15 可以选择的其他电台
来源：http://player.radio.comlistenstation1010-wins

图 16 WCBS880 全新闻电台实时在线收听
来源：http//newyork.cbslocal.com/station/wcbs--880/

图 12 WCBS880 全新闻电台主要记者
来源：http：//newyork.cbslocal.com/station/wcbs--880/

图 13 WCBS880 电台体育、交通、天气节目主播
来源：http//newyork.cbslocal.com/station/wcbs--880/

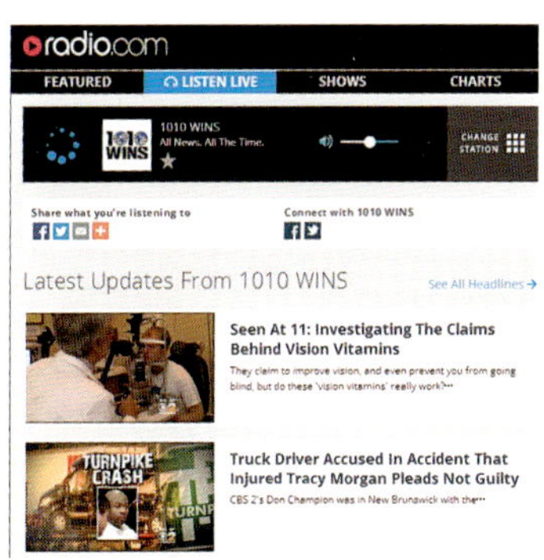

图 14 1010WINS 全新闻电台实时在线收听
来源：http//newyork.cbslocal.com/station/1010wins/

图 17 CBS 所属电台新闻音频节目
来源：http://newyork.cbslocal.com/category/watch-listen/heard-on-1010-wins--wcbs--wfan/

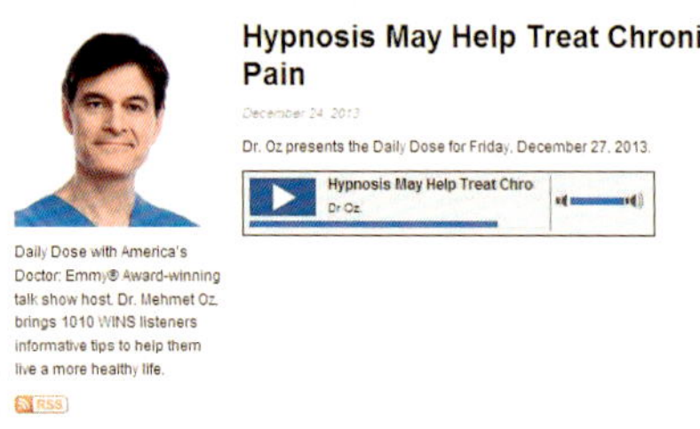

图 18 美国医生每日保健
来源：http://newyork.cbslocal.com/audio/

图 19 纽约市长每周电台演说
来源：http://newyork.cbslocal.com/audio/

点击链接进入 WCBS880 全新闻电台的官网，首先是 880WCBS 全新闻电台的 LOGO 简要介绍。（图 16）

（四）HEARD ON 版块（综合收听）

这个版块点击以后，受众可以在线收听到 CBS 所属 1010WINS 全新闻电台、880WCBS 全新闻电台等多家媒体精选出的新闻音频节目（图 17）。

三、开发广播产品，丰富网站内容，适应受众网络和移动终端收听

1010WINS 全新闻电台、880WCBS 全新闻电台的节目已经在网上实时收听，但一个网站仅仅靠这样的实时收听又是不够的。一是收听终端发生了变化，必然内容也应该变化；二是如果仅仅只实时收听传统广播节目，那么网站的许多功能都还未开发出来；三是网站既然依托传统广播节目，就应打造网站的特色产品，也就是说网站应走自己的特色之路；四是依托于传统广播，母体是广播，网站还应该在音频、主持人、声音记者方面与报纸网站、电视网站区隔开来。

1010WINS 全新闻电台在网站设置了如下版块。

（一）AUDIO REPORTS（音频报道版块）

这个版块主要内容为 1010WINS 全新闻电台购买的自媒体系列音频节目，与广播制作公司合作制作的节目。在节目中，各行各业的专家定期录制主题多种多样的系列节目，有保健、理财、数码科技、社会新闻等，供受众通过网站和移动终端收听。同时，受众还可以根据自己的喜好，通过 PODCAST 和 RSS 软件进行订阅点播。PODCAST 是一款非常新的体验软件，它汇集了很多专业性很强的优质广播节目，这其中也包括了 1010WINS 全新闻电台的各种节目。用户提交订阅申请后，只要所点播的栏目有更新，用户就可以通过智能手机及时了解并收听。

1. 美国医生每日保健（图 18）

这档节目由获奖脱口秀主持人 EMMY 和一名医生 Mehmet Oz 共同主持，每天一个话题，为 1010WINS 全

新闻电台的听众提供保健方面的知识。该节目每周一至周五播出。

2. 纽约市长 Mike Bloomberg 每周电台演说（图 19）

该节目每周一次，在周一播出。

3. 李·哈里斯和你一起说科技（图 20）

这档节目是 1010WINS 全新闻电台的著名主播李·哈里斯主持，是一档科技类脱口秀节目，听众通过节目可以了解最新的科技信息。该节目每周播出 4 次，共 4 期，每期一个话题，如“新型电子书网站上线”“40 美元平板电脑即将到来”等。

4. 底线（图 21）

这档节目由纽约市中小企业服务专员 Robert Walsh 主持，节目没有固定日期，通常每隔 3~4 天更新一次。节目主要围绕城市社区展开，如：“创新力和积极开拓是纽约市长在任 12 年的标志”（2013 年 12 月 30 日）、“飓风桑迪过后洛克威镇的重建”（2013 年 12 月 23 日）（注：纽约市洛克威镇是桑迪飓风中受灾最严重的水边社区）、“带你看看 DUMBO 社区”（注：DUMBO 社区是纽约市布鲁克林区的一个地区，以艺术氛围浓厚著称。2013 年 12 月 20 日）等。

5.STOLER 地产行业报告（图 22）

这档节目的主持人 Michael Stoler 是纽约房地产电视台有限公司总裁、麦迪逊地产投资公司常务董事、NYU 地产研究所兼职教授。其节目因其身份，具有影响力。该节目通常每隔 7 天更新一次。

6.Health TIPS《健康贴士》栏目（图 23）

这档节目是 1010WINS 全新闻电台的第二档医学保健栏目，由该台医学记者 Brian McDonough 任主播，主要报道最新的保健方法和动态，周一至周五每天更新一期，一次一个主题。

1010WINS 全新闻电台是老牌电台，他们通过多样化的自媒体节目改变了自身内容单一、严肃的特点。如果说新闻是 1010WINS 全新闻电台的立台之本，那么自媒体节目就是电台不可或缺的延伸和补充。这些自媒体节目多数是与专家合作制作的，具有专业性和严谨性，不仅短小精悍，也非常实用。

（二）Latest NEWs——《新闻热点》版块

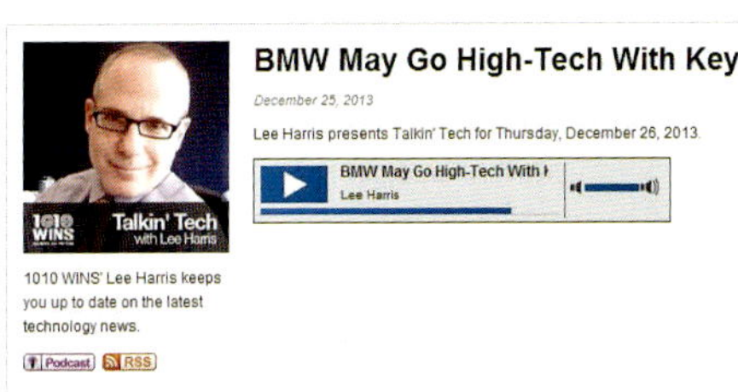

图 20 李·哈里斯和你一起说科技
来源：http://newyork.cbslocal.com/audio/

图 21 底线
来源：http://newyork.cbslocal.com/audio/

图 22 STOLER 地产行业报告
来源：http://newyork.cbslocal.com/audio/

图 23 Health TIPS《健康贴士》栏目
来源：http://newyork.cbslocal.com/audio/

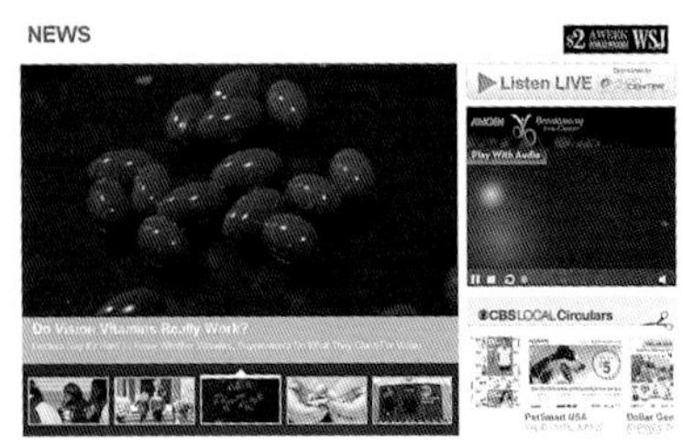

图 24 Latest NEWs——《新闻热点》版块
来源：http://newyork.cbslocal.com/category/news/

图 25《有利于提高视力的维生素是否有作用》的报道
来源：http://newyork.cbslocal.com/category/news/

图 26 Latest Audio 版块
来源：http://newyork.cbslocal.com/audio/

图 27 On Education 版块
来源：http://newyork.cbslocal.com/audio/cbs-on-education/

点击进入该版块以后，新闻资讯通过轮显屏显示出来，在每张图片的下方附有小标题。（图 24）

点击新闻图片或者小标题，可以看到更加详细的新闻报道。既有文字，又有图片。比如点击第一张图片或者下方标题后，可以看到关于“提高视力的维生素是否有作用”的详细报道。在每一段文字报道下方还配有音频播报，可以在线收听。（图 25）

（三）880WCBS 全新闻电台的两个版块

1. Latest Audio 版块（最新音频版块）（图 26）

这个版块包含了 880WCBS 全新闻电台与各类专家联合制作的系列音频节目。专家们围绕自己擅长的业务范畴，对新闻热点和焦点进行评论分析，主题多种多样，有餐饮、理财、装修、生活方式、公司经营、教育等。比如“CBS On Education”节目（图 27），就是一个关注教育的栏目，终生教育工作者史蒂夫博士主持，他能在一分钟长的时间里解决各种各样的重要问题。

2. The 411 版块（图 28）

受众可以在线收听 880WCBS 全新闻电台在每天下午 4:11 和晚上 8:11 对新近的头条新闻所作的全面、深度的分析报道。同时，还可以了解记者们所挖掘出的头条新闻背后的故事。这个版块与传统广播有联系又有区别，拓展了网站的空间。

图 28 The 411 版块
来源：http://newyork.cbslocal.com/audio-on-demand/the-411/

四、追求网络特色，培育和壮大广告市场

美国全新闻电台的网站经营收入与传统广播相比，大约在 5% 以内。但网站投入少，员工少，成本低，其收入对电台来说也是一个有力的补充。网站虽然员工少，但没有放弃广告经营，而是追求网络特色，做了许多尝试。

（一）追求网络规模

CBS 把下属媒体资源都集中到一个网站上，这种海量信息给受众带来了极大方便，用户登录一次 CBS 网站就可以了解到足够的信息，这会带来成倍的点击量，扩大网站影响力，获得更多的网络广告收入。下图是 CBS 下属全新闻电台的名称。（图 29）

图 29 CBS 下属全新闻电台的名称
来源：http://newyork.cbslocal.com/

（二）图文推介广告代言人，树立良好的广告品牌形象

两家网站除了公布传统广播与网站广告销售经理的电话号码，还重点推荐广告代言负责人，树立广告代言负责人的品牌形象。

以下是推介的主要内容。（图 30）

PATRICIA MCCANN

Patricia McCann is the personality commercial spokesperson for 1010 WINS She has endorsed product on the station since 1992 Her delivery is uniquely personal and credible – she only advertises product she has tried and believes in – a McCann family tradition

Patricia is a third-generation broadcaster on new york radio Her grandfather syndicated journalist/ broadcaster known for his integrity was the 'father of endorsement' Her family known as 'The McCanns at Home' was one of the longest running 'breakfast couples' on radio In her turn Patricia hosted her own interview program on WOR Radio for 16 years

Today in her role as commercial spokesperson Patricia researches and tries each product She visits with clients to get information first-hand and to understand their objectives She writes her own commercials to achieve a natural unscripted delivery.

图 30 图文推介广告代言人

Patricia McCann 是 1010WINS 全新闻电台商业广告代言负责人。她从 1992 年起就在电台为产品做推介代言。她的推介代言都是很独特和可信的——她只为自己亲自体验过和信任的产品做广告宣传——这是 MC 家族的一个传统。

Patricia 是纽约电台的第三代节目主持人。她的祖父，一位以正直、诚恳著名的记者兼主持人，也被称为“产品推荐之父”。她的家族以“麦肯当家”这档节目而著名，这档节目也是美国电台历史较长、至今仍在运行的“早餐伴侣”式节目之一。至于 Patricia 则在 WOR 电台主持一档节目持续了 16 年。

今天，作为 1010WINS 全新闻电台的商业广告负责人，Patricia 努力研究和体验每一种产品，她通过拜访客户来获得第一手资料，并了解客户的目的。为了保证最真实、客观的传递信息，她总是自己撰写商业广告。她独特的谈话

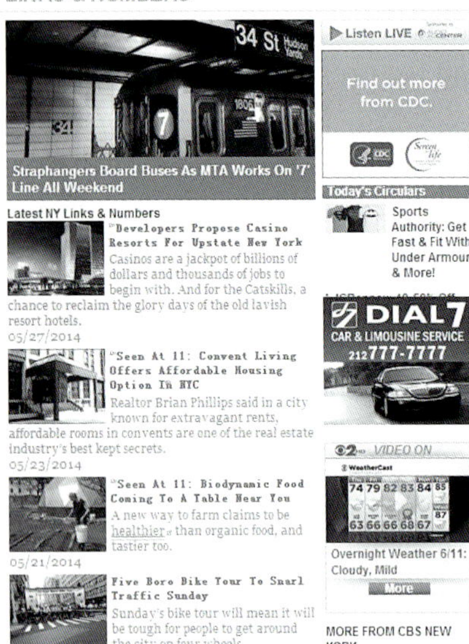

图 31 Links & NUMBERS 版块。
来源：http://newyork.cbslocal.com/category/links-numbers/

图 32 链接内容
来源：http://newyork.cbslocal.com20140527developers-propose-casino-resorts-for-upstate-new-york

沟通方式在全新闻电台独树一帜，她与购买产品的听众一对一地谈话，她的热情和诚信使所代言的商品获得了很好的口碑。Patricia 的客户包括了宝马、百味来、唐恩都乐等知名国际品牌。

根据分析，Patricia 女士的业务流程是这样的：首先，她会与需要投放广告的商家联系，详细了解产品特性，并根据自己的经验对产品进行使用和考评。通过鉴定后，1010WINS 全新闻电台广告时段就会播出广告，听众可以和 Patricia 女士直接咨询产品信息。因为 Patricia 女士在该领域从事多年，有很好的知名度和口碑，所以听众也乐意向她咨询，以决定是否购买相关产品。而 Patricia 女士必须为她所推荐代言的产品质量及售后负责，确保不出现问题。

（三）Links & NUMBERS 版块

这个版块商业味较浓，近期社区的各种公益活动、打折购物、寻物启事等方面的生活信息，被网站做成图片信息并一一呈现。如果受众对某些活动或物品等感兴趣，可直接点击链接或拨打电话了解详细的内容，各取所需（图 31）。

下图是其中一个链接的内容：它详细报道了一些房产开发商建议在纽约北部地区建设赌场度假村的新闻（图 32）。

（四）浓眉大眼，制作具有较强冲击力的新闻图片

进入 radio.com 页面后，出现的是一幅大版面的新闻图片，滚动播出，浓眉大眼，具有较强的冲击力

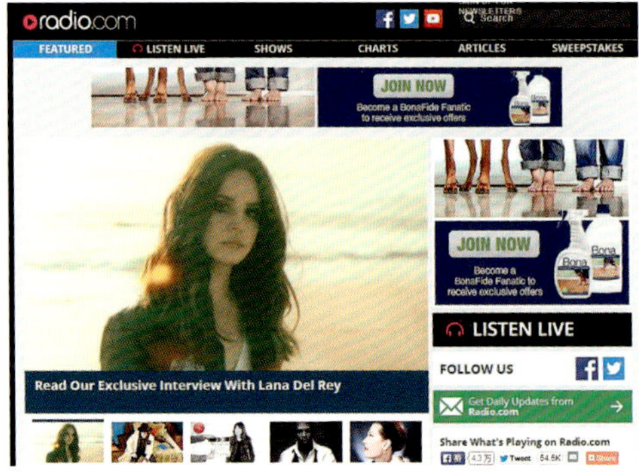

图 33 大幅视频新闻　来源：http://radio.com/

（图 33）。每个版面滚动播出 5 组新闻图片，每张图片下面附有新闻标题。看似简单，实则是一种互联网思维。

视频广告设置在图片的上方和右边，与传统广播一样，广告与新闻融合在了一起，但又有明显区隔。（图 34）

图 34　视频广告　来源：http://radio.com/

09

透析全新闻电台的内容管理系统

An In–Depth analysis of the content management system of all –news radio

2014 年 4 月 22 日至 4 月 26 日，美国 1010WINS 全新闻电台新闻主播李·哈里斯（Lee·Harris）第二次来到中国·云南广播电视台广播传媒访问，我与他就全新闻电台的内容管理系统作了一次深入对话。这次对话是根据笔者的议程设置，就 1010WINS 全新闻电台（以下简称 1010 全新闻电台）的前端也就是内容管理系统作全面的梳理，以期更好地被主播、记者、编辑运用，制作好节目。李·哈里斯回到美国后，通过电子邮件，我们又作了一些具体的交流。

一、不断变革：全新闻电台内容管理系统的发展历程

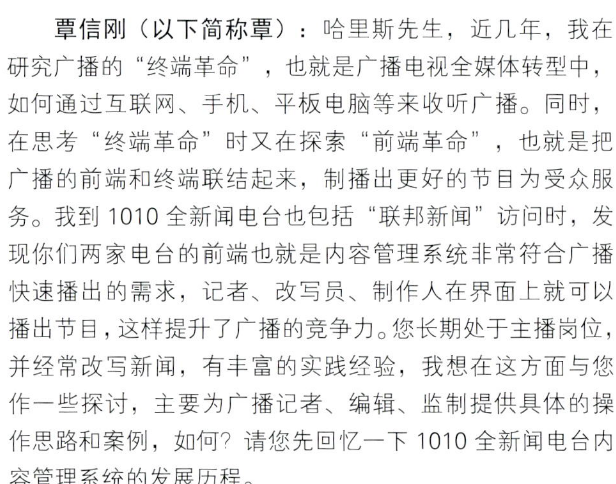

覃信刚（以下简称覃）：哈里斯先生，近几年，我在研究广播的“终端革命”，也就是广播电视全媒体转型中，如何通过互联网、手机、平板电脑等来收听广播。同时，在思考“终端革命”时又在探索“前端革命”，也就是把广播的前端和终端联结起来，制播出更好的节目为受众服务。我到 1010 全新闻电台也包括“联邦新闻”访问时，发现你们两家电台的前端也就是内容管理系统非常符合广播快速播出的需求，记者、改写员、制作人在界面上就可以播出节目，这样提升了广播的竞争力。您长期处于主播岗位，并经常改写新闻，有丰富的实践经验，我想在这方面与您作一些探讨，主要为广播记者、编辑、监制提供具体的操作思路和案例，如何？请您先回忆一下 1010 全新闻电台内容管理系统的发展历程。

图 1 1010WINS 全新闻电台

李·哈里斯（以下简称哈里斯）：那我就谈谈 1010 全新闻电台内容管理系统在技术上的历史和现实。美国广播有过辉煌年代，这个时代是如何一步步发展过来的。如今，我们所使用的新设备和新技术使广播人比以往任何时候都能更好地做广播新闻（图 1）。您知道过去做新闻难度比较大，虽然目前做广播新闻也有难度，但过去做新闻时困难应该是更多一些。

我有张照片是 1010 全新闻电台在 1965 年 4 月 19 日的一景，照片中的工作人员正在干一件在当时来说是非常重要的一件事情：他们正在创办全美第一个 24 小时都是新闻的全新闻电台。从那天起，首先美国人打开收音机，可以在 7 天，每天 24 小时每时每刻都能够听到新闻广播。那时没有有线电视更没有因特网，所以开创这样一个台是件

大事。电台当时使用的设备，有手动的打字机、电传打字机，还用纸笔、电话机，还有一些是警方活动的扫描仪。广播媒体可以收听到甚至是监测到警方的警事新闻，以了解相关的突发新闻。另外一些与电话所连接的，是当时最原始的录音机。这些人就凭着这样的设备来开创当时7天，每天24小时的全新闻电台。5年之后也就是1970年，办公室的设备换了一点，气氛轻松一些。但是从技术上来讲没有多大变化，依然是手动打字机和电传打字机。尽管时光已经过了五年，电台的人也没有太大变化，依然全都是男性（图2）。唯一的变化就是电话机和打印机能够连接了。这种设备如何来播放录制的广播节目？这位是我的前任——早间新闻主播（图3），他在这个岗位工作了30年。我们看到有手动的话筒开关，这个开关是比较方便的，他在读稿。如果这时要插广告或其他内容，把话筒关闭，他的读稿就被中断，别的内容就插播进来了。

图2 1010WINS 全新闻电台，1970年

那时不像现在主播播音时会有十几个屏幕，从这方面来说也不会受到很多干扰。读的稿件会有人给你送进来，唯一的干扰是要插播其他的内容，这个时期到了1977年，这已经是1010全新闻电台诞生12年的时候，这时1010全新闻电台已经有了总控室，相关的主播在总控室播音，后面是工程技术人员。在总控室里有技术和工程人员在一起，大家称之为一个组合。这样的组合有一个合同和协议：除非技术人员或新闻人员犯了严重错误，一般情况下他们不能被解雇。当时有很多技术方面的差错，这是回避不了的，但他们没有被解雇。

图3 早间新闻主播

覃：我是1995年8月进入云南人民广播电台工作的。那个时候，发送新闻稿是传真和信件，记者仍然用笔写新闻，改稿也是用笔。电台全部节目为录播，但也有用电脑的，只不过是极少数。

哈里斯：进入21世纪，2000年的时候，1010全新闻电台进入了电脑时代。1010全新闻电台于1985年开始装备电脑，但比较原始，只不过是文字处理机而已，主要是写稿，不具备任何音频编辑功能，这是2000年的一个电脑编辑（图4），虽然有电脑屏幕，但他用纸和笔较多。每天早上，广播新闻很大程度依赖于报纸的内容，即使录音技术在20世纪90年代中期得到迅速普及，像1010全新闻电台这样大的广播电台要全部录音化、数据化，步伐还是比较缓慢的。1999年至2004年，1010全新闻电台还是用比较原始的录音机（图5）。昨天在您的引导下，我看到云南广播博物馆有很多这样的录音机，但这种录音机经常会出故障。1999年至2000年，现在大家所熟悉的电脑化和

图4 电脑编辑，2000年

图5 小谷盘式录音机

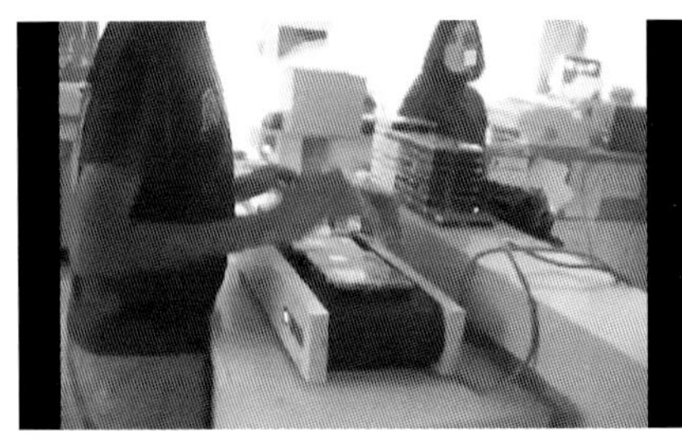
图 6 整体消磁器

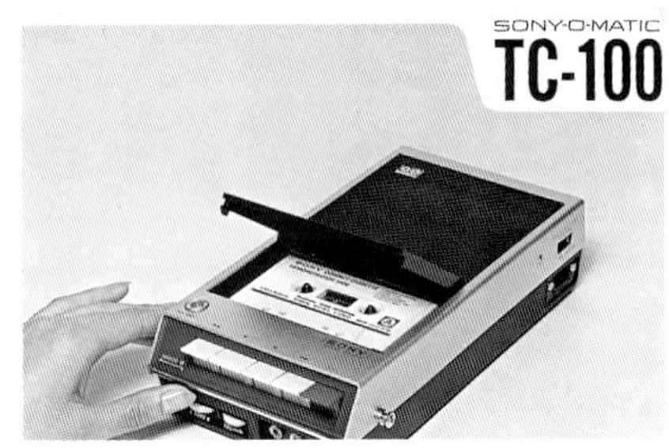

图 7 索尼 TC—100 型录音机

图 8 Electro Voice 635A 型话筒

图 9 带线的电话

数据化刚刚出现，还在大量使用卡式磁带，而旧磁带录制过后，不能马上使用，要消磁后才能录制新节目。如果你是新员工通常都被指派去给磁带消磁，这是一项非常单调的工作。如果员工每天都干这件事，还要把相关的标签除掉，恰好遇到不开心，想到整天都干这个活的话，那更加不开心。卡式录音机用起来不是很方便，但当时主要还是依靠它。1010 全新闻电台从 1985 年开始使用电脑，但是到 21 世纪初这段时间，多半还是使用电脑打印出来的新闻脚本，由主持人读稿。碰到突发新闻就把开关关上。关上以后，要把突发新闻迅速口播出去，当时有这样的操作规则。即便这样，这种方式经常也会出现一些事故。有一次说总统是被暗杀的，但是报错了，总统的名字没有，所以经常会出现一些差错，这一小段是我喜欢的带有讽刺意味的片段（音频）。

覃：我在 1997 年任副台长兼新闻中心主任时，单位专门购置了录音机，配发的手机最早的是这一款（图 6）。中心第一次用了 100 多万元为每个记者配备了一台便携式电脑，但屏幕很大。那时花这么多钱非常不容易，但为了让记者们都学会使用电脑又觉得应该。同时，给大家时间，都去学习开车，一批一批安排，记者、编辑都学会了开车。但采访机缺乏，全中心只有一个半。半个就是说已经破损，勉强可用。

哈里斯：在 21 世纪初，随着技术的进步，我们直播室的设备有了很大变化。下面您再看看之前记者外出采访的工具，1010 全新闻电台是非常重视记者的电台，是以记者为核心的全新闻电台。那时记者通常被认为是比主持人更有影响力的明星。

覃：1997 年，我刚兼任新闻中心主任时，新闻中心也是这样的氛围：重视记者工作。那时的播音员不采访，不编辑，只承担播音工作，播音员与记者的薪酬很难平衡，常常闹矛盾。后来，我们让播音员也学习采访、编辑，记者也学习播音，二者融合，并注重播音工作，逐步化解了矛盾。

哈里斯：这很有意义。当时我们有将近 15 年的录音机，从索尼 TC—100 型到 TC110 型（图 7），用了很长时间。记者往往会带两个，一个为主，另一个是备份，重量和现在的手提电脑差不多。这个话筒的型号是 Electro Voice 635A（图 8），它像一个锤子，音质不怎么好，但不容易坏，所以大家常用这个。现场采访后，要把内容送入直播室，怎么传？主要靠人把新闻送回去。等你送回去时，新闻可能已经是旧闻了。另外有一个选择，在现场用电脑把新闻发送给台里。那时还没有手机，需要用带线的电话（图 9）把新闻发回台里，它的型号叫作 Voice—Actv 型（图 10），由两部分组成：一部分是话筒，另外有个接口可以与录音机连接，但要把电话的外罩拧开，才可以与录音机接上。那时很多电话要用公用的付费电话，你要把外罩拆下来不是很容易，电话公司的设备也是不让拆的，因为他们怕造成设备的损害，所以上面带有一个防拆卸的设施。经验丰富的记者都有一个小工具，专门拆公用电话亭的外罩。您看，做一个广播新闻人多不容易，手要很巧才行。这个话筒当时价格不菲，要 100 美元，小型电台是买不起的。小台使用鳄鱼型的夹板，夹在电话上有声音，它只需要几美元。把这个拆下来，然后把夹子插上去，才能够通过电话把新闻传回台里。其实，现在在紧急情况下也有记者这样做。

图 10 Voice—Actv 型电话

覃：这种事，我也做过，与记者一起做，有那么两三次，不是很多，整个新闻中心做的也不多。

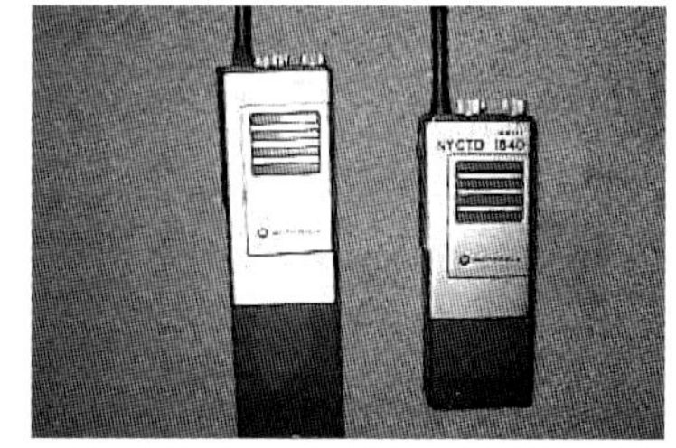

图 11 摩托罗拉双向通话机

哈里斯：当时为什么要这样做？因为直接用电话机对着对讲机把声音传回去，音质太差，所以电台不接受这样的传输，就使用夹子。我自己试过，声音确实太差，要把这种声音传回台里播出，几乎不能被接受。1010 全新闻电台那时已经有最原始的摩托罗拉双向通话机（图 11），用这样的设备来传输。这个是当时警方所配备的装置，双向的固话机或者通话机。我有次去芝加哥在火车上带着这样的设备，就像如今随身带手机一样，几个警察还把我盘查了一番。这个工具在 1985 年到 2000 年之间，是一个在现场可以做直播的最好的设备，比如谋杀案、火灾发生，如果没有这样的设备，你得去找电话机，就没有直播的感觉。但它的音质有点像捏着鼻子发出来的声音一样。

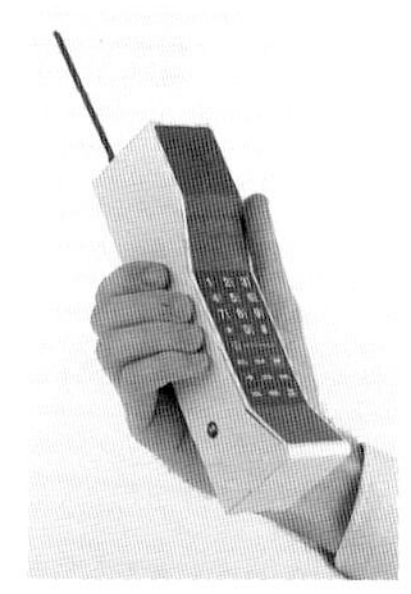

图 12 老式手机

1987 年，华尔街电影中迈克尔道格拉斯是主演，那时已经有了手机，电台买了一些第一代的老式手机（图 12），不过有很多毛病。其中之一是电池寿命太短，通话半小时就没有电了。半小时做少量的新闻采访是可行的，但在空中节目里听起来声音比较差，基本上半小时一个采访就没电了，但能够用上这样的设备已经不错了，电影中道格拉斯是在海边别墅打电话操纵金融买卖（图 13），那在当时被认为是亿万富翁才能用得起的手提电话。

图 13 电影中道格拉斯使用的手机

覃：中国的第一批手机是“大哥大”，人称“大砖头”（图 14），但电台没有购置这样的手机，第一批手机就是我使用的两款手机，我已经保存下来，准备放入云南广播博物馆。

图 14 大哥大

哈里斯：我们现在看到的是老式手机，已经陈列在 1010 全新闻电台博物馆。这些手机使用的年代是 1987 年

图 15 记者约翰在早间采访

图 16 COMREXg 公司生产的无线矩阵

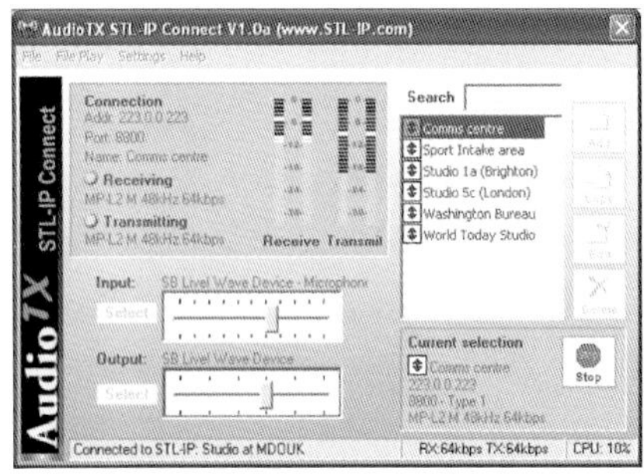

图 17 TX–2003

至 2006 年，这已经有了很大进步，电池连续通话可以达到 2 小时，对发送新闻有一定的帮助。还有一些比较便宜的、随手可用的。另外在这两个手机中间已经有了比较老一点的黑莓，黑莓一度被视为高档手机。尽管已经有了手机，但依然是电话传输，播出时效果比较差。用它来通话，再进行录音、再重新播出质量不是很好，有时录出来的声音根本不能用。有一次我与妻子交流，说用这种设备采访，声音不是很清晰。太太说没关系，你们搞广播的人认为质量不好，但是受众会知道什么情况在发生。从专业上讲，我对太太的看法是不赞成的，因为质量不好我觉得很不专业、不符合广播的基本标准。

覃： 我们那时的手机只是偶尔用用，还没有进入直播的状态。

哈里斯：这位是记者约翰在早间采访（图 15），在播出时声音还是不好听。当时 1010 全新闻电台有一个变化：所有的电子设备包括话筒、录音机有一个从模拟信号向数据信号转换的过程。在转换过程中，也有一段时间音质较差，其实是这段时间新技术产生了一些不适应。当时有一家公司在生产大量的设备，这个公司叫 COMREX，依赖于有线通话，把记者采访的声音通过它向台里传输，左边这个小机器就是把电话采访接上去（图 16），它就会向台里传输。声音要深沉一些，起到了一个用电话传输的作用。右边这个好一些，但是需要插上三条线路才能向台里传回新闻。那时还是模拟线路，很显然，如果突发新闻要带上这个设备在现场传输是很难的，因为现场很难有三条电话线提供使用。通常我们有预案，就是把电话线准备好，才能使用这个大的设备。

2007 年，无线技术有了发展，一些手机公司有了很大突破，采取了矩阵式无线设备，技术条件做到了无线传输。其中所做的尝试之一，Comrex 用矩阵式的无线设备取代了老的设备，但设备不尽人意。主要是信息的传输量很小，最多只能有 1G 的传输量，远远不能满足工作的需要。比如说约翰，他如果要做现场报道的话，至少要有 7 秒时间预热才能够把信号传回来。

后来有了变化，有了 TX–2003（图 17），是信源号码接收机，可以装在手提电脑上，它的延时时间只有 3 秒，这是一个进步。有了这样一个设备，情况有了好转，记者被派到现场使用软件设备传输，录音质量是可靠的，换句话说是可以播出的。因为是装在手提电脑里，也可以带着去采访，理想的状况是把电脑放在车里，记者回到车里传输，这样的话信号和质量会比较好。我们通常是记者在现场报道后，回到车里传输。Comrex 等科技公司也知道，现场报道后再回到车里传给台里，声音比较好，然后又做了 Comrex Acces-2011（图 18），这是一个手持设备，可以进行现场传输。这两张照片是厂家的宣传，让你知道这个设备可以在现场完成采访报道和传输，但这个推介有不足的地方，在左边的照片里没有讲需要话筒、耳机，甚至还需要外接的四到五种设备。有了 Comrex 手持设备，记者把它带到车里（图 19），插入声音，传到苹果电脑里进行混编，这仍然是在现场作业，大家习惯这样。在那个时候，同事们还在期待新的设备。Comrex，3500 美元一个，是比较昂贵的，记者们使用时通常把车停在现场附近，把 Comrex 放在车里，自己跑到现场报道，是使用手机录音。在实际运用中比较多的是使用手机，大家希望以后有这样一个设备，能够让记者在现场直播报道。对于广播来讲，最大优势也就是能够在现场进行现场报道，对于众多的广播电台来说，台与台之间的竞争是非常激烈的，谁能够充分发挥广播的优势，谁的竞争力就更强，所以要有更好的设备。有个成语"你想获得非常好的产品的话，你自己得做"。也就是说，你光靠这些电话公司，即使把最新的手机给你，还是不能完全满足你的需求，所以你要结合广播的特点，来做一些研发。

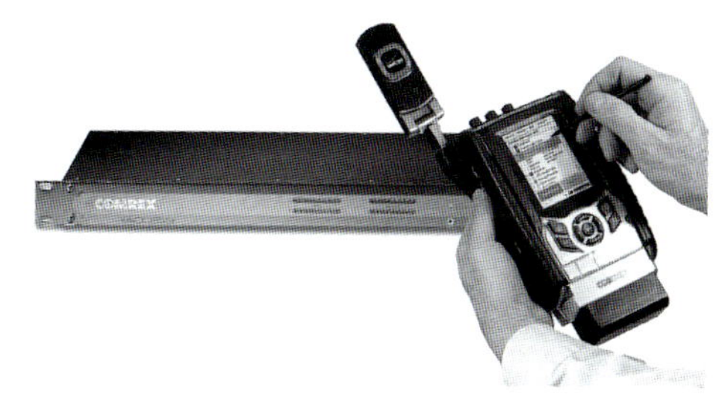

图 18　Comrex Acces-2011

图 19　在车里的 Comrex 手持设备

覃：我有过这样的思考，电台要自己做一些研发，但这方面的专家不多。

哈里斯：我与 1010 全新闻电台技术人员利用 ipad（图 20），进行客户端的设计和改造，让记者带着 ipad 到现场使用，只要按一下键，就可以把新闻传回台里，而且 ios 系统、安卓系统等所有的移动终端都能够使用。我们当时起名叫 Shark Report，但是 Shark Comrex 已经注册了，所以就叫 LiveReportPro 这样一个现场软件。这个有 ipad 版本也有手机版本，只要打开报道，就可以快速传到台里，而且可以保证质量，达到较好的效果。

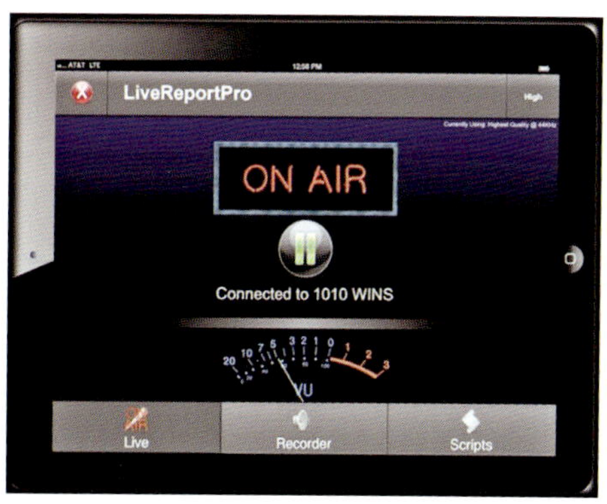

图 20　ipad 里的 LiveReportPro 软件

在现场，记者有这样的设备，在编辑和制作人员的苹果机或者是 PC 机的屏幕上有对接的软件，就可以看到谁在现场采访。比如现在是 1 号记者在采访，内容可以在软件上显示出来，而且多个人都可以显示出来，主持人、编辑可以灵活选择，信号质量相关的数据会展示，还可以知道谁在待命，如果报道纽约的暴风雪，前方用移动终端报道，后方用软件处理，可以同时展开四到五个暴风雪的报道。这是约翰现场采访的片断（图 21），他把 iphone 用胶带直接绑在方向盘上，人在开车，iphone 绑在方向盘，经过一片暴风雪区，一边开车一边用 iphone 进

图 21　约翰现场采访

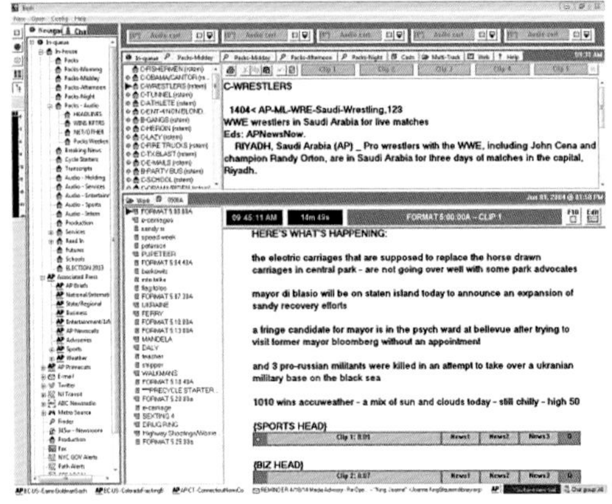

图 26　Burli 系统

图 27　Burli 系统

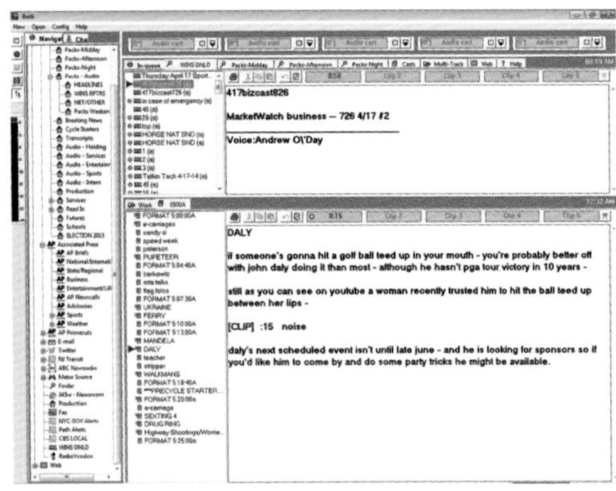

图 28　Burli 系统里的财经新闻

的消息，选出 100 条左右供新闻广播播出。记者、编辑使用电脑不多，新闻的采写、编辑基本上是手工作业。2003 年我们对内容管理系统进行了升级改造，记者上传稿件，编辑改写稿件，播音员播音都可以通过系统完成，但全台所有的频率还不能共享。两台合并后，我们已做出规划，就是将广播与电视打通，形成一个系统。

哈里斯：今天我们用的系统，称之为 Burli（图 26），它是加拿大生产的系统。Burli 和别的台使用的 Nwes Boss 等其他终端系统差不多。品牌不同，但功能基本上一样，使新闻的获取和新闻的处理、传播处于一种集中管理的状态，大家称它为内容管理系统。使用这个系统来写新闻、编辑新闻，有时还直接播出新闻。Burli 并不是独有的，还有其他相关的品牌，不知道云南台使用的是什么系统。这是 Burli 产生的界面，上面很黑的字体就是新闻稿的来源（图 27），有可能来自于报纸或者其他媒体，由此可以把要播出的广播稿在下面写出来，包括了 15 秒插入的内容。在这种情况下，一边写稿、一边读稿，到 15 秒插入过程中，继续写稿，等待 15 秒内容播完。这个系统不错，比别的系统要好一些。

下面再看这个系统的优点，它使 1010 全新闻电台的内容从采访现场进入系统，能够比较顺畅地进入到播出状态，没有什么阻碍。上面有财经新闻的内容，在早上的时钟之轮新闻段能够直接从内容管理系统播出，这在以前是做不到的。过去在华盛顿的驻站记者，要打电话到电台，把内容录下来，放到系统里，才能让主播播出财经新闻。现在的优点也就是在华盛顿的驻站记者可以把所有的财经新闻采好、传好、编好，到 7:23 播出财经新闻，不需要主播再去干一些相关的事情。这样，在现场就可以把报道的内容放到系统里，使财经新闻依然比较新鲜。另外一个好处，就是能使 1010 全新闻电台的团队更加具有生产效率，不需要我们再为华盛顿传来的财经新闻进行后续加工（图 28）。其他新闻记者也可以使用这个系统，使新闻直接进入系统，不需要后期再进行相关制作。记者在现场采访的内容，都按照这种方式运作。当然，任何事物都没有尽善尽美，比如现场记者忘了写导语，直接把内容报出来了，这时主持人需加一个导语进去，在这个环节上出现疏漏也能够弥补。

覃：这是技术的优化和升级，也是创新的成果，事情虽小，但是很有意义。

哈里斯：这个界面，只要能运用内容管理系统的人都能看到，上面各条稿件的编辑播出状况是怎么样的。它的全名叫作 1010winsaudio.com（图 29）。有密码保护，通常记者使用这个系统要登录进去，写评论的人也可以通过这个系统把评论加进去。一个记者通过这个界面把内容放进去后，就直接进入了 Burli 内容管理系统，主持人就可以播出。如果再写新闻稿，依然可以在这个系统进行，看着新闻稿播出。这个系统也可以起反向作用，某些人尤其是编辑看到这个系统记者现场报道或是已经采写完的新闻，或者尚未完成，但编辑觉得还需要加一些内容，编辑就直接写进去或写成相关的提示进去，这样记者在修改新闻时，根据编辑的提示可作进一步完善。

管理人员也可以进入这个系统进行内容管理、内容控制和提醒提示。在现场的记者，当写好的新闻进去后，点击“发出”，这条稿就发回电台了。看起来也比较简单，而且快捷好用，对整个内容管理来说从采制到播出都十分重要。

覃：这个流程顺畅、简便，加快了新闻的快进快出。

哈里斯：在我的工作界面，除了能看到记者写稿件，还可以从美国广播公司获得相关的新闻来源（图 30）。由于合作关系，美国广播公司也可以通过这个系统输送相关的新闻素材。对于 ABC 发来的新闻，1010 全新闻电台可以直接使用，也可以编辑，还可以融合到新闻文字稿里，然后再播出。

这个是 CBS 广播新闻同样的界面，大致的工作流程方式差不多，但网站上的新闻也放在这个系统里。这个是哥伦比亚广播公司所属地方台的一些新闻或是他们如何运用公司新闻的工作记录。下面是在圣路易斯的一个电台是如何运用哥伦比亚广播公司新闻的，当你不在电台时，在场外也可以使用。

覃：广播最大的优势是声音，最大的特性是声音。音频新闻的组合、改写也至关重要。

哈里斯：在 Burli 内容管理系统，音频新闻是如何编辑的？刚才那个体系可以进行文字稿的编辑，其他来自于通讯社的，兄弟台的，也可以进行音频编辑，比如对音频砍掉哪些、编入哪些、插入哪些（图 31）。这样给主持人带来了极大方便。在不必要的情况下，把这个删了，把那个切了，自己可以删、可以切，尤其在播出广告时，自己可以完成音频编辑。这就是说美国的主持人有一定的权限范围，过去是需要由编辑决定，你这个地方要修改，那个地方要完善。现在是使用这个系统自主编辑，把这一段删掉，把那一段加上。在这种情况下，自己作主，自己操作。从节约人力的角度来讲，也可以取消编辑助手，不必要让助

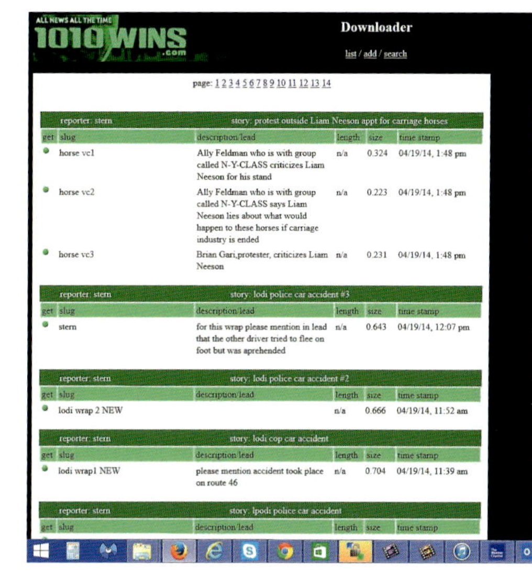

图 29 1010winsaudio.com

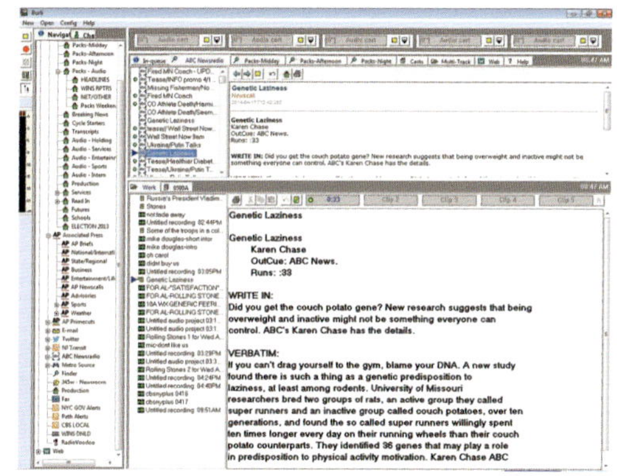

图 30 Burli 系统里从美国广播公司获得相关的新闻来源

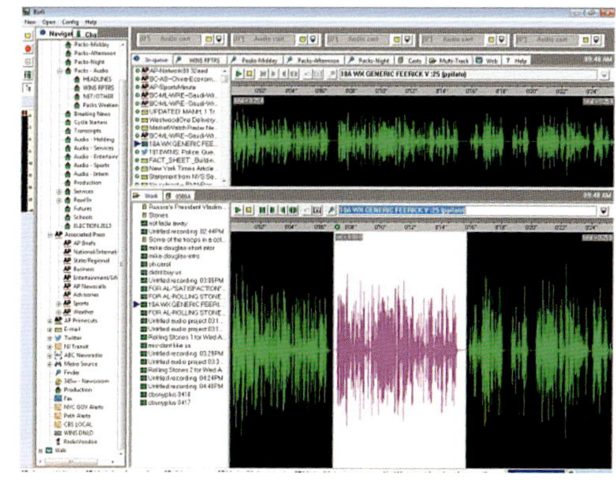
图 31 音频编辑

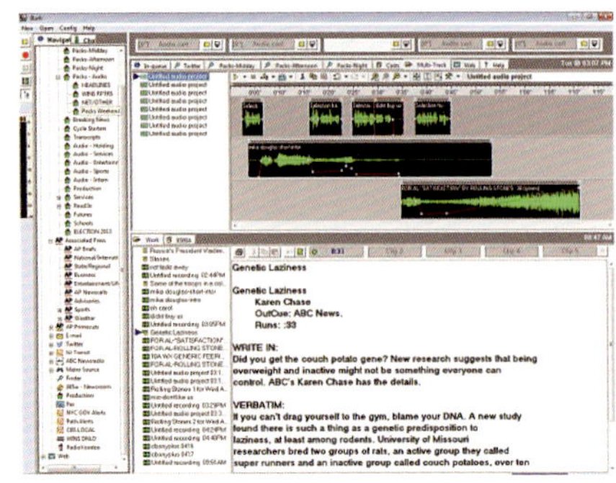

图 32　多轨音频编辑

图 33　主持人詹姆斯在播出更新的新闻

手删这个加那个。如果知道某个电视台正在播一段精彩的新闻，想录下来插入在新闻中，可以在硬件界面里作业，获得电视台所播的新闻，然后放入自己的节目中。

覃：这一步，我们的新闻广播正在尝试，还没有常态化。

哈里斯：如果想做一些多音轨内容的编辑或加入内容，也能够做到这一点。如果没有 Burli 系统，你之前想要这么做，需使用其他系统，现在有了 Burli 可以进行多音轨的操作（图 32）。如果这时还想加入相关的新闻特写，那就使用 Wave Wizard“音轨奇才”，这个系统能把新闻特写、专题等内容加到编辑的新闻里。您看，这个内容管理系统的力量比以前强大得多。这个时候中间加入一些插话和提示，最下面有一个深蓝色的提醒，是编辑通过系统发出的一个提醒，告诉主持人有什么新闻值得注意，这时编辑的指令完全能够得到体现。有了好的体系，能确保新闻广播的内容更好地呈现。由于 Burli 强大的功能，把人们用推特推送的简短内容融入到了这个体系中。如果要融入相关推送的内容，会有一些疯狂的人发来不协调的声音，这要注意。路透社官方发来的推特，可以选用到新闻报道中，这多半是在突发新闻的情况下，因为像路透社这样的权威机构，往往会用简短的推特发送一些非常快捷的新闻。推特来得快，比正式进入路透社体系要快得多。

Burli 除了做新闻，也可以做新闻之外的内容，我们偶尔把气象节目、股市行情、体育新闻也加进去，但是 Burli 对于处理其他新闻之外的内容要差一些。这个是主持人詹姆斯在 10 年前的工作情况，有个工作人员送了一条信息给他（图 33）。这种事在过去经常发生，助手经常会送来一些突发新闻、气象新闻、交通信息给主持人。当然这些多半都是有用的，都是要更新的内容，所以送给主播播出。10 年前经常这样做，有人送更新的新闻过来，但这种状况目前已经改变了。

覃：时代在变，广播在变，内容管理系统也在变。

哈里斯：这是在莫斯科新建的一个新闻台，我帮他们做了许多设计，这个台的名字叫作 Kommersant FM，是一个 FM 的新闻台。新建一个台，设备、流程都非常新。用人送新闻稿件的情况已经不复存在，目前有这样工作的屏幕，把内容管理系统的特点和好处都集中展示出来。这里有一条新闻是关于我在莫斯科，下面还有一些简短的股市消息。我当时说，你们这个信息很好，我把这种做法带回去用到 1010 全新闻电台。从此，莫斯科控制屏的做法就被引入到了 1010 全新闻电台，用到了主持人的控制屏。

这个控制屏有气象、温度、股票、交通状况等信息，唯独没有新闻，其原因是后面还有专门显示新闻的显示屏。在每个直播室里，至少有 4 个屏幕放在主持人面前（图 34），从左边往右边看，最左边称为音频板，是专门播广告的，所有的广告用音频板来控制。这上面可以看到话筒，这个是用于主持人的。左边第三块，也就是内容管理系统 Burli 的显示屏。最右边这个是专门用来播台标音乐的显示屏。左边第二块显示屏上有什么？首先有相关的气象信息，因为 1010 全新闻电台是每 4 分钟播一次气象信息。气象信息是由位于宾夕法尼亚的一家气象公司专门提供的，他们直接把信息输送到主持人的控制屏上。最上面那一条，是纽约的停车规则（图 35）。纽约停车很难，清洁工要扫地，在打扫卫生时，是打扫左边还是右边，先打扫右边的话你就不能在这里停，如果停下来就要被拖走，所以停车的事项显示在这个屏幕上，像这样清扫街道的通知是由相关的汽车公司赞助的。

中间的深色是气象信息，气象信息由气象公司提供。左边最上方是某一个时间的温度怎么样，有一个大的文字展示。左边这一条也是有关交通和气象的信息，是由第三方提供的，并不是 1010 全新闻电台自己制作的。在这个主持人的屏幕上，能够看到气象、交通信息，还会播气象的赞助单位是谁，停车规则赞助单位是谁。最下面三个长方形黑色的方块是关于股市消息。以前没有这种工作屏幕，要听电视台的股市信息才能够播出来，现在有了这个屏幕，主持人就会运用自如。

左边红色是编辑指令显示区域，编辑把指令用短信发给主持人，告诉编辑喜欢哪些东西、不喜欢哪些东西，短信可以在上面展示，同时也可以闪烁，也就是说对主持人给予提醒。像这样的闪烁有点像警方调查相关案件的显示屏一样，带有闪烁性，以提醒主持人和其他相关人员注意，红色屏幕对交通信息有一个引导，会对即将播出哪些信息提醒主持人，以便主持人播出。这个也可以用推特的形式展示出来，也就是说用微博的形式发过来，依然能够提醒主持人。这是 1010 全新闻电台主持人工作的显示屏，看上去比较原始，但这种创新很快被哥伦比亚广播公司的其他分台所采用，其他分台有不同的改变，有的台做的可能会更好一些。这个是底特律台（图 36），他们把体育比赛积分在上面进行展示，也把富人常住的郊区天气预报呈现。另外还会对股市信息比如纳斯达克、道琼斯等，以及当地的贷款利率在上面展示出来。在 KYW 费城台（图 37），比较注重气象信息，会用一大块面积用于天气的走势图，

图 34　主持人面前的 4 个屏幕

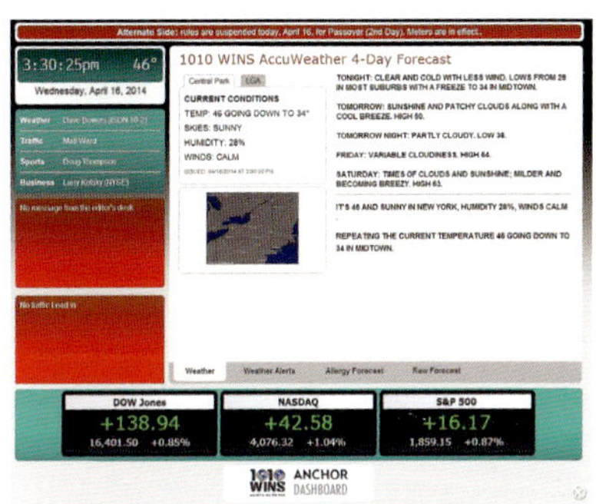

图 35 气象、温度、股票、交通状况等信息的控制屏

图 36 底特律台网站

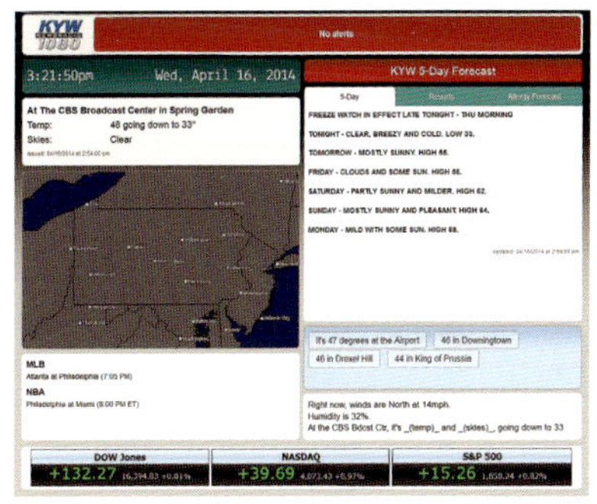

图 37 KYW 费城台网站

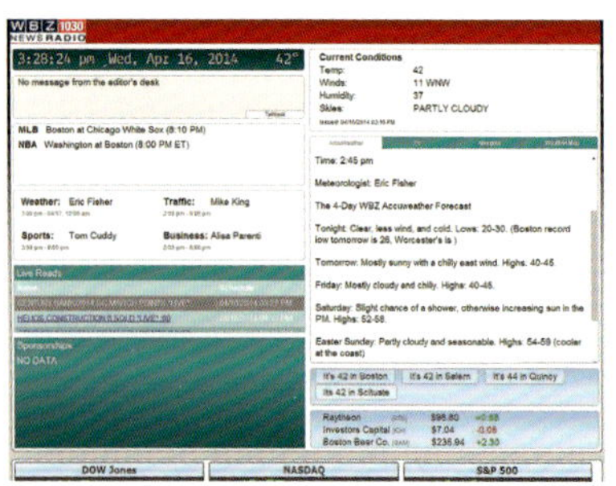

图 38 波士顿 WBZ 台网站

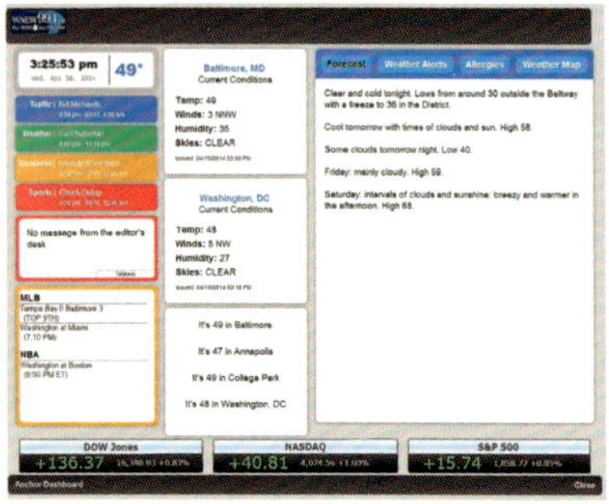

图 39　WNEW 网站

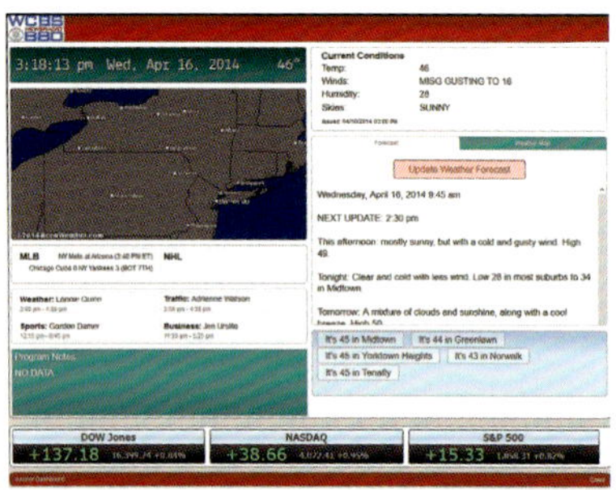

图 40　WCBS 网站

还做突发气象的预警提示。这个台地处气象比较复杂的地区，经常会有龙卷风，所以对气象状况比较关注。

波士顿 WBZ 台（图 38）的设计与底特律差不多，他们对广告比较注重有关内容的展示。这个台名叫做 WNEW（图 39），地处华盛顿，从它的地理位置来讲，靠近巴尔的摩，所以把华盛顿和巴尔的摩两个地方都同时呈现出来。

这是相同的概念在不同的台得到了不同的展示。主持人工作的内容显示屏过去没有把气象内容放进去，现在普遍都放了进去，使主持人对气象的观察了如指掌。WCBS 的创新是加了一个粉红色条（图 40），这个条会对气象进行实时更新，每 5 分钟主持人在播气象时，会点一下，点了之后就知道会有什么新的情况发生，这样就会实时播出更新的气象状况。WCBS 时时处处想超越我们 1010 全新闻电台，在这个平台上你有这个板，我有那个板，经常在更新。一开始 WCBS 主持人是没有显示屏的，他们的主持人知道 1010 全新闻电台有了，就不断向老板要求，这样老板就给他们加了工作显示屏。

覃：即便同处一个大的集团，电台与电台之间的内容管理系统也要有个性。制作的节目有个性，才能避免同质化。千篇一律，就失去了自己的特性。

哈里斯：这个是德国柏林一个台展示的状况（图 41），由于欧洲对于火车时刻比较关注，所以在右边这一块有大量的火车时刻表。

这个显示屏不是放在主持人的面前，因为是 30 英寸的显示屏，就挂在电台的墙上。这是一个大学广播电台的显示屏（图 42），他们没有多少新闻，对气象、交通、股市信息特别关注。因为是教学电台，在显示屏上还特别提示在教学电台工作的学生，有一些注意事项。

这个屏幕，主持人看到的是屏幕的正面，正面是交通

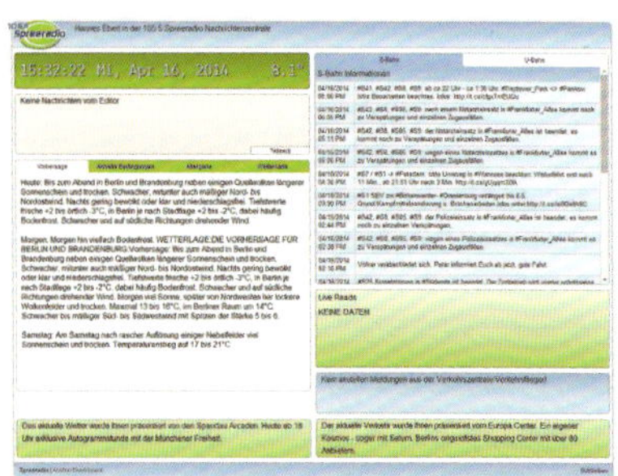

图 41　Spreeradio　Berlin 网站

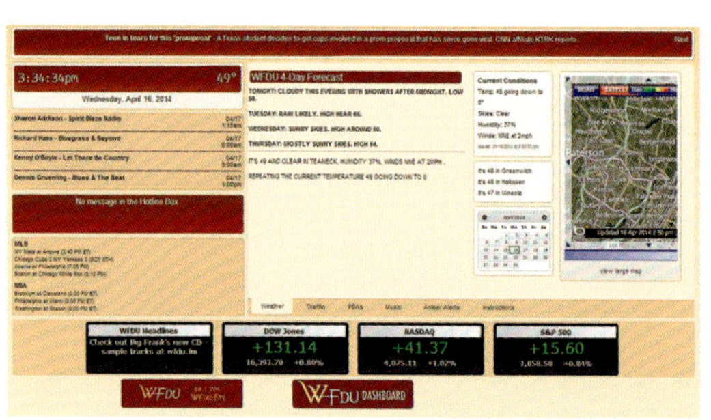

图 42　WFDU　Teaneck.NJ 网站

信息、天气状况，屏幕的另一面是在电台展示，使大家都能看见。在这里，还可以通过内容管理系统让主持人看到工作屏上的内容怎么控制，然后把过程在屏幕上展示出来。这个体系展示的就是谁在做财经新闻报道，这条稿件做到什么程度(图43)。

这个内容管理系统对气象状况展示的控制（图44），这个是体育内容积分的情况，它是怎么控制的（图45）。

这个是股市情况的控制（图46），内容管理系统看到股市数据的变化，比如老是在播股票的市值，可以重新设置或者重新改变。时代变了，内容管理系统变了，现在再也看不到某人给主持人送纸条，主持人面对的是由内容管理系统操作的音视频，这样就不用让人送纸条了（图47）。我们有三个直播室，也不需要在三个直播室之间走来走去，而是由系统进行控制。这样一来，1010全新闻电台过去打印一些更新的新闻、突发新闻给直播室主持人送稿的员工就不需要了，这个人被调出来担任了新闻改写员，这是一个重要的改变。美国大部分主流电台都有直播室流程的改变，这是依据于Burli系统，依据于硬件和软件的发展才能够做到的一点，它是一种软件的变化。1010全新闻电台真正的核心是主持人、编辑记者队伍，但是主持人和编辑记者队伍需要良好的工具和良好的软件才行。

覃：全新闻电台直播室流程的变化、发展，也就是内容管理系统的逐步优化，展示了技术专家的智慧也包括广播人的智慧。广播技术的创新，推动了广播传播的发展。但是，新闻业竞争激烈，我们不能停滞不前。

图47 主持人操作内容管理系统

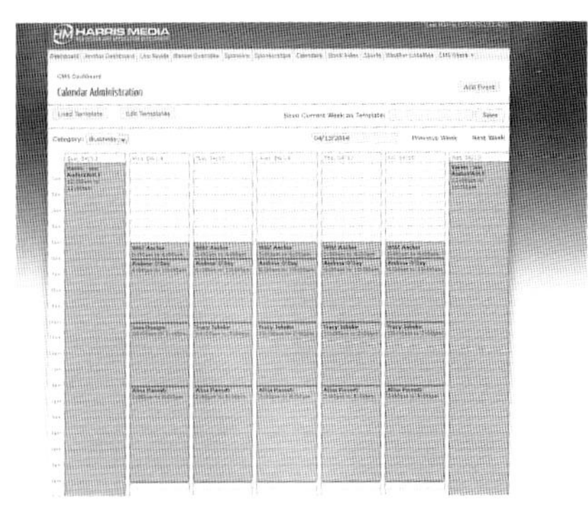

图43 财经新闻报道

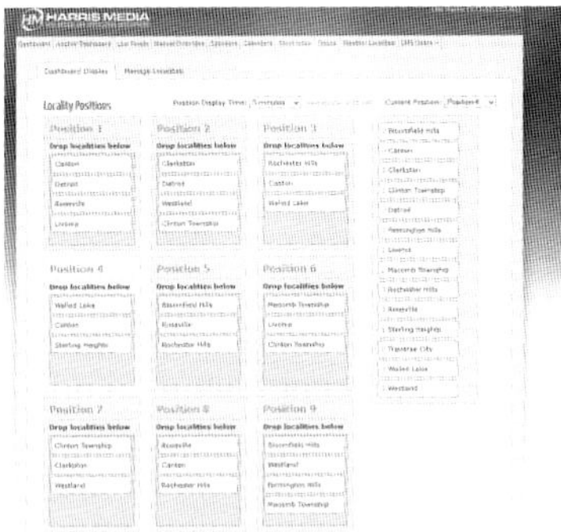

图44 气象状况

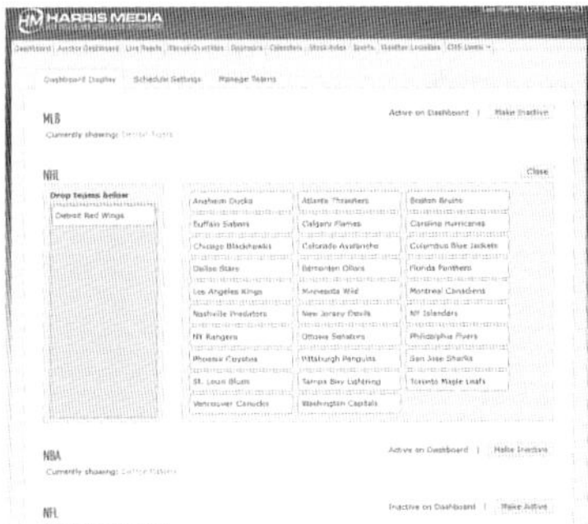

图45 体育内容积分

图46 股市情况

三、不断创新：全新闻电台内容管理系统终端的演变

覃：纵观世界广播事业的发展，大都呈现出三江汇流的态势。所谓三江汇流，就是节目创新、技术创新、流程再造。节目创新，带动技术创新；技术创新，推动节目变革。而节目变革、技术创新又迫使流程再造。“三江”互为因果，相互依存，缺一不可，面对未来也是这样。随着传统广播与新兴媒体融合发展，新技术将推动节目的创新，节目的创新又将带来流程的再造。回顾历史是为了开启未来。哈里斯先生，那我们再谈谈全新闻电台内容管理系统的创新。

哈里斯：1010 全新闻电台所使用的内容管理系统的终端，大家称之为音频混合器。从未来学的角度讲，不管有这样那样的预测，但广播是会长期存在的。不过，在互联网上，在新媒体发展方面千万不可忽视，如何使这两方面配合得更好，1010 全新闻电台非常重视，我个人对新媒体也是非常喜欢的。早在 1997 年，我对 1010 全新闻电台网站的建设就起到了推动作用。当时，网站和现在大不相同，只是一个雏形。尽管广播媒介发展充满活力，但对主播队伍，是要播出节目的，每天凌晨总得有人到台里主持早间新闻。主播面对的是一个老套的话筒，使用是较老的广播技术来播出空中节目。这样，1010 全新闻电台不断进行技术创新，使广播的效率得到了大幅提高，人员减少了，可以去从事其他技术工作，比如新媒体的开发。像我们所做的工作，是用比较好的技术来做老的广播的操作，而新媒体部分的人能够实施技术的创新、改造或升级。不管技术怎么发展，1010 全新闻电台仍然会有工程师、工程人员、技术人员等，他们发挥着重要的作用。

图 48 音频混声器

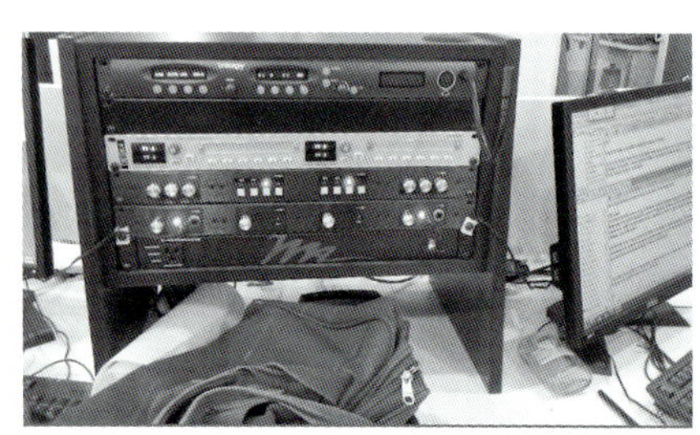

图 49 音频混声器

（视频）这上面的主播正在准备夜间新闻节目的播出，在两块屏幕之间就是音频混声器（图 48、49），这是一个很好用的设备。说它新也不完全是。不久前我们还需要人工操作，有了这个机器就能够数据化和系统化了。这个机器能够从数百家电台选出相关的内容，与我们想要播出的内容混合，使播出的内容包含了我们所选择的内容。华盛顿有定期的新闻发布会，如果总统的新闻发布会突然召开了，这时主持人就可以把白宫新闻发布会的内容插入到正在播出的新闻中，使用这个混声器就可以达到目的。这样

的混声器放在1010全新闻电台的工作台上，台里有数码制作人员，他们的工作台面上也有这样的混声器，相关的助理也有这样的混声器。这个混声器里有各种各样的开关（图50），可以选择上百个广播电台的信号，也可以选择很多定时的信号，收到一些警方所用步话机的信号，还有来自于总台新闻的信号，在这个混声器里所获得的广播新闻音频来源是非常多的。对于主持人来说，现场如果要海选新闻是比较麻烦的，根据1010全新闻电台的实际操作，有了一个解决方案。这个混声器是在我的台面上，但电台还有编辑，在编辑的台面上有一个触屏，这个触屏是选择一些常选的信号源，比如美国广播公司的广播新闻来源，编辑会对常用的广播信息做一个预选，这样主持人的选择就不会那么多，就比较精准，我们还专门有一个对于纽约市政厅内容的选择。

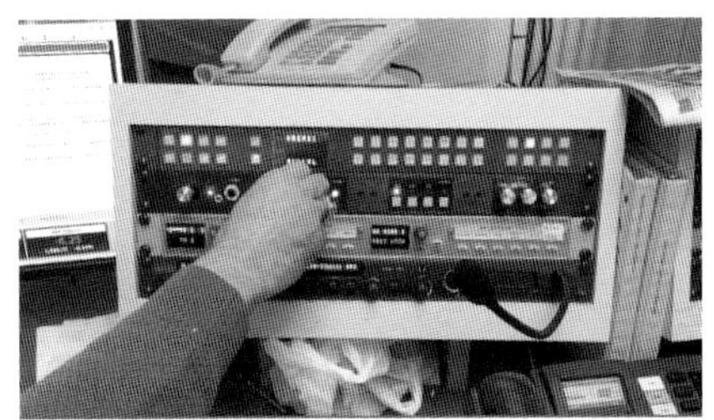
图50 音频混声器

在我们的办公大楼上，姊妹台880全新闻电台所用的混声器（图51）与1010全新闻电台略微有些不同。不同之处在于有一些外接的插孔，包括ipad的插孔，使他们在使用ipad连接上做得更好一些。我不太清楚为什么1010全新闻电台没有这个插口，但大体上都差不多。

图51　WCBS880的 音频混声器

覃：880全新闻电台与1010全新闻电台现在同属一个公司，但内部仍然存在竞争啊。

哈里斯：这个是在我们大楼的另一端的WFAN电台，是家体育类型化电台，他们使用的混声器和880、1010全新闻电台有所不同。这个是白色的，体育台的机器也不同（图52）。他们所做的一些内容与1010全新闻电台需求不同，因为是体育台，选择的这一款与我们不一样。这个混声器和空中节目相连，可以直接获取。1010、880全新闻电台主要把几百个电台、电视台的新闻和其他的新闻与要编辑的节目混在一起录制，然后再经过另外一个途径播出。而现在，体育台用这个混声器直接录下来后直接播出，不用再加设备。这位体育记者获得体育信息，就为WFAN播出体育节目，他也有一定的时间段为1010全新闻电台工作，把相关的内容传给1010全新闻电台。还有一个细节，这位体育新闻主持人播出体育新闻时，位置在电台中间（图53）。在直播过程中，其他人走来走去，对他也没有什么影响。这里体现出一种高效性，他没有必要与过往人员打招呼，而是一门心思播出。这位体育记者直接把体育节目播出去了，不需要进入直播室播出。在必要情况下，我觉得新闻也可以这么播出，没有必要时时刻刻进入到新闻直播室。当然，1010全新闻电台还有专门的播音棚，用的混

图52 WFAN电台的音频混声器

图53 WFAN电台主持人在播音

声器在那里播出，没有其他人在附近走动或交流。为什么要在录音棚里播出？ 1010 全新闻电台实际上有 10% 的新闻是在录音棚里录制的，有 90% 的新闻是场外录好发来就播了。10% 在这里进行现场的新闻制作，所以就放在录音棚里。当今世界，新闻到处都在发生，如果每条新闻都到电台来录的话，那是不现实的，所以我们把室内室外的制作也衔接起来了。

我讲一个在新闻中心发生的新闻，这是来自于凤凰城的一个新闻。有一个疯子，持枪闯入电视台的新闻中心，强迫播音员播他的一个声明。这个疯狂的家伙用枪顶住播音员的大腿，但是他却不知道那是一条假腿。他真的开枪了，这个播音员比尔在事件发生后，迅速被送到医院抢救，所谓的“医院”就是到木匠铺去修理他的假腿。

覃：这个案例是新闻在新闻直播室发生，新闻也在新闻直播室制作，同时还在新闻直播室播出，世界少有。

哈里斯：有关混声器就谈这么多。我在直播室有四个屏幕（图 54），有一个屏幕要讲到台里的呼号、主题音乐。1010 全新闻电台已经有将近 50 年的历史了，确切地说今年是第 49 年。几年前，台里想进一步创新和改革，能够更进一步地紧跟新媒体的发展。我们这个主题音乐的播出，背景依然有电传打字机的声音，音乐用了好长时间，对于主题音乐是不是要改变？几位来自奥地利的朋友展示了一段比较好的音乐，给人以启迪。介绍这个音乐后，我们觉得可以用在每小时要播三次的主题上，新闻标题主题的开场，比如台呼的推介，这句话在一个小时要重复三次。当年我刚来 1010 全新闻电台时，新闻总监和节目制作总监讲了一句话，至今记忆犹新：“我们其实并不是在新闻行当里，我们是在娱乐行当里。”那时我觉得：你们怎么能这样讲呢？我们是全新闻电台，怎么会在娱乐行当里？慢慢地，我领会到了总监的意思：我们是全新闻电台，把受众带入全新闻境界，但在新闻境界里要使受众有娱乐的感觉，像把他们带入娱乐的时尚世界一样。所以，配乐得当可以达到目的，能把受众带入到全新的新闻境界，给他们娱乐时尚的美好享受。这是早上 7 点新闻的播报，什么新闻并不重要，而是听一下相关的音乐如何给受众有时尚娱乐的感觉。我不去控制音乐，它在播报的某些节点会自动呈现。

图 54 李・哈里斯在播音

覃：这叫愉悦受众，是让受众在分享新闻感知世界时，又获得身心的愉悦，这是受众听广播新闻置身新闻海洋的最高境界。

哈里斯：在我左手边可以看到，开始是播新闻提要，在转换时就要用左手按一下，按键就会发出声音，给受众的提醒是每一小节新闻提要的变化。如果这个时候没有相关的音乐与之匹配，新闻提要的播报效果就差得多了。这段录音是比较老的，现在听一下新的录音。

这个是用 Motionmixes 来播最近的一个新闻播报（图 55）。这是现场演示最新的新闻播报，与音乐组合器配合在一起。说起来容易，做起来很难，我们刚开始用 Motionmixes 时，很多主持人说这个怎么用呀？这说明，还是要有经验的积累。

覃：我们的内容管理系统刚使用广告软件的时候，许多同事都说软件这不行，那也不行，并指责技术人员。我对他们讲，再试试吧。不到半年，大家就习惯了，也没有人吵了。

哈里斯：这是一个在华盛顿的全新闻电台，我们听听他们音乐与新闻主题的播报是怎么相配的。照片用了美国首都华府的照片，不知道华盛顿新闻情况怎么样，就播它的音乐。是 WNEW 全新闻电台。这个是模拟 WNEW 台的播报，没有新闻，但是有它的音乐，我更喜欢他们的音乐。

这个是哥伦比亚广播公司广播新闻总台的一段国际新闻总汇的音乐，没有具体的新闻，是用它的音乐来了解节奏。这个是 10 分钟国际新闻总汇，每天播两次。如果不用 Motionmixes，先来看看是怎么样的，这一段没有用音乐混声器，听起来还是可以的。如果用音乐混声器，效果怎么样？我本人喜欢配上音乐。总台要到今年 6 月 1 日才用配乐的混声器，播导语的时候才把音乐配上，现在还没有使用。实际上，我提前把他们的台标音乐拿过来与您分享。

下面看一下体育台的情况，您注意看下面圆形绿色按键的变化（图 56）。这个就是主播控制音量，如果这个时候有电话，继续播仍然没有问题。Motion Mixes 在音乐台也可以使用，这个是灵活的使用，用游戏秀的开端，这个是智力测试的一个秀。这个由后期配乐相对容易，现场来做有一定的难度。Motion Mixes 混声器把音乐和播报结合起来，在世界范围内也开始了使用。这个是在莫斯科 Mommersant FM 电台的使用，在中国·江苏人民广播电台也在使用。

这是在美国的家庭为音乐台播报。由于技术的发展，有越来越多的主持人在家里工作，不用到电台上班。主持人在家里不光录制节目，还进行节目的播报。这位是我的朋友 Jackie Karl（图 57），她是交通台的信息播报员，在曼哈顿的家里为音乐台做交通信息方面的播报，每小时播报 4 次，从来不到台里上班，上午、下午都工作。在家里工作时，她也玩小狗狗（图 58）。1010 全新闻电台是不允

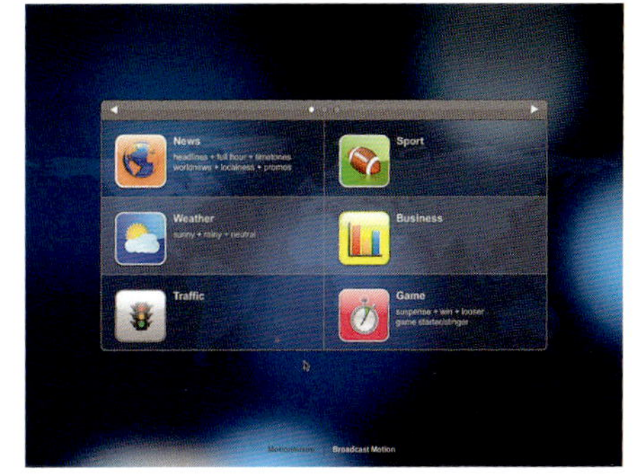

图 55 用 Motionmixes 播新闻

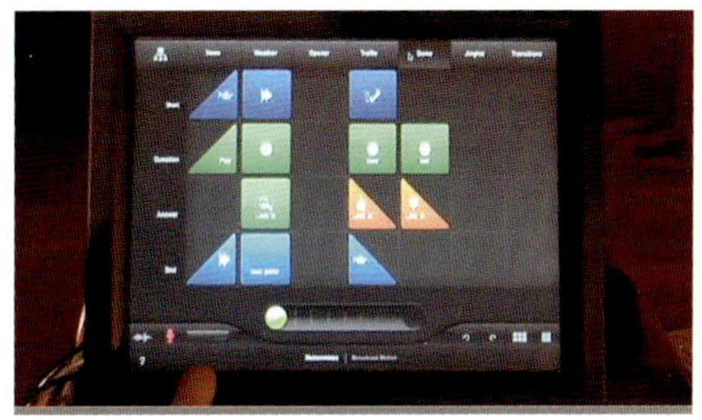
图 56 用 Motionmixes 播新闻

图 57 主持人 Jackie Karl 在家播新闻

图 58 主持人 Jackie Karl 在家播新闻

许新闻主持人在家里播报的，但体育信息和气象信息的主持人可以使用与 Jackie 同样的设备在家里工作，对于听众来说在哪里播报是不清楚的。

1965 年 1010 全新闻电台创办时是在曼哈顿的哥伦布广场，当时的照片我依然保留。

这几个人当中，正中间高个子的旁边是一个矮个子，名叫斯坦布鲁克斯，这是他的照片，他拿一叠播报稿，是最早的新闻主播。布鲁克斯先生一直工作到 2013 年 12 月份，一直工作到他去世前两周。当他 65 岁时，试图退休但觉得还是不能退休，就在 1010 全新闻电台工作，一直到他 86 岁。他是我们唯一的把现实和历史的奇迹相联系的纽带，不幸的是他去年去世了，没有活到全新闻电台 50 周年大庆。

我非常感谢布鲁克斯，他给我们树立了职业新闻主持人的榜样，如果不是从他身上学到众多的优点，我目前可能也不会有什么成就，您也不可能邀请我到中国来，到云南来。

覃：布鲁克斯可以说是世界广播事业的一个典型代表，他的去世让我非常痛心。本来我已经准备去访问他，遗憾的是两台合并事务太多，未能成行。您之前给我寄来了他的照片和有关资料，但我希望更多地了解他，以后我们还可以详细交流。

致谢

写作《全新闻电台的节目编排和运营》是笔者多年的愿望。在漫长的新闻生涯中，我虽然经历了报纸、广播、电视、网络“全媒体”，而且涉足新闻教育，但在电台工作的时间最长，屈指一算，已经20个年头。因此，我有责任和义务研究新闻广播，研究全新闻电台。但是，想起来容易做起来难，没有现存资料可供参考，我只能利用工作之便和之余进行田野调查、访谈和对话来研究。有关专家对本书的撰写给予了大力协助，他们是书中的阿兰·马赛副台长、布鲁诺·德纳斯秘书长、冯小龙总监、李·哈里斯主播、爱德华·沃尔什主播。这五位同仁在全新闻电台理念和实践上，可以说堪称世界一流。章于炎博士作了大量口语翻译，付出了辛勤劳动。《中国广播报》王静社长、耿冬梅编辑，《中国广播》覃继红社长、执行主编刘奕帆、编辑部主任吕晓红、编辑刘浩三和肖婧为，《中国广播电视学刊》常务副总编辑兼编辑部主任周然毅，编委张聪、编辑部副主任李宝萍，《中国广播影视》运营总监祁海琳，对广播学术研究十分关心，先期编发了书中的文章，引起了全国广播界的关注，这对我是极大的鼓舞。本单位班子成员经常研究学术工作，并给予了方方面面的帮助。同事李万军、徐海彬、唐源初、杨曦、林守听在编排、翻译、摄影、校对方面也做出了贡献。云南人民出版社的编辑吴磊积极筹措出版事宜，付出了心血。在本书出版之际，我对他们表示真诚谢意。

全新闻电台的研究主要是为了用理论支撑实践，推动广播的创新与发展，恳望读者朋友能提出批评、建议，以便再版时修改、完善。